AF289321

Sozialdemokratie im Abbruch

von Richard Bercanay

Wie die SPD den Politikwechsel vergeigte

Vertane Chancen und Perspektiven linker Politik

Richard Bercanay:

Sozialdemokratie im Abbruch

Wie die SPD den Politikwechsel vergeigte – Vertane Chancen und Perspektiven linker Politik. Sozialdemokratie im Abbruch Band 1.

Bibliographische Informationen der Deutschen Nationalbibliothek: Die Deutsche Nationalbibliothek verzeichnet diese Publikation in der Deutschen Nationalbibliographie; detaillierte bibliographische Daten sind im Internet über dnb.dnb.de aufrufbar.

© 2024 Richard Bercanay

Verlag: BoD • Books on Demand GmbH, In de Tarpen 42, 22848 Norderstedt

Druck: Libri Plureos GmbH, Friedensallee 273, 22763 Hamburg

ISBN 978-3-7597-7825-3

Photos und Graphiken: © Richard Bercanay 2024

Inhaltsverzeichnis

Sozialdemokratie im Abbruch

Als am Abend des 27. Septembers 2009 feststand, daß die SPD ihr schlechtestes Ergebnis in der Geschichte der Bundesrepublik eingefahren hatte, blieben die Vertreter der Agenda-Politik bei der Auffassung, mit ihrem Politikprogramm dennoch richtig gehandelt zu haben. Diese Haltung hatte sich ohnehin während zahlreicher Wahlniederlagen der SPD in den Bundesländern verfestigt. Kurz nach dieser verheerenden Wahlniederlage wählte die SPD-Bundestagsfraktion den gescheiterten Kanzlerkandidaten Frank-Walter Steinmeier zu ihrem Vorsitzenden geradeso, als wäre nichts gewesen.

Während die Bürger die zunehmende Ähnlichkeit der etablierten Parteien kritisierten, weigerte sich die SPD kontinuierlich, die immer wieder vorhandene Mehrheit von SPD, Grünen und Linkspartei in eine Regierungskoalition umzusetzen und in dieser Konstellation eine sichtbare Alternative zum liberal-konservativen Lager zu bilden.

Der Kanzlerkandidat der SPD, Peer Steinbrück, vertrat dazu in seinem Buch »Unterm Strich« die Auffassung, daß sich die Parteien bis auf wenige Ausnahmen entideologisiert hätten, was die Bevölkerung seiner Meinung nach – und er auch – als Glück empfänden.[1]

Darüber wird in diesem Buch noch zu diskutieren sein. Gerhard Schröder formulierte es so, daß es nicht um eine konservative oder sozialdemokratische Wirtschaftspolitik gehe, sondern um eine moderne oder unmoderne.[2] Eine solche Haltung wird auch gerne als TINA-Prinzip bezeichnet. Die Abkürzung entstammt dem Englischen und steht für »There Is No Alternative« (Es gibt keine Alternative). Sie wurde insbesondere gerne von Margaret Thatcher bemüht. In Deutschland verwies die Bundeskanzlerin Angela Merkel gerne auf die Alternativlosigkeit ihrer Politik und stand damit in gewisser Weise in der Tradition Thatchers. Dankenswerterweise bestimmte die Unwort-Jury das Wort »alternativlos« zum Unwort des Jahres 2010.[3]

Im Bundestagswahlkampf 2013 kam einmal mehr die Diskussion um die Beteiligung der Linkspartei an einer Regierungskoalition

---

[1] vgl. Steinbrück, Peer: *Unterm Strich*. S. 383
[2] vgl. *Scharping entmachtet innerparteilichen Widersacher. Schröder nicht mehr wirtschaftspolitischer Sprecher.* Süddeutsche Zeitung, 01.09.1995, S. 1
[3] vgl. *»Alternativlos« ist Unwort des Jahres 2010.* Süddeutsche Zeitung, 19.11.2011, S. 9

9

mit SPD und Grünen auf. Dies geschah nicht von ungefähr. Denn bereits vor der Bundestagswahl 2013 zeichnete sich in den Umfragen ab, daß es entweder einmal mehr für eine schwarz-gelbe Koalition aus CDU/CSU und FDP reichen oder es eine Mehrheit aus SPD, Grünen und Linkspartei geben würde.

Diese zweite Option, die eine Chance für eine Alternative zu den eingefahrenen neoliberalen Politikansätzen wäre, hatte sich nach der Wahl einmal mehr nicht realisiert. Der vorgeschobene Grund lautete, daß die Linkspartei aus mehreren Parteien bestünde, nicht verläßlich wäre und überhaupt eine unrealistische Politik wolle. Unrealistisch wohl deshalb, weil es zum Neoliberalismus, dem inzwischen auch SPD und Grüne anheimgefallen waren, keine Alternative geben durfte.

Warum eigentlich nicht? Gerade in Zeiten, in denen die Verdrossenheit über die Verwechselbarkeit politischer Parteien zunimmt, wäre eine echte Alternative zum neoliberalen Denken doch zugleich eine Perspektive für mehr Leben und Diskussionen in der Politik, einer größeren Anteilnahme der Bevölkerung am politischen Diskurs und eine höhere Wahlbeteiligung. Diese Chance wurde wieder einmal vertan, insbesondere weil in der SPD die Architekten der Agenda 2010 an den entscheidenden Stellen in der Partei saßen und weder eine Korrektur und schon gar nicht eine Revision dieses neoliberalen Politik-Programms duldeten.

Mit der Bundestagswahl 2017 erübrigte sich zunächst eine Diskussion um eine rot-rot-grüne Regierung, weil diese Konstellation im Gegensatz zur Bundestagswahl 2013 über keine eigene Mehrheit mehr verfügte. Nach einer langen Phase der Regierungsbildung, in deren Rahmen die Bemühungen um eine sogenannte »Jamaika-Koalition« (besser: »Schwampel«) scheiterten, kam es 2018 erneut zu einer großen Koalition von CDU/CSU und SPD.

Das Buch »Sozialdemokratie im Abbruch« befaßt sich mit verpaßten Chancen und blickt zurück auf die Entwicklung, die die SPD bis ins tiefe Tal der 23% bei den Bundestagswahlen 2009 genommen hat. Der politische Paradigmenwechsel innerhalb der SPD wird dargestellt. Anschließend wird versucht zu ergründen, warum es so schwer ist, die SPD wieder auf einen sozialdemokratischen Kurs zu bringen. Dabei soll das Wort »Abbruch« im Titel dieses Buches eine doppelte Bedeutung erhalten: Abbruch, weil der Sozialdemokratie in den vergangenen Jahren die Wähler und Mitglieder davongelaufen sind. Abbruch auch als eine Art Gegensatz zum Aufbruch, beziehungsweise zum Abbruch desselben im

Jahr 1999, als nach dem Rücktritt Oskar Lafontaines die Regierung Schröder die neoliberale Wende vollzog und den bereits eingeleiteten Politikwechsel einfach abbrach.

Dieses Buch besteht aus mehreren Teilen. Der erste Teil befaßt sich mit den Wahlen, den Parteien und das allgemeine Umfeld von Wahlen. Er mag auf die geneigten Leser zunächst wie ein Fremdkörper in diesem Buch wirken, aber im Verlauf des Buches wird immer wieder auf dieser Grundlage aufgebaut.

Im zweiten Teil geht es um die Regierungszeit der rot-grünen Koalition und den politischen Entscheidungen, die zu einer Entfremdung der SPD von ihren Wählern und Teilen ihrer Mitgliedschaft geführt haben. Der dritte Teil diskutiert das Koalitionsverhalten der SPD insbesondere gegenüber der Linkspartei und zeigt, daß auch dieses Verhältnis von einer erheblichen Schizophrenie geprägt ist. Dabei wird thematisiert, wie sehr die SPD noch in der alten Schröder'schen Agenda-Politik verhaftet ist und welche programmatischen Irrlichter das Bild der Partei zuweilen bestimmt haben und weiterhin bestimmen.

Der vierte Teil soll dann den Weg beschreiben, den sich der Autor dieses Buches für die Sozialdemokratie vorstellt. In den 1970er Jahren unter Willy Brandt gab die Sozialdemokratie den Menschen eine Vision und Perspektive. Eine allgemeine Stimmung des Aufbruchs verbreitete sich in Deutschland. Willy Brandt wollte mehr Demokratie wagen und für mehr Offenheit und Nähe zu den Menschen sorgen. Dieses Erbe wird von der SPD nur noch in Sonntagsreden beschworen, im Alltag jedoch verleugnet. Vieles von dem, was die SPD in der Vergangenheit erreicht hatte, wurde heute von Sozialdemokraten wieder zerstört. Dabei braucht gerade diese Zeit den Mut für Visionen und Alternativen. Vielleicht liegen die Alternativen näher als gedacht. Vielleicht fehlt einfach nur der Mut, sich für diese einzusetzen, was aus des Autors Sicht für die Sozialdemokratie allenthalben bejaht werden kann.

Die vierte Auflage des Buches

Mit der Entscheidung, die Bücher »Sozialdemokratie im Abbruch«, »Vision oder Fission?« und »Neuanfang oder Kontinuität« zu einer Reihe unter dem Titel »Sozialdemokratie im Abbruch« zu machen, wurden Änderungen an den bereits erschienen ersten beiden Bänden notwendig. Dies wirkte sich auch auf dieses Buch aus.

Herausgenommen wurden die Passagen, die sich mit Martin

Schultz als Kanzlerkandidat der Sozialdemokratischen Partei Deutschlands beschäftigten, weil diese Ära zusammen mit der Ära Andrea Nahles' in dem Buch »Vision oder Fission?« ausführlich behandelt wird. Insofern wurde der entsprechende Teil, der dort deutlich ausführlicher behandelt wird, aus diesem Buch gestrichen.

Mit dieser Entscheidung endet das Buch unmittelbar vor der Bundestagswahl 2017, bei der Martin Schultz als Kanzlerkandidat antrat.

Daneben wurden einige Passagen aktualisiert, besonders der vierte Teil des Buches. Angesichts des Zeitraums, das dieses Buch behandelt, mag es fremd wirken, daß hierbei auch auf Entwicklungen des Jahres 2024 zurückgegriffen wurde. Weil es jedoch im letzten Kapitel auch um politische Perspektiven geht, ist dies aus Sicht des Autors vertretbar. Auch hier ist darauf zu verweisen, daß eine ausführliche Behandlung hier teilweise angesprochener Themen im zweiten und dritten Band stattfinden.

Der dritte Band »Neustart oder Kontinuität?« befaßt sich mit der Ära Saskia Esken/Norbert Walter-Borjans als Vorsitzenden-Duo der SPD, sowie der Bundestagswahl 2021 und der Regierungszeit Olaf Scholz' und der Ampel-Koalition. Im Zentrum der Betrachtung steht zu Beginn des dritten Bandes das Verfahren, mit dem die SPD ihre neuen Vorsitzenden bestimmten und die Hoffnungen, die die Partei hieran knüpften. Der zweite Teil des Buches befaßt sich mit der Entscheidung, Olaf Scholz zum Kanzlerkandidaten zu machen, der Bundestagswahl 2021 sowie der Bildung der Ampel-Koalition und deren Regieren.

Weil dies alles letztlich im Zusammenhang steht, wurden die Bücher stärker aufeinander abgestimmt und zu einer Reihe weiterentwickelt. Dabei wurde darauf geachtet, daß alle Bücher für sich selbst verständlich sind, also ohne die Kenntnis der anderen Bücher dieser Reihe vorauszusetzen.

Teil I

Wahlen, Parteien – und was damit zusammenhängen mag.

Ein Blick ins Wahlsystem

Der Charakter des bundesdeutschen Wahlsystems hat sich mit der Reform des Wahlrechts im Jahr 2012 und 2013 nicht verändert. Zuvor war das Bundesverfassungsgericht so freundlich, den Wählern die Wahl mit einem an den Interessen von CDU/CSU und FDP ausgerichteten Wahlsystem zu ersparen, welches in erster Linie das Ziel hatte, die für die CDU/CSU bei der Bundestagswahl 2009 so erfreulichen Überhangmandate zu erhalten. Die SPD war bereits in der Diskussion um die erste Wahlrechtsreform nach dem Urteil im Sommer 2008 für die Einführung von Ausgleichsmandaten.

Weil es Überhangmandate auch im gegenwärtigen Wahlrecht noch gibt, lohnt es sich zu erklären, woher sie kommen. In Deutschland wird seit der Wahl zum 2. Bundestag mit zwei Stimmen gewählt. Mit der Erststimme bestimmen die Wähler die Wahlkreiskandidaten im Rahmen eines relativen Mehrheitswahlrechts. Dies bedeutet, daß der Kandidat, der die meisten Stimmen im Wahlkreis hat, das Mandat gewinnt, ohne hierbei mehr als die Hälfte der Stimmen auf sich vereinigen zu müssen. Mit der Zweitstimme entscheiden sich die Wähler für eine Parteiliste und damit über die Zusammensetzung des Bundestages, also die Stärke der Fraktionen.

Was kompliziert klingt, ist relativ einfach. Wie groß die Fraktionen werden, also welchen Anteil sie an den zu verteilenden Sitzen haben werden, wird über die Zweitstimme entschieden, weshalb sie auch die eigentlich wichtigere Stimme ist. Daran hatte sich auch nach der Wahlrechtsreform nichts geändert. Zunächst wird also auf Bundesebene festgelegt, wie viele Sitze auf die einzelnen Fraktionen entfallen. Die Besetzung der Sitze erfolgt über sogenannte »Landeslisten«, die von den Parteien auf der Ebene der Bundesländer aufgestellt werden. Ausschlaggebend ist hier das jeweilige Ergebnis der Parteien in den Bundesländern.

Bei dieser Verteilung der Sitze auf die Parteien auf Landesebene werden dann zunächst jene Kandidaten berücksichtigt, die per Erststimme direkt in den Bundestag gewählt wurden. Hier kann es nun passieren, daß eine Partei mehr Direktkandidaten hat als ihr in dem jeweiligen Bundesland Sitze nach Zweitstimmen zustehen. In einem solchen Fall war es bis zur Wahlrechtsreform zur Bundestagswahl 2013 so, daß die Partei die zusätzlichen Sitze einfach behalten konnte. Das Wahlergebnis wurde zugunsten der überhängenden Partei verzerrt. Dank dieser Regelung konnte sich die CDU/CSU nach der Bundestagswahl 2009 über 24 Kollegen mehr freuen als ihr eigentlich zustanden. Die anderen Parteien gingen nicht nur leer aus, sondern mußten sich damit abfinden, daß sich die Mehrheitsverhältnisse zugunsten der CDU/CSU verschoben. Das änderte 2009 zwar nichts am eigentlichen Wahlergebnis, hätte aber doch zu erheblichen Problemen der Legitimation der Regierung führen können, wenn von diesen 24 Sitzen die Mehrheit abgehangen hätte.

Im Wahlrecht, mit dem am 22. September 2013 gewählt wurde, konnte sich dies in der Form nicht wiederholen. Denn der Deutsche Bundestag hatte in einem zweiten Anlauf noch rechtzeitig beschlossen, daß solche Überhangmandate künftig ausgeglichen werden, und zwar auf Bundesebene. Kritiker der Regelung malten hierauf Szenarien an die Wand, nach denen der Bundestag durch die Überhang- und Ausgleichsmandate das größte Parlament der Welt werden könnte. Dies, so meinen andere, wäre jedoch recht unwahrscheinlich, weil das neue Wahlsystem zwar Überhangmandate nicht beseitigt, jedoch den Wählern insbesondere der FDP den Anreiz nimmt, solche Überhangmandate zu schaffen.

War es bislang insbesondere in Baden-Württemberg für FDP-Wähler ausgesprochen attraktiv, mit der Erststimme CDU zu wählen und darauf zu spekulieren, daß der Wunsch-Koalitionspartner durch Überhangmandate möglichst stark werden würde, wurde dieser Anreiz nun dadurch genommen, daß alle Überhangmandate ausgeglichen werden. Somit blieb die Vergrößerung des Parlaments der einzige Effekt, den Überhangmandate im neuen Wahlrecht überhaupt noch haben. Das Aufteilen der Stimmen, welches bei den Wählern kleinerer Parteien, die ohnehin keine Aussicht auf ein Direktmandat haben, populär war, also auf einen Kandidaten einer »befreundeten« Partei einerseits und die bevorzugte eigene Liste andererseits würde dieses Wahlverhalten künftig politisch ohne Effekt bleiben.

Doch letztlich blieb diese Erwartung enttäuscht. Auch wenn es tatsächlich so war, daß durch die Ausgleichsmandate die Überhangmandate keinen Mehrwert mehr für die betroffene Partei hatten, setzten die Wähler das Stimmensplitting fort. Bei der Bundestagswahl 2013 wirkte sich dies auf die Größe des Bundestages nur moderat aus, weil durch das knappe Scheitern von AfD und FDP sowie das deutliche Scheitern weiterer Parteien an der Sperrklausel zahlreiche Wählerstimmen bei der Sitzverteilung nicht berücksichtigt wurden. Doch bereits bei der Bundestagswahl 2017 wirkte sich dieser Effekt der Vergrößerung durch

Überhangmandate deutlich sichtbar aus. Das Thema einer Reform des Wahlrechts, die die Vergrößerung des Bundestages begrenzte, blieb auf der Tagesordnung der Politik.

Eine weitere Besonderheit, die Einfluß auf unser Wahlsystem nimmt, ist die sogenannte »Sperrklausel«, auch als 5%-Hürde bekannt. Sie verhindert, daß zu viele Kleinstparteien in den Bundestag kommen und dafür sorgen, daß die Mehrheitsbildung, die der oder die Kanzler/in am Ende zum Regieren braucht, erschwert wird. Kritiker finden wiederum, daß diese Sperrklausel die Demokratie beschränkt und die Parteien fördert, die ohnehin schon im Parlament sind. Da mag zwar etwas dran sein, aber auf der anderen Seite hat auch das Argument, daß die Sperrklausel die Arbeitsfähigkeit des Bundestages fördert, etwas für sich. Das findet auch das Bundesverfassungsgericht, das die Sperrklausel für den Bundestag bisher nicht gekippt hat, obwohl es kürzlich selbiges für die Wahlen zum Europäischen Parlament entschied.

Welche Schlußfolgerungen dürfen aus dem bisher Gesagten gezogen werden? Auf der einen Seite wurde seit längerer Zeit zum ersten Mal ein Parlament gewählt, dessen Zusammensetzung nicht durch Überhangmandate verzerrt wurde. Auf der anderen Seite waren zahlreiche Parteien an der Sperrklausel gescheitert, was sich wiederum in einer größeren Zahl an Mandaten für jene Parteien ausgezahlt hat, die den Sprung ins Parlament schafften. Dieser Umstand sorgte im Ergebnis dafür, daß der Bundestag mit 631 Mandaten nur moderat über der gesetzlichen Zahl von 598 Mandaten lag.

Gleichwohl hat sich das Prinzip im Bundestag und in den Landtagen bewährt. Daß Deutschland im Vergleich zu anderen Ländern über eine erhebliche politische Stabilität verfügt, können nicht einmal Parlamentskritiker glaubhaft bestreiten. Daß unser politisches System die Entstehung neuer politischer Kräfte verhindert, die letztlich auch ins Parlament einziehen, wurde in der Vergangenheit schon öfters widerlegt. Denn nach der deutschen Einheit etablierte sich die PDS insbesondere in den neuen Bundesländern als neue Kraft im politischen System. Nach der Fusion mit der WASG zur Linkspartei gelang es der PDS schließlich, zu einer gesamtdeutschen politischen Kraft zu werden.

Auch weitere Parteigründungen in der Folgezeit belegten, daß das politische System weiterhin offen für neue Parteien ist. Mit der AfD und dem BSW konnten sich bis in den Herbst 2024 zwei rechtspopulistische Parteien in die Parlamente einziehen und im

Falle der AfD gar etablieren.

Noch heute wird gerne mit verklärtem Pathos die Zeit beschworen, in der es nur drei Parlamentsparteien gab. Besonders bei der FDP erinnert man sich mit Sehnsucht an diese Zeit zurück, als die alleinige Entscheidung, ob nach einer Wahl – oder auch mal zwischendurch – die CDU oder die SPD regieren durfte, bei den Freien Demokraten lag. Mit dem Aufkommen der Grünen und der Entscheidung der SPD, nach anfänglichen Vorbehalten doch mit dieser neuen Partei zu koalieren, wurde der FDP diese »Königsmacherei« entzogen. Mittlerweile bekämpfen die Oberen der FDP die Grünen stärker als seinerzeit die Kommunisten.

Mit dem Aufkommen der PDS, die nach einer Fusion mit der westdeutschen WASG zur Linkspartei wurde, fand auch die Forderung nach einem Mehrheitswahlrecht, das klare Verhältnisse schaffen solle, mit dem ehemaligen BDI-Präsidenten Hans-Olaf Henkel einen prominenten Befürworter.[1] Auch den ehemaligen Bundespräsidenten Roman Herzog trieb die Vorstellung um, man könne die Sperrklausel so weit heraufsetzen, daß die Zahl der Parteien, die in den Bundestag einziehen, deutlich – vielleicht gar auf zwei? – reduziert würde.[2] Gleichwohl sind solche Ansinnen in Deutschland wohl ohne Aussicht auf Umsetzung. Der Wunsch, politische Alternativen durch die Änderung des Wahlrechts auszuschalten, dürfte in der Bevölkerung keinen Anklang finden.

Zugleich zogen sich die Wahlrechtsdebatten durch alle Wahlperioden seit dem Urteil des Bundesverfassungsgerichts zum negativen Stimmgewicht. Dieser Effekt bewirkte, daß Wähler einer Partei schaden konnten, wenn sie ihr ihre Zweitstimme gab oder umgekehrt nutzen konnten, wenn sie auf die Stimmabgabe zugunsten »ihrer« Partei verzichteten. Das Bundesverfassungsgericht gab dem Gesetzgeber auf, diesen widersinnigen Effekt zu beseitigen. Dieser tat sich jedoch schwer damit, weil unterschiedliche Interessen auch bei diesem Thema eine Rolle spielten: Die Unionsparteien hatten weiterhin das Interesse an der Entstehung ausgleichsloser Überhangmandate, die Teil des Problems waren, während die anderen Parteien eine Lösung vorzogen, die diese

---

[1] vgl. Jörges, Hans-Ulrich: *Henkel für Mehrheitswahlrecht* http://www.stern.de/politik/deutschland/caf233-einstein-henkel-fuer-mehrheitswahlrecht-611017.html (zuletzt aufgerufen: 25.08.2024)
[2] vgl. Focus: *Roman Herzog will Fünf-Prozent-Hürde reformieren* http://www.focus.de/politik/deutschland/der-altbundespraesident-im-focus-interview-roman-herzog-will-fuenf-prozent-huerde-reformieren_aid_751665.html (zuletzt aufgerufen: 25.08.2024)

vollständig beseitigten.

Zur Bundestagswahl 2013 wurde die Lösung der Ausgleichsmandate gefunden, die allerdings zu einer erheblichen Vergrößerung des Bundestages führte. Auch als der Bundestag 2017 erneut anwuchs, fand sich die Union nicht bereit, sich auf die Abschaffung der Überhangmandate einzulassen, denn sie war es, die hiervon besonders profitierte.

Nach der Bundestagswahl 2021 gehörte die Union der Bundesregierung nicht mehr an. Die Ampel-Koalition aus SPD, Grünen und FDP beschloß durch Streichung der Überhangs- und Ausgleichsmandate ein Wahlrecht, das den Bundestag verläßlich auf 630 Abgeordnete begrenzte. Zudem wurde die Grundmandatsklausel gestrichen, die besagte, daß Parteien, die an der Sperrklausel scheiterten, die Möglichkeit hatten, mit dem Gewinn von drei Direktmandaten in der Stärke der Zweitstimmen in den Bundestag einzuziehen. Bei der Bundestagswahl 1994 gelang der PDS auf diese Weise der Einzug in das Parlament. Eine Klage gegen die Grundmandatsklausel im Anschluß hieran scheiterte vor dem Bundesverfassungsgericht.[3] Erneut sollte die Linkspartei über die Grundmandatsklausel im Jahr 2021 in den Bundestag gelangen.

Union und Linkspartei klagten vor dem Bundesverfassungsgericht gegen die Wahlrechtreform, das diese jedoch weitgehend als mit der Verfassung vereinbar betrachtete. Lediglich die Streichung der Grundmandatsklausel wurde als mit den Wahlrechtsgrundsätzen nicht vereinbar angesehen und aufgehoben. Somit bleibt die Grundmandatsklausel erhalten, bis der Gesetzgeber eine verfassungskonforme Regelung an ihre Stelle setzt. Hiermit hat die Ampel-Koalition nach eigenem Bekunden keine Eile, so daß anzunehmen ist, daß entsprechend der Wahlrechtsreform im Jahr 2025 unter Einbeziehung der Grundmandatsklausel der nächste Bundestag gewählt werden wird. Ob die Debatte um das Wahlrecht damit ein Ende hat, wird von der nächsten Bundesregierung abhängen.

---

[3] vgl. BVerfGE 95, 408.

Koalitionen

In der Bundesrepublik ist es auf der Ebene des Bundes in der Regel für eine Partei nicht möglich, alleine zu regieren, auch wenn Angela Merkel es im Jahr 2013 fast geschafft hatte – aber eben nur fast. Die seinerzeitige Umfragenlage wies gar aus, daß unter den diversen Koalitionsmöglichkeiten die große Koalition der Favorit in der Bevölkerung war. Keine andere Option, also Schwarz-Gelb, Rot-Grün, Rot-Rot-Grün, Schwarz-Grün oder was noch mehr oder weniger vorstellbar war, fand zu der Zeit so viel Anklang wie eine große Koalition.

Große Koalition

Landläufig wurde in den Medien gerne immer wieder behauptet, wir hätten dank der Mehrheitsverhältnisse in Bundestag und Bundesrat bereits eine verdeckte große Koalition. Tatsache ist, daß dank der Funktion des Bundesrates als ein Kontrollorgan der Länder – oder besser: der Landesregierungen – gegenüber dem Bundesgesetzgeber es durchaus notwendig ist, daß gegensätzliche Mehrheitsverhältnisse in beiden Kammern regelmäßig zu der Notwendigkeit führen, Kompromisse zu schließen. Nicht selten wird die Funktion des Bundesrates als Teil der Gewaltenteilung verkannt oder als Blockadeinstrument der Opposition im Bundestag mißverstanden oder – dies wird häufiger der Fall sein – absichtlich mißgedeutet. Denn ohne eine wirksame Blockademöglichkeit ist ein Kontrollorgan im Rahmen einer Gewaltenteilung wirkungslos.

Haben also die Medien den Menschen mit Verweis auf diese Mißdeutung der Funktion des Bundesrates bereits eingeredet, wir hätten ohnehin schon eine große Koalition? Und glauben die Menschen vielleicht inzwischen, daß eine offene große Koalition als Bundesregierung angesichts dieser politischen Zustände kein schlechter Gedanke wäre?

Eine weitere Erklärungsmöglichkeit wäre die These, daß große Probleme sich am besten mit großen Mehrheiten lösen ließen. Hier begeben sich die Befürworter solcher vordergründig einfachen Lösungen auf dünnes demokratisches Eis. Dies aus mehreren Gründen heraus:

Eine große Koalition neigt dazu, die Opposition im Bundestag an die Wand zu drücken, sofern sie zu klein ist. Wenn die Regierungsfraktionen im Bundestag gemeinsam über eine breite Mehrheit verfügen, mit der sie jeden Zweifel auch in den eigenen

Reihen einfach übergehen können, dürfte dies der Beachtung unterschiedlicher Interessen wenig dienlich sein. Wenn eine Regierungskoalition über eine nicht ganz so breite Mehrheit verfügt, ist sie auch eher gehalten, über Zweifel und Fragen kleinerer Gruppen innerhalb der Regierungsfraktionen nachzudenken. Wenn die breite Mehrheit in einer großen Koalition auch die Minderheiten in ihren eigenen Reihen einfach niederstimmen kann, wird sich bei den Entscheidungsträgern nicht die Einsicht breit machen, daß auch über solche Bedenken eingehender zu diskutieren sei. Dies trifft um so mehr zu, wenn dieses Grüppchen innerhalb der großen Koalition nicht einmal mit der vereinigten Opposition im Bundestag einen Beschluß aufhalten kann.

Ein zweiter Aspekt, der zu bedenken wäre, lautet, daß bei einer großen Koalition mindestens einer der Koalitionspartner in den Bundesländern mitregiert. Es gibt kein Bundesland, in dem nicht entweder die CDU oder die SPD an der Regierung beteiligt wäre. Zwar bedeutet dies nicht automatisch, daß die Regierungen der Bundesländer unisono die Hacken zusammenschlagen und alles im Bundesrat durchwinken, was die große Koalition will. Aber zweifelsohne schwächt eine solche Konstellation den Bundesrat als ein wirksames Instrument der Gewaltenteilung in Deutschland erheblich. Gerade mit Blick auf diese Funktion ist es wünschenswert, wenn ein erheblicher Anteil der Landesregierungen gar nicht an der Bundesregierung beteiligt ist.

Zudem sollten die Erfahrungen mit der großen Koalition 2005 bis 2009 gezeigt haben, daß auch in jener nur mit Wasser gekocht wurde und die großen Entwürfe, die der eine oder andere erwartet hat, bis hin zu fundamentalen Veränderungen am politischen System, nicht stattgefunden haben oder gar umgesetzt wurden, und dies durchaus zuweilen auch zum Glück für die Demokratie. Ein noch heute lebendiges Mahnmal, daß auch eine große Koalition kein Garant für sinnvolle Reformen ist, stellt die Krankenversicherung mit ihrem Gesundheitsfonds dar.

Überdies täten die Befürworter einer großen Koalition vielleicht auch gut daran, den Frust innerhalb der SPD darüber, daß die letzte große Koalition für sie mit dem historisch schlechtesten Ergebnis endete, nicht zu unterschätzen. Ob eine solche Vorgeschichte zu mehr Harmonie führt, darf bezweifelt werden.

Dies zeigte letztlich auch die Entschlossenheit des SPD-Kanzlerkandidaten Peer Steinbrück, nicht in eine große Koalition einzutreten. Denn während die große Koalition in den 1960er Jahren den Übergang zur sozial-liberalen Koalition darstellte, und den Sozialdemokraten über die 1970er Jahren hinaus zur Kanzlerschaft verhalf, verlief die Geschichte diesmal andersherum: Die große Koalition war die Ouvertüre zu einer schwarz-gelben Koalition und brachte der SPD das historisch schlechteste Ergebnis in der Geschichte der Bundesrepublik.

Bis zum Sommer 2024 gab es in Deutschland vier große Koalitionen: Die erste große Koalition dauerte von 1966 bis 1969 mit Kurt Georg Kiesinger als Bundeskanzler und Willy Brandt als Vizekanzler. Die zweite große Koalition war bereits die Koalition von 2005 bis 2009 mit Angela Merkel als Bundeskanzlerin, Franz Müntefering (2005 bis 2007) und Frank-Walter Steinmeier (2007 bis 2009) als Vizekanzler. Auch die dritte große Koalition fand unter der Führung Angela Merkels statt, und zwar von 2013 bis 2017 mit Sigmar Gabriel als Vizekanzler. Die vierte Koalition, die im Grunde sowohl von SPD als auch von CDU/CSU eigentlich nicht gewollt war, dauerte von 2018 bis 2021 wiederum mit Angela Merkel als Bundeskanzlerin und Olaf Scholz als Vizekanzler an. Zuvor waren Verhandlungen über eine Koalition aus CDU/CSU, Grüne und FDP an letzterer gescheitert.

Insbesondere innerhalb der SPD gab es im Vorfeld der letzten beiden großen Koalitionen Debatten, ob eine Neuauflage eines solches Bündnisses sinnvoll sei, weil es unter den Sozialdemokraten ein verbreitetes Gefühl gab, innerhalb dieser Regierungskonstellation von Kanzlerin Merkel »kleinregiert« zu werden. Der Blick auf die Wahlergebnisse der Sozialdemokraten der letzten Jahrzehnte mag diesen Eindruck bestätigen. Davon, daß der Rückgang der Wahlergebnisse der SPD auch noch weitere Gründe haben könnte, handelt dieses Buch.

Rot-Rot-Grün

Weit komplizierter als die große Koalition zwischen CDU/CSU und SPD gestaltet sich eine Koalition aus SPD, Grünen und Linkspartei, obgleich die politischen Gemeinsamkeiten größer sind als zwischen CDU/CSU und SPD, zumindest wenn den Wahlprogrammen geglaubt wird. Auf die Diskussion zwischen Anspruch und Realität soll jedoch erst im zweiten Teil dieses Buches eingegangen werden.

Bereits im Jahr 2005, als die große Koalition vermeintlich unvermeidbar war, gab es eigentlich eine linke Mehrheit. CDU/CSU und FDP kamen zusammen auf 287 Mandate, SPD, Grüne und Linkspartei hatten zusammen 327 Mandate und damit eine klare Mehrheit. Trotzdem kam diese Koalition nicht zustande. Statt dessen bildeten CDU/CSU und SPD eine große Koalition. Dabei spielte eine wesentliche Rolle, daß die Parteiführung der SPD trotz erheblicher Mitgliederverluste an der Agenda 2010 und den damit verbundenen Sozialkürzungen festhalten wollte, während sich die Linkspartei, in die während der Umsetzung der Agenda-Politik durch Gerhard Schröder auch zahlreiche Sozialdemokraten gewechselt waren, für ein Ende dieses neoliberalen Programms aussprachen. Auch bei den Grünen hatten die sogenannten »Realos« das Sagen, die ebenfalls nicht vom Agenda-Kurs abweichen wollten.

Zu diesem Zeitpunkt sah die SPD größere Gemeinsamkeiten mit der CDU/CSU als mit der Linkspartei. Dies setzte sich auch nach dem historischen Wahldesaster der SPD bei der Bundestagswahl 2009 fort, als in den Folgejahren die neue SPD-Führung mit Sigmar Gabriel und Andrea Nahles sich redlich darum bemühten, rot-rot-grüne Koalitionen in den Bundesländern zu verhindern. Das Dramolett, das sich nach der Landtagswahl in Nordrhein-Westfalen im Jahr 2010 abspielte, soll Thema im zweiten Teil dieses Buches sein, aber es stand geradezu symbolhaft für den Kurs der SPD-Führung, bei deren Antritt die Medien über einen angeblichen Linksruck der SPD schwadronierten. Auch in den Folgejahren gab es zahlreiche Gelegenheiten, Koalitionen mit der Linkspartei zu bilden und damit die Mehrheit im Bundesrat schon weit vor der Landtagswahl in Niedersachsen im Jahr 2011 zugunsten der SPD-regierten Länder zu kippen. In Sachsen-Anhalt und Thüringen zog die SPD eine Koalition mit der CDU der Linkspartei vor. Zu einem ganz besonderen Trauerspiel kam es dabei in Thüringen, wo die SPD nur drittstärkste Kraft wurde. Im Umfeld der Wahl wurde über eine rot-rote Koalition diskutiert. Jedoch glaube die SPD, die fast zehn Prozentpunkte weniger hatte als die Linkspartei, die Bedingung stellen zu sollen, daß ein Sozialdemokrat Ministerpräsident werden solle, wenn es zu einer Koalition mit der Linkspartei käme.

In unserem Land hat es sich als politischer Brauch eingebürgert, daß in einer Koalition die stärkste Partei den Ministerpräsidenten stellt. Eine solche Anmaßung wie gegenüber der Linkspartei traute sich die SPD dann anschließend bei der CDU nicht. Gleichwohl erklärte sich die Linkspartei bereit, auf den Posten des Ministerpräsidenten zu verzichten. Auch ein einmaliger Vorgang in der Bundesrepublik! Und obwohl die Linkspartei bereit war, diese unerhörte Forderung der SPD zu akzeptieren, entschlossen sich die Sozialdemokraten anschießend, doch lieber mit der CDU zu koalieren.

Auch die SPD unterstellte der Linkspartei immer wieder, sie hätte ein gestörtes Verhältnis zur Demokratie und müsse erst noch beweisen, daß sie in der Demokratie angekommen sein. Bei dem Verhalten der SPD in Thüringen läßt sich die durchaus berechtigte Frage stellen, ob nicht eher die SPD in Sachen Demokratie nachzusitzen hätte?!

Die Frage des Ministerpräsidenten dürfte nur vorgeschoben gewesen sein. Offenbar hatte die SPD darauf spekuliert, daß die Linkspartei – und dies eigentlich zu recht – das Ansinnen der Sozialdemokraten zurückweisen und jenen somit ein fragwürdiges Argument für eine Koalition mit der CDU an die Hand geben würde. Hier zeigte sich einmal mehr, daß die Sozialdemokraten an einem alternativen Politikentwurf nicht interessiert waren. Statt den Mut aufzubringen, neue Wege zu gehen, akzeptierte die SPD lieber die Rolle als Juniorpartner der CDU und gab gleichzeitig das Ziel, einer baldigen Mehrheit im Bundesrat auf.

Zur Debatte stand eine rot-rot-grüne Koalition auch im Saarland, in der allerdings die SPD stärkste Kraft gewesen wäre. Wie auch in Thüringen wurde im Saarland am 30. August 2009 gewählt. Hier waren es die Grünen, die sich zierten, und die Koalitionsverhandlungen herauszögerten, bis die Bundestagswahl im September 2009 vorbei war. Gleichermaßen verhielt sich die SPD, die sich zumal direkt vor der Bundestagswahl nicht traute, eine rot-rote Koalition einzugehen. Nach der Bundestagswahl entschieden sich die Grünen dann, gemeinsam mit der CDU und der FDP eine Koalition zu bilden.

Warum also das Getue im Anschluß von Landtagswahlen – und auch Bundestagswahlen –, bei denen sich eine Zusammenarbeit mit der Linkspartei anböte? Die SPD hatte sich in der Frage der Zusammenarbeit mit der Linkspartei in die babylonische Gefangenschaft der CDU begeben. Ausgangspunkt ist die legendäre »Rote-Socken-Kampagne« der CDU in der Zeit nach dem Beitritt der DDR zum Geltungsbereich des Grundgesetzes. Zwar hatte die CDU nicht gezögert, gleich mit zwei Blockparteien zu fusionieren, die die DDR über die Jahrzehnte brav mitgetragen und mitgestaltet haben. Gleichwohl setzte die CDU eine Kampagne gegen die SPD in Gang, um Koalitionen mit der SED-Nachfolgepartei PDS zu verhindern. Im Konrad-Adenauer-Haus hatte sich sehr wohl herumgesprochen, daß das Erstarken der PDS langfristig dazu führen könne, daß es künftig vermehrt linke Mehrheiten geben und die CDU somit häufiger bei der Regierungsbildung außen vor bleiben könne. Was bot sich also besseres an, als Koalitionen mit der PDS zu einem Tabu erklären?

Und die SPD ließ sich auf dieses Spiel ein. Bis heute. Sie verbaute sich zahlreiche Gelegenheiten und Möglichkeiten, Koalitionen jenseits der CDU zu bilden, und damit den Bürgern politische Alternativen anzubieten. Bis heute ermöglicht es die SPD der CDU, mit der Vision einer rot-rot-grünen Koalition als Schreckgespenst bei den Wählern hausieren zu gehen. Diensteifrigst weisen sozialdemokratische Kandidaten Vermutungen zurück, sie könnten mit der Linkspartei auch nur irgendwie zusammenarbeiten und verbauen sich damit eine wesentliche Koalitionsmöglichkeit.

Kaum eine Kampagne der CDU war so erfolgreich wie die diversen Variationen der »Rote-Socken-Kampagne«. Das Geheimnis des Erfolges dieser Kampagne lag aber auch bei der SPD. Während einzelne Kandidaten versuchten und versuchen, aus dieser babylonischen Gefangenschaft der CDU zu entrinnen, gab es auch den Seeheimer Kreis und die Fraktion der Agenda-2010-Anhänger in der SPD, die über diese babylonische Gefangenschaft gar nicht so unglücklich waren. Denn der Abstand zur Linkspartei entsprach und entspricht bis heute ihren politischen Vorstellungen.

Dabei verfolgte die SPD teilweise eine Doppelstrategie. Während in einigen der neuen Bundesländer – und jüngst mit Bremen zum ersten Mal in einem der alten Bundesländer – immer wieder Koalitionen auch mit der Linkspartei geschlossen werden, wurde auf der anderen Seite versucht, dies zu vermeiden. Hier gab es ein deutliches Nord-Süd-Gefälle: rot-rote Koalitionen gab es bislang in Mecklenburg-Vorpommern, Brandenburg, Berlin und in Bremen. In Sachsen-Anhalt führte Reinhard Höppner über zwei Wahlperioden eine durch die PDS tolerierte Minderheitsregierung. Hier war die SPD jeweils stärker als die Linkspartei. In den südlichen neuen Bundesländern ist das Verhältnis jedoch umgekehrt: In Sachsen-Anhalt, Sachsen und Thüringen ist die Linkspartei seit Jahren stärker als die SPD, was jedoch nur ein Motiv für die Ablehnung einer Zusammenarbeit darstellen dürfte. Viel wesentlicher für die Chancen solcher Zusammenarbeiten dürften die taktischen Erwägungen in der SPD-Zentrale in Berlin sein. Dies manifestierte sich auch darin, daß der damalige Parteichef Kurt Beck gestürzt wurde, als er 2008 eine vorsichtige Öffnung zur Linkspartei versuchte. Die Agenda-Fraktion in der SPD war nicht erfreut und ersetzte Beck kurzerhand durch Franz Müntefering.

Auch nach der Wahlniederlage 2009 wuchs die Neigung innerhalb der SPD, mit der Linkspartei zu kooperieren, in keiner Weise an. Streitpunkt ist vor allem die Reformpolitik der rot-grünen Regierungszeit 1998 bis 2005, deren Ergebnisse von der Linkspartei politisch bekämpft werden, deren Mitinitiatoren jedoch weiterhin an wichtigen Schalthebeln in der SPD saßen. Diese Agenda-Fraktion akzeptiert lieber dauerhaft die Rolle als Juniorpartner der CDU, statt vom neoliberalen Glauben an die Agenda 2010 abzufallen.

Grundsätzlich war also eine rot-rot-grünen Koalition nach der Bundestagswahl 2013 unwahrscheinlich. Nach dieser Bundestagswahl setzte allerdings innerhalb der SPD das Nachdenken über eine Lockerung der strikten Ablehnung rot-rot-grüner Koalitionen ein, die allerdings mit einigen Bedingungen gegenüber der Linkspartei verbunden waren, die eine solche Zusammenarbeit tendenziell eher verhindern als fördern sollten. Es war jedoch nicht zu übersehen, daß innerhalb der Partei der Frust über die Bildung großer Koalitionen mit der CDU/CSU so groß geworden war, daß sich die Stimmen einer Öffnung gegenüber der Linkspartei auch angesichts der politischen Gemeinsamkeiten immer stärker durchsetzen. Bedauerlicherweise kam diese Erkenntnis für die Realisierung rot-rot-grüner Mehrheiten zu spät. Bereits bei der Bundestagswahl 2017, aber auch 2021 bestand rechnerisch keine Möglichkeit mehr für die Bildung einer rot-rot-grünen Koalition.

Rot-Grün und Schwarz-Gelb

Seit sich die Grünen etabliert hatten und auch regelmäßig an den Regierungen beteiligt wurden, hatten sich im Wesentlichen zwei Lager gebildet, die auch sozusagen die »Normalkoalitionen« stellten: Koalitionen aus SPD und Grünen als »linkes Lager« oder CDU/CSU und FDP als »konservativ-liberales Lager«. Zwar gab es in jüngerer Zeit auch Experimente mit CDU/FDP/Grüne im Saarland und CDU/Grüne in Hamburg. Diese waren jedoch nicht von allzu langer Dauer. Beide Modelle endeten in vorgezogenen Neuwahlen. Neuere Entwicklungen bei Schwarz-Grün zeigten jedoch, daß auch solche Konstellationen über eine Wahlperiode hinaus funktionieren konnten.

Dies ging einher mit einer gespaltenen Entwicklung der Grünen.

Diese bestanden schon immer aus einem linken und einem konservativen Flügel, gleichwohl aber setzte sich in den letzten Jahren der konservative Flügel immer stärker durch, was zu häufigeren Koalitionen mit der Union führte.

Auf der anderen Seite waren rot-rote Regierungen deutlich belastbarer. Selbst das Modell der Tolerierung durch die PDS in Sachsen-Anhalt 1994 bis 2002 zeigte eine deutlich höhere politische Stabilität als schwarz-grün oder schwarz-gelb-grün. Ohne eine vertiefte politikwissenschaftliche Analyse durchführen zu wollen darf hieraus doch geschlossen werden, daß der Pool politischer Gemeinsamkeiten in einer Koalition nicht zu klein geraten darf, wenn das politische Zweckbündnis vier oder fünf Jahre halten soll.

Die geradezu entschlossene Trotzigkeit, mit der Peer Steinbrück darauf beharrte, daß auch eine rot-grüne Koalition nach der Bundestagswahl 2013 möglich sein würde, wirkte eher so, als spräche sich Steinbrück auf den letzten Metern vor der Wahl Mut zu. Die Umfrageergebnisse zeigten zwar teilweise nur eine knappe Mehrheit für schwarz-gelb, dies jedoch unter Einbeziehung der Linkspartei, die immerhin zwischen sieben und neun Prozentpunkten gehandelt wurde.

Allzu gewagt war die Prognose jedoch nicht, daß auch nach dem 22. September 2013 die »Sphinx von Berlin« regieren würde, wie Angela Merkel in manchen Medien genannt wurde. Dies wurde durchaus von der SPD mitverantwortet, die sich schlicht nicht traute, eine echte Alternative, die durch eine Zusammenarbeit mit der Linkspartei auch eine Machtperspektive hätte, anzubieten. Insofern konnte die Bundeskanzlerin auch getrost so tun, als wäre sie nach einem fast schon sicheren Wahlsieg in der Lage, die FDP zur Einführung einer Mietpreisbremse oder einer effektiven Lohnuntergrenze zu überreden.

Obgleich die Gemeinsamkeiten von CDU/CSU und FDP nach der vorangegangenen Wahl bereits ein halbes Jahr nach Regierungsantritt erschöpft waren, scheuten sich die Verantwortlichen in diesem Wahlkampf nicht so zu tun, als hätte es nie Streit gegeben. Hierin kam zum Ausdruck, daß sich die Union mit Angela Merkel eine Fortsetzung der Regierung mit der FDP wünschte, von der sie bei ihren Vorhaben kaum Widerstand zu erwarten hatte.

Zweifelsfrei dürften die Gemeinsamkeiten von SPD und Grünen größer sein als jene von CDU, CSU und FDP. In vielen Punkten sind sich rot-grün einig, während CDU, CSU und FDP in vielen politischen Bereichen eigene, von den anderen beteiligten Parteien abweichende Vorstellungen hatten. Jüngst drohte der bayerische Ministerpräsident Horst Seehofer gar, daß eine Neuauflage der schwarz-gelben Koalition daran scheitern könnte, daß CDU und FDP eine Autobahnmaut für Ausländer ablehnten. In dieser Frage wähnte Seehofer 88 Prozent der Bayern hinter sich,[4] was bereits erahnen ließ, daß er sich diese Forderungen bei möglichen Koalitionsverhandlungen allenthalben teuer abkaufen lassen würde.

Auch wenn die Parteien selbst sogenannte »Lagerwahlkämpfe« immer wieder ablehnten und auf ihre Eigenständigkeit und die Ziele ihrer Programme pochten, waren bis in die 2000er Jahre hinein die entsprechenden Lager deutlich zu erkennen. In den vergangenen Jahren hatte sich hier allerdings eine gewisse Auflösung gezeigt. Die Koalitionsvarianten nahmen aufgrund der Entwicklung im Parteiensystem durch die Entstehung neuer Parteien, denen es gelang, sich in den Parlamenten zu etablieren, zu. Zu nennen wäre hier zunächst die rechtspopulistische AfD, die nach ihrer Gründung im Rahmen verschiedener interner Konflikte immer weiter nach rechts rückte, und mit denen die anderen Parteien Koalitionen zunächst ausschlossen. Darüber hinaus wurde Anfang des Jahres 2024 das ebenfalls rechtspopulistisch ausgerichtete Bündnis Sahra Wagenknecht gegründet, die bei der Europawahl 2024 vor allem in den neuen Bundesländern Erfolg hatte. Auch hier war noch nicht klar, wie sich die etablierten Parteien koalitionspolitisch verhalten würden. Zugleich erschwerte die Existenz und der Einzug dieser Parteien die Mehrheitsfindung in den betroffenen Parlamenten.

Schwarz-grün sowie Schwarz-gelb-grün

Koalitionen zwischen Grünen und CDU waren über lange Zeit ein eher gewagtes Projekt, weil die Differenzen in für die Parteien zentralen Politikbereichen wie innere Sicherheit und auch Umweltpolitik erheblich waren. Mittlerweile sahen sich selbst in Hessen CDU und Grüne in der Lage, miteinander zu koalieren, obwohl sie bis dahin als besonders verfeindet galten. Zunächst auf kommunaler Ebene, dann auf Landesebene koalierten CDU und Grüne miteinander, verbunden durch eine grundsätzlich bürgerliche Haltung der sogenannten »Realos« bei den Grünen. Die bür-

---

[4] vgl. Fuchs, Ingrid, Oliver Klasen, Birgit Kruse und Christian Sebald: *Wo Seehofer und Ude nicht ganz richtig lagen.* Süddeutsche.de am 04.09.2013 http://sz.de/1.1762898 (zuletzt aufgerufen: 25.08.2024)

gerliche Wende der Grünen ist mit der Fusion zwischen den Grünen und Bündnis'90 in den frühen 1990er Jahren zu sehen, denn im Gegensatz zu Teilen der Grünen, die eher links standen, war Bündnis'90 – eine Bürgerrechtsbewegung, die noch im Untergrund zu Zeiten der DDR entstanden war – eine rein bürgerliche Partei. Die Fusion mit den Grünen führte zu einer Stärkung des bürgerlichen Flügels der Grünen und eröffnete langfristig die Möglichkeit für die Partei, auch mit der CDU zu koalieren.

Inzwischen regierten CDU und Grüne gemeinsam in Schleswig-Holstein, Hessen (bis zur Wahl 2023, danach koalierte die CDU mit der SPD), Nordrhein-Westfalen und in Baden-Württemberg sowie zusammen mit SPD und Grünen in Sachsen. In Baden-Württemberg war die CDU als Juniorpartner der grün-roten Koalition mit Ministerpräsident Winfried Kretschmann beteiligt. Vor zwanzig Jahren wäre das undenkbar gewesen. Dies dürfte allerdings der CDU in Baden-Württemberg wohl – abgesehen vom Prestigeverlust – nicht ganz so schwer fallen, weil die Grünen und insbesondere Winfried Kretschmann besonders konservativ waren. Mit der Normalität schwarz-grüner Bündnisse stellte sich für SPD und Linkspartei teilweise die Frage, ob ein echter Politikwechsel gemeinsam mit dem Grünen überhaupt noch möglich war. Dafür sprachen jedoch Bündnisse, in den die Grünen gemeinsam mit SPD und Linke regierten.

Innerhalb der CDU blieben Bündnisse mit den Grünen umstritten, zumal zunehmend mit der Politik zur Bekämpfung des Klimawandels die Vorstellungen beider Parteien in der Industriepolitik immer weiter auseinanderklaffen. Im Jahr 2024 schloß die CDU unter dem Vorsitzenden Friedrich Merz und mit dem Generalsekretär Christian Linnemann eine Koalition mit den Grünen nach der Bundestagswahl 2025 zwar nicht aus, betrachteten diese Möglichkeit jedoch eher als fernliegend.

Trotz der Rhetorik innerhalb der CDU, die teilweise auf eine scharfe Abgrenzung gegenüber den Grünen hinausläuft, regiert die CDU in den genannten Bundesländern nahezu geräuschlos mit den Grünen. In den betroffenen Bundesländern dürfte das Abrücken der Bundes-CDU von den Grünen wohl eher mit Befremden wahrgenommen werden, denn diese Landesregierungen betrachten sich durchaus als erfolgreich und pflegen atmosphärisch eine gute Zusammenarbeit.

Auch für die CSU ergaben sich durch die Veränderungen im Parteiensystem neue Entwicklungen. Zum einen waren die Zeiten der absoluten Mehrheit in Bayern vorbei und die CSU war auf einen Koalitionspartner angewiesen. Hier entschied sich die CSU für eine gemeinsame Regierung mit den Freien Wählern, die im Jahr 2023 bestätigt und fortgesetzt wurde. Die Vorbehalte der Bundes-CDU gegen die Grünen klangen aus Bayern noch eine Stufe schriller.

Angesichts der Entwicklung im Parteiensystem, insbesondere angesichts des Erstarkens des Bündnisses Sahra Wagenknecht könnte sich allerdings derartige Ausschlußrhetorik nach der Wahl rächen. Auch nach der Bundestagswahl 2025 könnte die Notwendigkeit entstehen, vor der Wahl ausgeschlossene Bündnisse einzugehen, wenn vermieden werden soll, daß rechtspopulistische Parteien in die Regierung eingebunden werden.

Parteien: Ein Überblick

In den letzten Jahren hat es deutliche Veränderungen im Parteiensystem gegeben. Auch wenn in der öffentlichen Diskussion immer wieder mal der Eindruck erweckt wurde, als sei dies etwas Besonders in der Parteiengeschichte der Bundesrepublik, soll der folgende Rückblick auf die Entwicklung zeigen, daß dies keineswegs zutrifft. Die Gründung von Parteien orientiert sich an dem tagespolitischen Bedarf, und der unterschied sich in der Geschichte der Bundesrepublik immer wieder.

Die Nachkriegszeit

Gerne wird so getan, als wäre mit dem Auftauchen der Partei der Grünen Ende der 1970er Jahre zum ersten Mal eine neue Partei in den Bundestag eingezogen und hätte die selige Verläßlichkeit des Drei-Parteien-Systems durchbrochen. Dies war tatsächlich nicht so.

Nach dem Krieg gab es zu Beginn der bundesdeutschen Demokratie durchaus bereits eine größere Vielfalt von Parteien im Bundestag, deren Namen heute kaum noch jemand kennt. Der erste Bundestag, bei dem ohne Sperrklausel gewählt wurde, enthielt neben der KPD Parteien wie die Bayernpartei (BP), das Zentrum oder die Deutsche Partei (DP). Dem zweiten Bundestag gehörten dann schon weniger Parteien an, wie der Gesamtdeutsche Block/Bund der Heimatvertriebenen und Entrechteten (GB/BHE) oder auch weiterhin die DP. Letztere schaffte es auch noch einmal in den dritten Deutschen Bundestag, so daß CDU/CSU, SPD und FDP erst ab dem vierten Deutschen Bundestag unter sich waren.

In der unmittelbaren Nachkriegszeit spielten die Fragen der Bewältigung der Kriegsfolgen eine große Rolle wie auch die Frage, was denn aus den Menschen werden sollten, die in die Verbrechen des NS-Regimes verstrickt waren. Überdies stellte die Gruppe der Heimatvertriebenen, die auch nach dem Zweiten Weltkrieg in die Bundesrepublik strömten, nicht nur eine erhebliche Wählerklientel dar, sondern auch deren Interessen wollten vertreten werden.

Je mehr auch die etablierten Parteien sich den Problemen der genannten Gruppen annehmen, je mehr die unmittelbare Nachkriegszeit in den Hintergrund rückte und das »Wirtschaftswunder« jenen half, die die Verbrechen der NS-Diktatur gerne vergessen wollten, desto schwächer wurden die Klientelparteien der Heimatvertriebenen und durch die NS-Diktatur Belasteten. Der

Bundestag entwickelte sich zum Drei-Parteien-Parlament.

Während die ersten Jahre der Bundesrepublik die CDU gemeinsam mit der FDP regierte, folgte nach der ersten großen Koalition 1966 bis 1969 der Umschwung. Mit Willy Brandt wurde zum ersten Mal in der bundesdeutschen Geschichte ein Sozialdemokrat Kanzler. Anfang der 1980er Jahre orientierte sich die FDP wieder zur CDU um. Ausdruck dieser Neuorientierung war das sogenannte Lambsdorff-Papier, das eine neoliberale Wende in der Politik forderte. Der Schwenk der FDP zur CDU Helmut Kohls wurde nicht nur innerhalb der SPD als Verrat betrachtet. Es traten auch prominente Mitglieder der FDP als Folge dieser Entscheidung zur SPD über wie Ingrid Matthäus-Maier oder Günther Verheugen.

Die Stärke der Vertriebenen-Parteien zu Beginn der Bundesrepublik, sowie das Entstehen der Grünen Ende der 1970er Jahre zeigen, daß bestimmte gesellschaftliche Probleme, wenn sie nur stark genug sind, sich auch Parteien schaffen, die diese in den Parlamenten vertreten. Die Neuordnung Europas nach dem Krieg schuf Probleme, die sich auch im Parlament Gehör verschaffen wollten, und die erst so nach und nach von allen Parteien absorbiert wurden. Die heimelige Stimmung im Deutschen Bundestag, in der sich vor allem die FDP als Königsmacher und ständiger Begleiter aller Regierungen wohl gefühlt haben dürfte, dauerte von 1961 bis 1983, als aus der ökologischen Bewegung die Partei der Grünen nicht nur Ende der 1970er Jahre hervorging, sondern auch in den 10. Deutschen Bundestag einzog. Zwar sollte es noch einige Jahr dauern, bis die Grünen von den Sozialdemokraten als potentieller und dann auch tatsächlicher Koalitionspartner anerkannt wurden, aber das Parteiensystem hatte sich verändert.

Hiermit begann das Vier-Parteien-System. Rückblickend auf den Beginn der Republik mit seinen vielen im Bundestag vertretenen Parteien läßt sich sagen, daß es wohl nicht nur die Einführung der Sperrklausel bei der Wahl zum Deutschen Bundestag war, die für das Verschwinden vieler Parteien sorgte. Wie schon angedeutet zeigten sich die bis heute etablierten Parteien in der Lage, die vielen Interessen, die durch Spartenparteien abgebildet wurden, in sich zu integrieren. Bei der Frage des Umweltschutzes scheiterten sie jedoch, was dazu führte, daß sich eine neue Partei etablierte.

Vom Drei- zum Vier-Parteien-System

In Deutschland baute sich über die Jahre nach dem Krieg die Industrie erfolgreich wieder auf. Deutschland war von dieser Entwicklung sehr geprägt. Die starke Industrialisierung brachte auch eine erhebliche Umweltverschmutzung mit sich. Zwar griffen auch die bis dahin etablierten Parteien die Umweltproblematik auf, ordneten sie jedoch der wirtschaftlichen Entwicklung unter, was bis heute, wenn auch nicht in der scharfen Form, Tradition hat. Weil die Antworten auf die Umweltproblematik nicht deutlich genug gegeben wurden, konnte eine neue Partei entstehen, die sich zum Sprachrohr diese Problematik machte.

Der Zug war abgefahren. Die Grünen zogen in die Parlamente ein und belegten die Themen Umwelt und Frauenrechte in einer Weise, daß andere Parteien sich ihrer nicht mehr glaubwürdig bemächtigen konnten. Eine neue Partei hatte sich etabliert, die ihr Programm mehr und mehr auch in andere Bereiche ausbaute, was ihr auch das Überleben im politischen System sicherte. Denn monothematische Parteien verschwanden in der Regel, wenn das von ihr bearbeitete Problem aus dem öffentlichen Bewußtsein verschwand oder von den anderen Parteien in einer Weise aufgegriffen wurde, die die neue Protestpartei überflüssig machte. Die Umweltproblematik blieb indes ein Dauerthema.

Die Grünen wuchsen vor allem auf Kosten der SPD. Entgegen so mancher Ansicht wird in diesem Buch die Auffassung vertreten, daß die Grünen schon immer bürgerlich-liberal waren. Gleichwohl besetzten sie auch linke Themen und konnten somit ihre Erfolge weitgehend auf Kosten der SPD feiern.

Oben wurde bereits am Beispiel der PDS/Linkspartei diskutiert, daß die CDU sich bemühte, Koalitionen zwischen SPD und Linkspartei zum Tabu zu erklären und damit der SPD politische Gestaltungsmöglichkeiten zu nehmen. Ungesagt war bis hier hin, daß die CDU diese Strategie nicht zum ersten Mal verfolgte. Auch bezüglich der Grünen malte die CDU das Schreckgespenst des »rot-grünen Chaos'« an die Wand und betrachtete die Grünen als eine extremistische Partei.

Inzwischen waren, wie schon dargelegt, rot-grüne Koalitionen an der Tagesordnung und die CDU selbst scheute inzwischen auch nicht mehr das »schwarz-grüne Chaos«.

Die deutsche Einheit

Die nächste größere Veränderung in der bundesdeutschen Parteienlandschaft fand nach dem Fall der Mauer im Jahr 1989 statt. In der DDR waren die Menschen auf die Straße gegangen und hatten das Regime aus SED und Blockparteien zunächst in Wanken und dann zum Sturz gebracht.

Auf den Wandel reagierte die SED, indem sie die wesentlichen Führungskader aus der Partei warf und sich nach einer kurzen Phase, in der sie sich SED-PDS genannt hatte, vollends in PDS umbenannte. Die Aufarbeitung der Vergangenheit in der DDR sollte die PDS noch lange und vor allem deutlich intensiver beschäftigen, als es bei den das DDR-Regime tragenden Blockparteien der Fall war, die sich nach der Wende plötzlich als Oppositionsparteien in der DDR verstanden, obwohl während der Wende von ihnen praktisch nichts zu sehen war: »Die vier Blockparteien waren nicht als Motor der Wende in Erscheinung getreten. Erst die Ereignisse im Oktober und November 1989 führten auch bei ihnen zu einer personellen und programmatischen Neuorientierung«.[5]

Bis zur ersten wirklich freien Volkskammerwahl hatten sie sich gefangen. Für die bundesdeutschen Parteien stellte sich währenddessen die Frage, wie sie sich angesichts dieser neuen Entwicklung gegenüber der DDR und ihren Parteien verhalten sollten. Dabei hatten SPD und Grüne die geringsten Probleme. Noch vor dem Fall der Mauer hatten sich Oppositionsgruppen gegründet, die teilweise diese Namen der westdeutschen Parteien oder Abwandlungen davon trugen. Die SDP der DDR sollte sich nach dem Fall der Mauer in SPD umbenennen und von der westdeutschen sozialdemokratischen Partei unterstützt werden. Allerdings war die SDP, wie auch andere Oppositionsgruppen, von Spitzeln der Staatssicherheit der DDR unterlaufen. Selbst der Parteivorsitzende Ibrahim Böhme wurde schließlich als Spitzel der Staatssicherheit enttarnt. Allerdings waren, wie gesagt, auch andere Oppositionsgruppen unterwandert und dies ebenfalls bis in die Führungsspitzen.

Die Grünen fanden sogleich zwei Partner in der DDR, nämlich die Grünen und Bündnis'90. Zunächst fusionierten die Grünen West mit den Grünen Ost. Die Fusion mit Bündnis'90 wurde zu einem deutlich längeren Prozeß und führte am Ende dazu, daß die Grü-

---

[5] Eith, Ulrich: *Parteien*. S. 617

nen noch ein wenig bürgerlicher wurden als sie es bis dahin schon waren.

In der DDR entstand ein durchaus differenziertes Parteiensystem vor der ersten Volkskammerwahl. Verschiedene Oppositionsgruppen traten zur Wahl an und mußten feststellen, daß ihnen die Bevölkerung der DDR zwar während der Wende zugejubelt hatte, sie gleichwohl bei der Wahl nicht wählte. Denn inzwischen hastete die politische Entwicklung der deutschen Einheit entgegen. Ein Bündnis mit diesem Ziel bildete sich um die CDU der DDR, die inzwischen von der West-CDU unterstützt wurden. Verschiedene liberale Gruppen haben sich zu einer liberalen Partei zusammengeschlossen, die von der FDP unterstützt wurden. Dabei waren auch die ehemaligen Blockparteien LDPD, die zu DDR-Zeiten das liberale Bürgertum in den Arbeiter- und Bauernstaat integrieren sollten, und die NDPD, deren Zweck die Integration ehemaliger Wehrmachtsangehöriger und NSDAP-Mitglieder war. Daß der Gedanke, mit diesen Gruppierung zusammenzugehen, bei den liberalen Gruppen, die sich im Widerstand zum DDR-Staat gegründet hatte, Bauchschmerzen bereitete, war durchaus verständlich.

Die West-CDU hatte nach anfänglichem Zögern und internen, kontroversen Debatten erkannt, daß die CDU der DDR über eine hervorragende Infrastruktur und finanzielle Mittel verfügte, die bei der bevorstehenden Volkskammerwahl von Nutzen sein könnte. Obwohl nach wie vor einige auch führende Mitglieder ein erhebliches Unbehagen gegen die Freunde aus dem Osten hegten, unterstützte die CDU-West die CDU-Ost im Wahlkampf und fusionierte rechtzeitig vor der Bundestagswahl mit der ehemaligen Blockpartei, in der inzwischen auch eine weitere Blockpartei aufgegangen war: Die DBD, also die Demokratische Bauernpartei Deutschlands. »Die Mitglieder der DBD verstanden sich als Marxisten-Leninisten, und die Funktionäre der Partei genossen das Privileg, Kurse der Bezirksparteischulen der SED besuchen zu dürfen – auch aus diesem Grund gibt es seit August 1990, als sich die DBD der CDU anschloß, im Deutschen Bundestag und in den ostdeutschen Landtagen wohl keine Partei, in der so viele gelernte Spätstalinisten Abgeordnete sind wie in der CDU. In diesem Punkt übertrifft sie vermutlich sogar die PDS«.[6]

Gerade unter diesem Gesichtspunkt sind die immer wiederkeh-

---

[6] Ditfurth, Christian von: *Blockflöten. Wie die CDU ihre realsozialistische Vergangenheit verdrängt.* S. 36

renden Kampagnen um die Vergangenheit der Linkspartei und gegen eine rot-rot-grüne Koalition von erheblicher Heuchelei geprägt. Eine kritische und umfassende Aufarbeitung der Vergangenheit der DDR fand in der CDU nicht statt. Statt dessen wurde den betroffenen Mitgliedern anempfohlen, sich selbst mit ihrer Vergangenheit auseinanderzusetzen. Die Folge davon war, daß es gerade in der Anfangszeit der neuen Bundesländer mehr noch als im Bundestag immer wieder zu Rücktritten bei der CDU kam, wenn Medien Details der Vergangenheit einzelner Funktionsträger offenlegten.

Bei der ersten freien Volkskammerwahl wurden dann die Weichen zum Beitritt der DDR zum Geltungsbereich des Grundgesetzes gestellt. Während unmittelbar nach dem Sturz des System aus SED und Blockparteien unter den Oppositionsgruppen der Wunsch verbreitet war, die DDR zu einem eigenständigen Staat zu machen, der den Weg der Demokratie beschritt und darüber hinaus den dritten Weg zwischen Kapitalismus und Kommunismus suchen sollte, ging es im Wahlkampf nur noch um die Frage des Weges zur deutschen Einheit. Es standen sich die Befürworter des schnellen Beitritts nach Artikel 23 (alte Fassung) und der Bildung eines neues Staates mit einer neuen Verfassung gemeinsam mit der Bundesrepublik nach Artikel 146 gegenüber. Artikel 23 sah vor, daß die DDR zum Geltungsbereich des Grundgesetzes übertrat und somit kein neuer Staat gebildet wurde. Mit dem Beitritt der DDR zum Geltungsbereich des Grundgesetzes erfüllte sich der politische Auftrag seiner Präambel. Der Artikel 23 GG wurde inzwischen geändert, weil die deutsche Einheit vollendet und weitere Beitritte nicht vorgesehen waren. Artikel 146 hingegen sieht bis heute vor, daß sich die Bundesrepublik eine neue Verfassung geben kann und damit ein neuer Staat würde.

Mit dem Wahlsieg des Bündnisses um die CDU war die Entscheidung für den Beitritt nach Artikel 23 gefallen. Die Bundesländer Brandenburg, Mecklenburg-Vorpommern, Sachsen, Sachsen-Anhalt und Thüringen wurden wiedergegründet und traten dem Geltungsbereich des Grundgesetzes bei. Am 3. Oktober 1990 war somit die deutsche Einheit vollzogen. Am 2. Dezember 1990 fanden die ersten gesamtdeutschen Bundestagswahlen mit der Besonderheit statt, daß es ein Wahlgebiet West und ein Wahlgebiet Ost gab. Um in den Bundestag einziehen zu können, reichte es, in einem der Wahlgebiete mehr als fünf Prozent der gültigen Wählerstimmen in diesem Wahlgebiet zu haben. Dies sollte den Einzug ostdeutscher Parteien ermöglichen, so daß sich auch jene neuen

Bundesbürger repräsentiert fühlen konnten, die nicht die im Westen bereits etablierten Parteien gewählt hatten.

Tatsächlich zogen zwei Parteien über diese Sonderregelung ein, nämlich die PDS und Bündnis'90, die zu der Zeit noch nicht mit den Grünen fusioniert hatten. Nicht vertreten waren die Grünen, die weder im Wahlgebiet Ost noch im Wahlgebiet West die 5% Hürde nehmen konnte.

Die Bundestagswahlen wurden von der CDU/CSU und FDP eindeutig gewonnen, und zwar im Osten. Die Wahlergebnisse insbesondere der CDU im Westen unterschieden sich nicht wesentlich von denen aus dem Jahr 1987.

Konsolidierung des Fünf-Parteien-Systems

Mit dem Beitritt der neuen Bundesländer und der ersten gesamtdeutschen Bundestagswahl war der Grundstein für die nächste Veränderung im Parteiensystem gelegt. Die Grünen fusionierten mit Bündnis'90 und in den neuen Bundesländern etablierte sich zunehmend die PDS als eine ostdeutsche Volkspartei. Während in der Zeit unmittelbar nach der deutschen Einheit die Ergebnisse der PDS bescheiden und teilweise noch im einstelligen Bereich lagen, wuchsen sie über die Jahre an, bis die PDS in einigen der neuen Bundesländern zur zweitstärksten Kraft nach der CDU und vor der SPD geworden war.

Zwar versuchte die PDS auch in den alten Bundesländern Fuß zu fassen, blieb hier jedoch selbst in den Stadtstaaten eine Splittergruppe. Verantwortlich dafür dürfte in erster Linie der Umstand sein, daß sie als Ostpartei wahrgenommen wurde, zudem auch in den Medien und in der politischen Debatte der Eindruck erweckt wurde, die PDS sei die Partei der übriggebliebenen SED-Kader und ein DDR-Nostalgieverein. Bis in die SPD machte sich durchaus auch geäußerte Überzeugung breit, daß sich das »Problem« PDS erledigen würde, wenn deren vermeintlich überalterte Anhänger- und Mitgliedschaft das Zeitliche gesegnet hätte. Seit den 2000er Jahren ist diese Erwartung nicht mehr zu hören, weil sich in der Zwischenzeit weitere grundlegende Änderungen ergeben hatten.

Bei den ersten Wahlkämpfen in den neuen Ländern brachte die CDU Aufkleber unter das Volk, auf denen »Stoppt SPDSED« zu lesen war. Ausgerechnet die CDU, die zwei ehemalige Systemparteien der DDR in sich aufgenommen hatte, unterstellte der SPD, sie sei von SED-Mitgliedern unterlaufen und plane zudem, mit der ehemaligen Staatspartei zu koalieren. Wie oben bereits erörtert war diese Kampagne ein durchschlagender Erfolg und wird bis heute fortgeführt. Gerade jüngst warnte die ehemalige Sekretärin für Propaganda der Freien Deutschen Jugend (FDJ) der DDR, Angela Merkel, vor einer rot-rot-grünen Koalition.

Der perfide Anknüpfungspunkt für die Kampagne war die tatsächliche Unterwanderung der DDR-Oppositionspartei SDP durch Stasi-Spitzel, sowie Übertritte von ehemaligen SED-Mitgliedern, die am politischen Neuanfang teilhaben wollten. Daß die SPD daraufhin SED-Mitglieder nicht mehr aufnahm, dürfte das Wachstum und die Sicherung der PDS als Partei unterstützt haben. Auch dies lag durchaus im Interesse der CDU. Denn die Konkurrenz zwischen SPD und PDS in den neuen Bundesländern, zu der auch die schwachen Organisationsstrukturen der SPD als in der DDR nicht-etablierte Partei kamen, nützte in erster Linie der CDU: In allen neuen Bundesländern außer in Brandenburg gewann die CDU die ersten Landtagswahlen, teilweise gemeinsam mit der FDP.

In Sachsen – während der Weimarer Republik eine Hochburg der SPD – erreichte die CDU aus dem Stand die absolute Mehrheit und konnte über lange Jahre alleine regieren. Im ehemaligen Stammland der SPD kam diese selbst bei der Landtagswahl im Jahr 2009 nur mit Mühe über 10%.

Auch in Berlin war bis zur Wahlkreisreform, bei der Westberliner Wahlkreise mit Ostberliner Wahlkreisen gemischt wurde, anhand der Wahlkreise zu erkennen, wo zuvor die Mauer verlaufen war. Selbst nach dieser Wahlkreisreform ist noch immer zu erkennen, welche Wahlkreise im Osten und welche im Westen liegen. Bis zum heutigen Tag klafft das Wählerverhalten in den neuen und in den alten Bundesländern auseinander. Seit der deutschen Einheit hat sich nicht nur ein Fünf-Parteien-System etabliert, es haben sich auch die beiden Wahlgebiete Ost und West bislang politisch nicht wiedervereinigt.

Bei jeder weiteren Landtagswahl in den neuen Bundesländern wurde indes klar, daß die Hoffnung, die PDS würde sich selbst überleben, sich nicht erfüllte. Im Gegenteil. Über die Jahre wuchs die PDS zu einer dritten Volkspartei in den neuen Bundesländern an und stellte die SPD immer öfter vor die Frage, ob die Verweigerung einer Koalition überhaupt noch zeitgemäß war. Im Jahr 1994 beantwortete der SPD-Politiker Reinhard Höppner in Sachsen-Anhalt die Frage auf seine Weise. Weil SPD und Grüne alleine nicht genügend Stimmen für eine Regierungsbildung hatten, das

Verhältnis zwischen SPD und CDU jedoch so hoffnungslos zerrüttet war, daß eine große Koalition nicht in Betracht kam, entschied sich Höppner für eine durch die PDS tolerierte Minderheitsregierung.

In der CDU dürfte an jenem Tag das blanke Entsetzen geherrscht haben. Auch in der SPD gab es durchaus Bauchschmerzen, jedoch wurde erkannt, daß es an der Zeit war, sich in den neuen Bundesländern eine Machtperspektive zu verschaffen. Die »Rote-Socken-Kampagnen« der CDU nahmen zu, während Reinhard Höppner für sein Modell Zustimmung erhielt. Als 1998 die Grünen den Wiedereinzug in den Landtag von Sachsen-Anhalt verfehlten, bildete Höppner eine Minderheitsregierung der SPD, die von der PDS unterstützt wurde. Später sollten in Mecklenburg-Vorpommern, Brandenburg und Berlin direkte Koalitionen mit der PDS stattfinden.

Das Parteiensystem der Bundesrepublik hatte sich, bedingt durch die deutsche Einheit, weiterentwickelt. Das Bedürfnis der Menschen in den neuen Bundesländern nach einer »eigenen« Partei war offenbar gegeben. Hieran konnte auf Dauer niemand vorbeischauen. Beigetragen zu dieser Entwicklung hatte wohl auch die Vereinigungspolitik. Der Kurs, in der DDR alles möglichst schnell so wie in Westdeutschland zu gestalten, wurde von den Menschen in der ehemaligen DDR anfangs mitgetragen, bis sich schwere wirtschaftliche Probleme und das Gefühl breitmachten, vom Westen fremdbestimmt und benachteiligt zu werden.

Über die 1990er Jahre erstreckten sich die Diskussionen um die Klischees des »undankbaren Ossis« und des »arroganten Wessis«, wobei letzteres im Gegensatz zu erstem nicht aus der Luft gegriffen war. Die Politik der Treuhandanstalt, die viele Unternehmen »abwickelte«, also schloß, trug ebenfalls dazu. Die Spitzenpositionen in den Unternehmen, Justiz und Verwaltung wurden von Westdeutschen übernommen, was bis in die 2020er Jahre nachwirkte. Auch heute noch dominieren Westdeutsche in den neuen Bundesländern die Spitzenpositionen in Staat und Wirtschaft. Der Frust der Menschen in den neuen Ländern entlädt sich heute nicht mehr in der Wahl der PDS, also der heutigen Linkspartei, sondern in der Stimmabgabe für AfD und BSW.

Doch in den 1990er Jahren wurde die PDS in den neuen Ländern zu einer starken politischen Kraft, die die Perspektive eröffnet hätte, gemeinsam mit der SPD einen Politikwechsel zu bewirken. Wie sehr die Sozialdemokraten diese Chance vertaten, wird noch

Thema in diesem Buch sein. Jetzt soll es jedoch zunächst darum, gehen, wie die Agenda 2010 das Parteiensystem beeinflußte.

Die Agenda 2010 erschafft die Linkspartei

Wenn die Integrationskraft von Parteien für bestimmte Gruppen nicht mehr ausreicht, können neue Parteien entstehen. Das Paradebeispiel hierfür sind angesichts der ökologischen Frage die Grünen. Sie entstanden jedoch, weil das Thema nicht hinreichend durch die anderen Parteien erschlossen wurde.

Im Jahr 2005 entstand die Linkspartei als ein Zusammenschluß aus der Wahlalternative Arbeit und soziale Gerechtigkeit (WASG) und der Partei des demokratischen Sozialismus (PDS). Anlaß für die Gründung der WASG war die Agenda 2010 von Bundeskanzler Gerhard Schröder, und hier insbesondere die Reformen am Arbeitsmarkt, auch als die Hartz-Reformen bekannt. In seiner Regierungserklärung im Frühjahr 2003 verkündete Gerhard Schröder die Agenda 2010, mit der er vieles von dem umsetze, was er in dem sogenannten »Schröder/Blair-Papier« angekündigt hatte. Es war ein neoliberales Programm zur Reform des Arbeitsmarktes.

Dieses Programm stieß innerhalb der SPD auf heftigen Widerspruch. Um sein Regierungsprogramm gegen diese Widerstände durchzusetzen, verknüpfte Schröder die Umsetzung der Agenda 2010 mit seiner Zukunft als Bundeskanzler. Die brachiale Durchsetzung dieses Programms, das der sozialdemokratischen Tradition zuwiderlief, hatte einen hohen Preis. Zahlreiche Wähler blieben bei den Wahlen zu Hause oder wählten andere Parteien. Zahlreiche Mitglieder verließen die Partei.

Hinzu kam, daß sich zunächst die Alternative Arbeit und soziale Gerechtigkeit (ASG) als Verein gründete. Die Parteiführung betrachtete die Mitgliedschaft in diesem Verein als unvereinbar mit der Mitgliedschaft in der SPD. Die Mitglieder wurden aus der Partei gedrängt, was letztlich auch zur Gründung der Partei WASG führte, die zunächst bei verschiedenen Landtagswahlen antrat, ohne die Sperrklausel zu überspringen.

Als der Wählerschwund der SPD dazu führte, daß auch die Landtagswahl im sozialdemokratischen Stammland Nordrhein-Westfalen verlorenging, trat Gerhard Schröder die Flucht nach vorne an, stellte die Vertrauensfrage und verlor sie – wie geplant. Die Intention, die hinter diesem Manöver stand, soll im zweiten Teil diskutiert werden. Die Folge für das Parteiensystem war, daß sich nun unter dem Druck der bevorstehenden Bundestagswahl WASG und PDS auf ein gemeinsames Vorgehen einigen mußten. Die PDS benannte sich in Linkspartei.PDS um und ermöglichte Mitgliedern der WASG, auf der offenen Liste zu kandidieren.[7] Später fusionierten beide Parteien. Für die Partei wurde das Wagnis ein Erfolg. War die PDS nach der Bundestagswahl 2002 lediglich mit zwei Abgeordneten im Bundestag vertreten, die ihre Mandate direkt in Ostberliner Wahlkreisen gewonnen hatten, weil sie als Partei auf nur 4.0% gekommen war, zog die neue Liste bei der Bundestagswahl 2005 mit 8.7% in den Bundestag ein und konnte das Ergebnis bei der Bundestagswahl 2009 gar noch auf 11.9% ausbauen.

Mit der Fusion stiegen schlagartig auch die Chancen der neuen Partei, auch in westdeutsche Landtage einzuziehen. Wurde die Sperrklausel oftmals nur knapp übersprungen, kam die Linkspartei im Saarland bei der Landtagswahl 2009 auf 21.3% und sank 2012 auf immerhin noch 16.1% ab. Seit 2012 verlor die Linkspartei in den westdeutschen Bundesländern jedoch wieder an Boden und konnte in zahlreiche Parlamente nicht wieder einziehen. Bei der hessischen Landtagswahl 2013, die parallel zur Bundestagswahl stattfand, gelang es der Linkspartei entgegen mancher Prognosen, wieder in den Landtag einzuziehen.

Zentrale Themen der Linkspartei sind die soziale Gerechtigkeit und der Pazifismus. Hieraus erklärt sich der Erfolg der Linkspartei nach den Bundestagswahlen 2005 und 2009. Durch die Orientierung auf die neoliberale Agenda 2010 wurde der SPD das Eintreten für soziale Gerechtigkeit nicht mehr zugetraut. Dies stärkte die Linkspartei, die insbesondere die Interessen jener vertrat, die die Agenda 2010 mit sozialen Kürzungen für ungerecht hielten. Zu Zeiten der großen Koalition war innerhalb der SPD keine politische Wende zu erkennen und auch nicht zu erwarten. Nachdem Gerhard Schröder sich aus der Politik zurückgezogen hatte, wurde Frank-Walter Steinmeier Außenminister in der Regierung Merkel und ihr Vizekanzler. Steinmeier selbst gehört zu den Architekten der Agenda 2010. In der Regierung Schröder war Steinmeier Kanzleramtsminister.

Nach dem Wahldebakel der SPD im September 2009 wurden indes verschiedene Kurskorrekturen vorgenommen. Verschiedene Forderungen der Linkspartei wie die nach einem flächendeckenden gesetzlichen Mindestlohn wurden übernommen. Obwohl die

---

[7] vgl. Rossmann, Robert: *SPD fürchtet Konkurrenz durch Lafontaine.* Süddeutsche Zeitung, 11.06.2005, S. 1

SPD nach wie vor bezüglich der Agenda 2010 ein ambivalentes Verhalten zeigt, wurde die Linkspartei zunächst geschwächt, was auch mit parteiinternen Diskussionen zusammenhängen mochte.

Sonstige Parteien

Neben den sogenannten »etablierten Parteien« gab es zahlreiche weitere Parteien, die kamen und gingen. Besonders auf der Ebene der Bundesländer »flackerten« immer wieder Parteien auf, die ein oder zwei Wahlperioden lang eine Rolle spielten und dann wieder verschwanden. Als Beispiele seien hier die STATT-Partei und die Schill-Partei in Hamburg und die Partei Arbeit für Bremen (AfB) in Bremen genannt. Überdies feierten die Freien Wähler in Bayern Erfolge und schafften es 2023 zum zweiten Mal in Folge, Koalitionspartner der CSU zu werden. Eine nicht unbedeutende Rolle spielte in Bayern auch die ÖDP, die zwar nicht im Landtag vertreten war, jedoch über erfolgreiche Volksentscheide die Politik in Bayern schon mehr als einmal mitbestimmt hatte.

Eine weitere Partei, die einen überraschenden Aufstieg schaffte, war die Piraten-Partei, die um 2012 herum einige Erfolge bei Landtagswahlen feierte, nach internen Querelen und Streitigkeiten um das Programm inzwischen wieder auf dem absteigenden Ast war. Glaubten noch im Herbst 2012 die Meinungsforscher, daß die Piraten auch den Bundestag entern würden, erreichte die Partei bei der Bundestagswahl 2013 nur magere 2.2%. Auch bei den Landtagswahlen in Niedersachsen und Hessen im Jahr 2013 konnten die Piraten ihre Erfolge aus dem Jahr 2012 nicht fortsetzen und verpaßten die Einzüge in die Landtage, obwohl mit dem Thema der Abhöraktionen des NSA eigentlich ein Kernthema der Piraten die politischen Diskussionen mitbestimmte. In den 2020er Jahren spielte die Piraten-Partei auf Bundes- und Landesebene keine Rolle mehr.

Ebenfalls Chancen auf einen Einzug in den Bundestag rechneten die Meinungsforscher der neugegründeten Alternative für Deutschland (AfD) aus. Diese Partei setze anfangs vor allem auf Verdrossenheit über die Euro-Rettungspolitik und schloß die Wiedereinführung der D-Mark nicht aus. Zu den leitenden Persönlichkeiten der Partei zählen auch zahlreiche Professoren – vor allem Ökonomen. Der Anspruch der Partei richtet sich somit sehr stark auf eine Aura wirtschaftspolitischer Kompetenz. Gleichzeitig prägen Diskussionen um einen dumpfen Rechtspopulismus das Bild der Partei.

Das Auftauchen der AfD dürfte letztlich auch der FDP den Einzug in den Bundestag gekostet haben. Wenngleich die Wahlforscher trotz Umfrageergebnissen der AfD von gerade mal fünf Prozent oder darunter meinten, daß diese Partei ein deutlich höheres Potential hätten, blieb die AfD bei der Bundestagswahl 2023 unter fünf Prozent und damit auch dem Bundestag fern.

Die NPD hingegen zählt zu den alteingesessenen sonstigen Parteien, die immer dann erwähnt wird, wenn sie sich bedrohlich der Sperrklausel nähert, oder, wie in der jüngeren Vergangenheit in Sachsen geschehen, diese gar hinter sich ließ.

Nach dem Fall der Mauer sah insbesondere die NPD der Gunst der Stunde gekommen, und überzog die neuen Länder mit ihrer Propaganda und ihren Aufmärschen. Jüngste Fernsehdokumentationen sehen sie sogar als Mitanstifter für die Ausschreitungen in Rostock-Lichtenhagen. Hier hatten allerdings auch etabliertere Parteien Öl ins Feuer gegossen und anschließend nichts unternommen, um dieses wieder zu löschen.

Die Strategie der NPD war zeitweise erfolgreich. In Sachsen schaffte sie 2004 mit 9.2% den Sprung ins Sächsische Parlament und konnte 2009 immerhin mit noch 5.6% ihren Wiedereinzug in den Landtag sichern. Auch in Mecklenburg-Vorpommern gelang der NPD zweimal der Einzug in den Landtag, nämlich 2006 mit 7.3% und 2011 mit 6.0%. In Sachsen-Anhalt erreichte die NPD 4.6% und kam 2009 in Thüringen auf 4.3%. In Brandenburg spielte die NPD ebensowenig eine Rolle wie in den alten Bundesländern.

Dies war im rechtsextremen Bereich kein Einzelfall. In Sachsen-Anhalt schaffte die DVU, die mittlerweile mit der NPD fusionierte, die sich inzwischen in »Heimat« umbenannte, im Jahr 1998 einen noch größeren Anteil als die NPD in Sachsen, nämlich 12.9%. Die als rechtskonservativ bis rechtsextrem geltenden Republikaner erreichten in Baden-Württemberg 1992 zunächst 10.9% und 1996 noch einmal 9.1%. Dies war auch schon der Höhepunkt der Entwicklung der Republikaner, die es seit dem nicht einmal mehr in die Nähe der Sperrklausel schafften. Das Verschwinden dieser rechtsextremen Parteien hing mit dem Aufstieg der AfD zusammen, worauf weiter unten noch einzugehen sein wird.

Dieser kleine Ausflug durch die Welt der »sonstigen« Parteien zeigt, daß entgegen landläufiger Meinung das bundesdeutsche Wahlrecht eben nicht die Entstehung und den Erfolg kleinerer oder neuer Parteien verhindert. Gleichwohl sichert sich das System gegen zu große Probleme bei der Regierungsbildung ab.

Daß Parteien an der Sperrklausel scheitern ist verfassungsrechtlich kein Problem. Das Ziel, die Bildung von Mehrheiten im Bundestag und damit dessen Funktionsfähigkeit zu erhalten, ist auch aus Sicht des Bundesverfassungsgerichts ein legitimes Ziel, das eine Sperrklausel in Höhe bis zu fünf Prozent rechtfertigt.[8] Neben der Funktionsfähigkeit des Parlaments soll die Sperrklausel dessen Zersplitterung und damit politische Instabilität vermeiden. Diese war einer der Gründe, an denen die Weimarer Republik gescheitert war.

In der Bundesrepublik hat sich die Sperrklausel sowohl auf der Ebene des Bundes als auch auf der Ebene der Landtage bewährt. Wie gezeigt, sicherte sie die Funktionsfähigkeit der Parlamente ab, ohne dabei die Entstehung und den Erfolg neuer Parteien zu verhindern. Zu den erfolgreichen Neugründungen der letzten Jahre zählt auch die AfD, die in der vergleichsweise kurzen Zeit ihrer Existenz bereits eine wechselvolle Karriere vorgelegt hat.

Die AfD im Parteiensystem

Im Jahr 2013 gründeten einige Wirtschaftsprofessoren um Bernd Lucke die »Alternative für Deutschland«. Das zentrale Anliegen der neuen Partei bestand in der Kritik an der Euro-Rettungspolitik durch die Bundesregierung Merkel. Hierzu fanden sich einige wirtschaftsliberale Ökonomen zusammen, denen die ganze Richtung nicht paßte.

Die »professorale Protestpartei« verfehlte den Einzug in den Bundestag bei der Wahl 2013 mit 4.7 Prozent nur knapp. Was folgte waren interne Richtungskämpfe. Wie bei vielen neuen Parteien, die schnell erfolgreich sind, treten politische Abenteurer und eben auch rechtspopulistische und rechtsradikale Personen ein, die hoffen, nicht nur auf den fahrenden Zug aufspringen, sondern ihm auch eine Richtung geben zu können. Die Parteiführung der AfD duldete rechtspopulistische Strömungen zunächst. Als Lucke und seinen Unterstützern bewußt wurde, daß diese Rechtspopulisten seine Linie nicht uneingeschränkt teilten, sondern ihr eigenes politisches Süppchen kochen wollten, war es bereits zu spät. Die rechten Strömungen der Partei um Frauke Petry lösten Lucke und seine wirtschaftsliberalen Freunde ab, die daraufhin aus der Partei austraten und die ALFA – Allianz für Fortschritt und Aufbruch. Die auf dem Ticket der AfD in das Europaparlament eingezogenen Mandatsträger wie Lucke selbst und der ehemalige BDI-

---

[8] vgl. BVerfGE 95, 408, 418f

Präsident Hans-Olaf Henkel, behielten ihre Mandate – bis dahin die einzigen, die die neue Partei hatte.

Mit einem rechtspopulistischen Kurs und ausländerfeindlichen Einstellungen ihres Spitzenpersonals errang die AfD während der sogenannten »Flüchtlingskrise« mehrere Wahlsiege in verschiedenen Bundesländern und war im Herbst 2018 in mittlerweile allen sechzehn Landtagen vertreten. Koalitionen mit den Rechtspopulisten wurden durch die etablierten Parteien bislang abgelehnt. Allerdings hatte die Vergangenheit gezeigt, daß sich die CDU in Hamburg nicht scheute, gemeinsam mit der FDP eine Regierung mit der rechtspopulistischen Schill-Partei zu bilden. Im Jahr 2020 ließ sich der Fraktionsvorsitzende der FDP in Thüringen, Thomas L. Kemmerich, mit den Stimmen der AfD und der Unterstützung der CDU zum Ministerpräsidenten wählen. Nach einer sich über mehrere Tage hinziehenden Diskussion trat Kemmerich zurück. Der Vorgang führte auch zu weiteren Rücktritten in der CDU.

Der Einzug der AfD in die Landtage von Baden-Württemberg, Rheinland-Pfalz und Sachsen-Anhalt bewirkte in den betroffenen Ländern, daß die amtierenden Regierungen ihre Mehrheiten verloren und die gängigen Konstellationen der Regierungsbildung in den Landtagen keine Mehrheit mehr hatten. Auch seither gelang es der AfD bei allen folgenden Landtagswahlen, mit mehr oder weniger guten Ergebnissen in die Landtage einzuziehen. Im September 2017 gelang der Partei letztlich auch der Einzug in den Bundestag. Mit 12.6% wurde sie drittstärkste Kraft und wurde nun, nachdem sich die SPD entschieden hat, erneut in eine große Koalition einzutreten, größte Oppositionspartei.

Die Entstehung und der Erfolg der AfD hatten das politische Klima in diesem Land verändert. Dies war auch bei den etablierten Parteien spürbar, die deutlich stärker über die Frage diskutieren, wie Europas Grenzen gegen Flüchtlinge zu schützen seien, statt den Menschen zu helfen, die vor Krieg und Terror fliehen und dabei ihr Leben riskierten. Hier zeigte sich eine Entwicklung, die sich nicht nur auf Deutschland beschränkte, sondern sich in ganz Europa durchsetze. Tatsächlich waren seit der Zunahme der Fluchtbewegungen angesichts von Kriegen und Wirtschaftskrisen rechtspopulistische Parteien im Aufwind und veränderten das politische Klima Europas. Hilfsorganisationen, die Seenotrettung betrieben, wurden in ihrer Arbeit behindert, in Häfen festgehalten oder gar vor Gericht gestellt. Europa nahm es hin, daß wieder mehr Flüchtlinge im Mittelmeer ertranken oder auf dem Marsch durch die Wüste starben – und der ein oder andere Akteur empfindet möglicherweise gar eine klammheimliche Freude darüber, weil er das für abschreckend hielt.

Europa – und auch die deutsche Regierung – schreckten nicht davor zurück, mit autoritären Staaten Abkommen zu treffen, um die Zahl der Flüchtlinge, die nach Europa kamen, zu begrenzen. Zugleich funktionierte eine faire Verteilung der Flüchtlinge in Europa nicht und scheiterte gerade an jenen Staaten, die selbst nach dem Fall der Mauer umfangreiche Hilfen zum Aufbau bekommen hatten. Insgesamt zeigte sich hier nicht nur eine politische sondern auch eine moralische Bankrotterklärung Europas und auch Deutschland.

Politisch fuhr die AfD einen generell als rechtspopulistisch zu kennzeichnenden Kurs, genauer gesagt, einen neoliberal-rechtsnationalistischen Kurs mit rechtspopulistischem Akzent, der neben ausländerfeindlichen Ressentiments auch auf einen nationalistischen Wirtschaftsegoismus setzte. In den Anfängen hatte die Partei, was wenig verwunderte, nur ein rudimentäres Programm. Im Sommerinterview 2018 verwies Co-Vorsitzender Alexander Gauland darauf, daß die AfD mit fünf Jahren noch eine recht junge Partei sei und sie Zeit brauche, ein ausgefeiltes Programm zu entwickeln. Auf die Fragen des Journalisten Thomas Walde erschien Gauland in dem Sommerinterview konzeptionslos und unvorbereitet, was wohl auch damit zusammenhängen durfte, daß die konkrete politische Ausrichtung der Partei auch intern noch nicht geklärt war. Ohnehin leben Protestparteien in der Regel gut davon, kein allzu konkretes Programm zu haben, weil dessen konkrete Erstellung politische Festlegungen erfordert, die auf Teile der Wähler abschreckend wirken können. Bereits die Piratenpartei, während ihrer ersten Wahlerfolge eine Protestpartei, die auf die Betonung des Internets setzte, scheiterte im Rahmen ihrer Programmschöpfung an inneren Widersprüchen.

Problematisch ist und bleibt die Haltung der AfD zur flüchtlingsfeindlichen PEGIDA-Bewegung und rechtsextremen Gruppierungen. Im Frühherbst 2018 wurde ernsthaft darüber diskutiert, die Partei vom Verfassungsschutz beobachten zu lassen, zumal einige Landesverfassungsschutzämter schon länger der Auffassung waren, daß eine härtere Gangart gegenüber der AfD angezeigt sei.[9]

---

[9] vgl. Steinke, Ronen: *Verfassungsschützer streiten über AfD.* Süddeutsche Zeitung, 06.09.2018, S. 1

Inzwischen wurden die Landesverbände in Thüringen, Sachsen und Sachsen-Anhalt von den dortigen Verfassungsschutzämtern als gesichert rechtsextrem eingestuft. Auch die Bundespartei wurde inzwischen als Verdachtsfall geführt. Im Sommer 2024 könnte es zu einer Neubewertung und möglicherweise auch Hochstufung der Bundes-AfD kommen.

Die AfD kündigte bei ihrem Einzug in den Bundestag an, die Regierung zu jagen. Hier hat sich im Frühsommer insbesondere Horst Seehofer und die um die absolute Mehrheit in Bayern kämpfende CSU sich von der AfD jagen lassen und versucht, die Partei bei ihren Forderungen zu übertreffen. Dabei schreckte Horst Seehofer nicht davor zurück, eine Regierungskrise in Berlin auszulösen. Hier zeigte sich auch der beängstigende Einfluß, den die AfD mittlerweile auf die Politik der etablierten Parteien hatte.

Bestand anfangs noch die Hoffnung, daß AfD nach einem kurzen Erfolg wieder verschwinden würde, konnte sie inzwischen als etablierte Partei betrachtet werden. Über zehn Jahre nach der Gründung war die AfD in nahezu allen Landtagen vertreten, feierte insbesondere in den ostdeutschen Bundesländern erhebliche Erfolge und wurde in einigen von ihnen sogar stärkste politische Kraft.

Es zeigte sich inzwischen, daß die AfD für ihren Erfolg nicht allein auf die Flüchtlingsfrage angewiesen war, sondern auch mit dem Thema Krieg in der Ukraine und der Corona-Pandemie ihr politisches Überleben sichern konnte. Auf diesen Feldern sollte sie jedoch im Jahr 2024 Konkurrenz bekommen, was ihren Erfolg jedoch bei den Wahlen zum Europäischen Parlament im Jahr 2024 nicht schmälerte.

Neuzugänge 2024: Das BSW und die WerteUnion

Auch wenn es für die Ausführungen in diesem ersten Teil der Buchreihe »Sozialdemokratie im Abbruch« kaum eine Rolle spielt, sei auch auf diesen Teil der neuen Entwicklungen im Parteiensystem hingewiesen und ein paar Anmerkungen gemacht.

Ein weiteres Kapitel in der Veränderung des Parteiensystems wurde im Januar 2024 mit der Gründung des Bündnisses Sahra Wagenknecht und der Parteiwerdung des Vereins WerteUnion aufgeschlagen.[10] Nach langen internen Auseinandersetzungen

---

[10] ausführlich zu diesem Thema: Bercanay, Richard: *BSW – Bündnis Sahra Wagenknecht.*

innerhalb der Linkspartei um den richtigen Kurs, spaltete sich Sahra Wagenknecht gemeinsam mit einigen Gefolgsleuten aus der Linkspartei ab und Gründe das Bündnis Sahra Wagenknecht (BSW) im Herbst 2023 zunächst als Verein, der im Januar 2024 zur Partei wurde.

Wagenknecht hatte bereits innerhalb der Linkspartei einen migrationskritischen Kurs angestrebt und das Konzept einer Protestpartei Ost verfolgt. Mit der Ausrichtung ihrer Partei als »Linkskonservativ« schuf Wagenknecht nun eine rechtspopulistische Protestpartei Ost, die bereits bei der Europawahl 2024 vor allem in den neuen Bundesländern Erfolg hatte und dort auf Ergebnisse um die fünfzehn Prozent kam, während sie in den westlichen Bundesländern weitgehend unter fünf Prozent blieb.

Zu den wesentlichen Programmpunkten der neuen Partei zählte die Forderung, die Sanktionen gegen Rußland sofort zu beenden und die Handelsbeziehungen wieder aufzunehmen, die Migration einzuschränken sowie mehr Distanz zu den USA und den westlichen Ländern zu wahren bei gleichzeitiger Hinwendung nach Osten (Rußland, China).[11] Mit dem dezidiert antiamerikanischen und antiwestlichen Programm konnte das BSW in den neuen Bundesländern Stimmen gewinnen und dürfte bei den Landtagswahlen im Herbst 2024 in Thüringen, Sachsen und Brandenburg ebenfalls erfolgreich sein. Zudem setzte das BSW wie auch die AfD auf die Themen Ukraine-Krieg und »Aufarbeitung« der Corona-Pandemie im Sinne einer Delegitimierung der Maßnahmen.

Die etablierten Parteien zeigten sich gegenüber dieser Neugründung ambivalent, insbesondere was die Möglichkeiten zur Koalition anging. Die CDU schloß auf Bundesebene eine Koalition mit dem BSW aus, zeigte sich wohl insbesondere angesichts der Umfragewerte für die Bundesländer, in denen im Herbst gewählt wurde, offen für Koalitionen auf Landesebene. Diese dürften allerdings durch die Forderung Wagenknechts erschwert werden, daß die Koalitionspartner Friedensverhandlungen im Ukraine-Krieg befürworten und die Nachrüstung amerikanischer Raketen in Deutschland ablehnen müßten.

Parallel zum BSW wurde der konservative Verein WerteUnion mit seinem Vorsitzenden und ehemaligen Präsidenten des Bundesam-

---

[11] vgl. BSW (Hrsg.): *Europawahlprogramm.* https://bsw-vg.eu/wp-content/uploads/2024/04/BSW_Europawahlprogramm_2024.pdf (zuletzt aufgerufen: 25.08.2024)

tes für Verfassungsschutz, Hans-Georg Maaßen, zur Partei. Mit einem betont konservativen Programm bemüht sich die Werte-Union um das gleiche Wählerklientel, das auch AfD und BSW ansprechen möchten. Weil die WerteUnion nicht an den Europawahlen teilgenommen hatte, blieb die Frage, welchen Erfolg diese Parteineugründung haben könnte, auf die bevorstehenden Landtagswahlen verschoben. Gleichwohl dürfte angesichts des Programms der Partei und der in der Öffentlichkeit deutlich präsenteren Konkurrenz aus AfD und BSW die Chance für die Werte-Union, bei den Landtagswahlen im Herbst die Sperrklauseln zu überwinden, eher überschaubar bleiben.

Teil II

SPD, Agenda 2010 und wie man eine traditionsreiche Volkspartei ruiniert.

Die neoliberale Seite der SPD

Am Abend der Bundestagswahl 2009 saß der SPD-Kanzlerkandidat Frank-Walter Steinmeier in der Berliner Runde des öffentlich-rechtlichen Fernsehens und verkündete, daß die verheerende Wahlniederlage, die die SPD an jenem Abend erlitten hatte, nichts mit der Agenda 2010 zu tun habe. Es war ein weiterer Höhepunkt des Realitätsverlustes eines Mitglieds der SPD-Führung, das für das neoliberale Programm, welches unter dem Namen Agenda 2010 bekannt wurde, federführend mitverantwortlich war.

Der Behauptung Steinmeiers war der Absturz der SPD um 11.2 Prozentpunkte auf das historisch schlechteste Ergebnis bei einer Bundestagswahl vorausgegangen. In den elf Jahren, in der die SPD an der Regierung zunächst von 1998 bis 2005 mit den Grünen, danach mit der CDU beteiligt war, hat sie zahllose Mitglieder und Wähler verloren. Sie hat damit in den meisten Bundesländern, in denen sie 1998 noch regierte, die Regierungsbeteiligung verloren, selbst in ihrem »Stammland« Nordrhein-Westfalen. Und sie hat zwischen 1998 und 2009 fünf Parteivorsitzende verschlissen. Nie zuvor hatte die Regierungsbeteiligung einer Partei im Bund dieser so viel Schaden zugefügt, wie es bei der SPD der Fall war.

Die Vorgeschichte

Die Entwicklung der Agenda 2010 begann bereits zu einem Zeitpunkt, zu dem von diesem Programm noch keine Rede war. Die interne Auseinandersetzung um die sogenannten »Modernisierer« und »Traditionalisten« wurde in der SPD schon länger geführt, wenngleich auch nicht mit diesen Begriffen.

Bereits nach dem Übergang der Kanzlerschaft von Willy Brandt auf Helmut Schmidt machte das Regierungshandeln der SPD konservativer und pragmatischer. War Willy Brandt der Visionär, der mehr Demokratie wagte, bedeutete der Wechsel zu Helmut Schmidt auch einen politischen Kulturbruch. Schmidts Bonmot, wer Visionen habe, solle zum Arzt gehen, steht symbolisch dafür. Sein Regierungsstil spalte auch die SPD. Das Thema der Nachrüstung, sowie der Wunsch der FDP nach Sozialabbau führten zum Ende der sozial-liberalen Koalition 1982.

In der Oppositionszeit der 1980er Jahre orientierten sich die Sozialdemokraten an ihren originären Stärken auf den sozialpolitischen Feldern. Eng verbunden mit der sozialdemokratischen Politikkompetenz in diesen Bereichen waren unter anderem die

Politiker Rudolf Dreßler, Ingrid Matthäus-Maier, Helmut Wieczorek und weitere. Wäre es bei der Kanzlerkandidatur Johannes Raus im Jahr 1987 zu einem Regierungswechsel gekommen, hätte außer Frage gestanden, daß Rudolf Dreßler Sozialminister und Ingrid Matthäus-Maier Finanzministerin geworden wären. Doch die Wahl wurde erneut von Helmut Kohl gewonnen.

Gegen Ende der 1980er Jahre war die SPD mit dem Vorsitzenden Hans-Jochen Vogel in den Bundesländern erstarkt. Auch für die bevorstehende Bundestagswahl 1990 sahen die Prognosen gut aus, denn die Regierung Kohl war im Jahr 1988 am Ende. Innerparteiliche Streitigkeit und ein »Putschversuch« gegen den Bundeskanzler auf dem Parteitag der CDU bestimmten die öffentlichen Diskussionen. Von den politischen Beobachtern war kaum noch jemand bereit, eine über 1990 hinausreichende Kanzlerschaft Kohls vorhersagen zu wollen, als im Jahr 1989 die Mauer fiel und 1990 der Beitritt der DDR zur Bundesrepublik vollzogen wurde.

Die Wahlniederlage der Sozialdemokraten im Dezember 1990 führte die Partei in eine personelle Krise, nachdem Hans-Jochen Vogel sich nach und nach aus der Politik zurückzog und Oskar Lafontaine die Übernahme des Partei- und Fraktionsvorsitzes ausschlug. Björn Engholm, der den Parteivorsitz übernahm, und Hans-Ulrich Klose, der Fraktionsvorsitzender wurde, konnten an die Erfolge der SPD aus der zweiten Hälfte der 1980er Jahre nicht anknüpfen. Der Rücktritt Engholms als Parteivorsitzender ließ die SPD in ein tiefes Loch stürzen, aus dem sie sich selbst mit Hilfe einer Mitgliederbefragung über den künftigen Parteivorsitzenden herausholte. Die überraschend hohe Beteiligung an der Mitgliederbefragung motivierte auch die Basis der Partei.

In dieser Mitgliederbefragung kandidierten im Jahr 1993 Rudolf Scharping, Gerhard Schröder und Heidemarie Wieczorek-Zeul um den Parteivorsitz. Gewählt wurde Rudolf Scharping mit relativer Mehrheit. Erleichtert über die hohe Beteiligung der Mitglieder bei diesem Entscheid wurde auf eine Stichwahl verzichtet, denn keiner der Kandidaten hatte die absolute Mehrheit erreicht.

Nach der erneuten Niederlage bei der Bundestagswahl 1994 mit Rudolf Scharping als Spitzenkandidaten der SPD stürzte die Partei in eine neue Krise. Die Parteispitze war zerstritten und erging sich in kleinlichen Intrigen gegeneinander. Zwar hatte Rudolf Scharping als Spitzenkandidat das Ergebnis der SPD um gut drei Prozentpunkte auf 36.4% verbessern können, aber die Niederlage untergrub dennoch dessen Autorität in der Partei.

Hatte Scharping als Kandidat für den Parteivorsitz ursprünglich die Möglichkeit eröffnet, jemand anderem die Kanzlerkandidatur zu überlassen, trat er 1994 doch selbst als Kanzlerkandidat an. Wie bereits erwähnt konnte sich sein Ergebnis sehen lassen. Scharping setzte allerdings in seinem Wahlkampf auf wirtschaftspolitische Themen, ein Feld, auf dem der Bundesregierung aus CDU/CSU und FDP in der Bevölkerung die größere Kompetenz zugesprochen wurde. Die Sozialpolitik, also die eigentliche Domäne der SPD, wurde vernachlässigt. Ob die Wahl bei einer anderen Gewichtung der Themen im Wahlkampf hätte gewonnen werden können, bleibt Spekulation.

Im Verlauf des Jahres 1995 nahmen die internen Streitigkeiten innerhalb der Sozialdemokratischen Partei zu. Die sogenannte »Troika« aus Rudolf Scharping, Oskar Lafontaine und Gerhard Schröder zerbrach. Ende August entließ Rudolf Scharping seinen innerparteilichen Widersacher Gerhard Schröder als wirtschaftspolitischen Sprecher der Partei, nachdem dieser erklärt hatte, es gebe keine konservative oder sozialdemokratische Wirtschaftspolitik, sondern nur eine moderne oder unmoderne.[1] Oskar Lafontaine hatte sich zuvor aus der Bundespolitik in Saarland zurückgezogen, wo er zu der Zeit mit absoluter Mehrheit im Landtag regierte.

Im November 1995 fand der Parteitag der SPD in Mannheim statt. Die Stimmung in der Partei und insbesondere in der Parteiführung war auf einem Tiefpunkt angekommen. Rudolf Scharping war inzwischen kein Mann des Aufbruchs mehr, sondern stand für den Streit und die Stagnation in der Partei. Da ergriff Oskar Lafontaine das Wort auf dem Parteitag und begeisterte die Delegierten mit einer engagierten Rede. Nun drängten viele auf einen Wechsel an der Parteispitze, die auf diesem Parteitag eigentlich gar nicht vorgesehen war. Um eine Kandidatur Lafontaines zu ermöglichen, wurde die Satzung der Partei geändert, so daß Lafontaine bei der Wahl zum Vorsitz am Donnerstag, den 16.11.1995 gegen Rudolf Scharping antreten konnte.[2] Das Ergebnis fiel eindeutig aus: 321 Delegierte (62.3%) stimmten für Oskar Lafontaine, 190 Delegierte (36.9%) für Rudolf Scharping.[3] Zu den ersten Ent-

---

[1] vgl. *Scharping entmachtet innerparteilichen Widersacher.* Süddeutsche Zeitung, 01.09.1995 S. 1

[2] vgl. *Lafontaine neuer Vorsitzender der SPD.* Süddeutsche Zeitung, 17.11.1995, S. 1

[3] vgl. ebd.

scheidungen des neuen Parteichefs gehörten Korrekturen in der Wirtschaftspolitik.[4]

Die wesentliche Aufgabe, die nun vor dem neuen Parteichef lag, bestand in der Überwindung der Zerstrittenheit der Partei. Oskar Lafontaine, der selbst dem linken Flügel zugerechnet wurde, mußte nunmehr dafür sorgen, daß die Debatten zwischen den Flügeln der Partei aufhörten, und die Partei wieder zu einer ernstzunehmenden Konkurrenz für die CDU/CSU aufstieg. Mit diesem Ziel vor Augen erklärte Lafontaine, daß auch Gerhard Schröder innerhalb der Partei wieder eine wichtige Rolle spielen müsse, obgleich dieser zu der Zeit innerparteilich isoliert war.

In der Folgezeit fand die SPD wieder zusammen. Entgegen mancher Unterstellungen nahm Lafontaine Rücksicht auf alle Flügel der Partei und schaffte es schließlich, die Querelen durch die Integration aller Richtungen in der Sozialdemokratie wieder zu beenden und die SPD auf den Wahlkampf im Jahr 1998 vorzubereiten. Dabei verstand Oskar Lafontaine es nicht als Automatismus, daß er erneut Kanzlerkandidat würde, behielt sich allerdings die Kandidatur für das Kanzleramt im Jahr 1998 vor. Die Entscheidung sollte erst im Jahr 1998 fallen. Zur Debatte stand eine Kandidatur von Oskar Lafontaine oder Gerhard Schröder.

Bundestagswahl 1998

Die Diskussion um die Entscheidung zur Kanzlerkandidatur für den Herbst 1998 begann ein gutes Jahr vorher, als Gerhard Schröder erneut zum Spitzenkandidaten in Niedersachsen gewählt wurde. Zu der Zeit war er Ministerpräsident einer Alleinregierung in Hannover. Auf diesem Parteitag machte er auch seine Kanzlerkandidatur vom Ausgang der Wahl in Niedersachsen abhängig.[5] Dabei kündigte er an, daß er nicht Kanzlerkandidat werden wolle, sofern er zwei Prozentpunkte gegenüber der vorangegangenen Wahl verlieren sollte.[6]

Schröders selbstgestelltes Ziel wurde trotz des Widerspruchs des damaligen Bundesgeschäftsführers Franz Müntefering, der unmittelbar nach dessen Erklärung klarzustellen versuchte, daß es keinen Automatismus geben werde,[7] zum Selbstläufer. Damit

---

[4] vgl. ebd.
[5] vgl. *Schröder eröffnet Wahlkampf.* Süddeutsche Zeitung, 13.10.1997 S. 6
[6] vgl. *Wahl hat keinen Einfluß auf Kanzlerkandidatur.* Süddeutsche Zeitung, 15.10.1997, S. 1
[7] vgl. ebd.

wurde die Ankündigung auch zu einem Problem für die SPD, denn zunehmend entstand in der Öffentlichkeit der Eindruck, daß Lafontaine zu einem »Ersatzkandidaten« für Schröder würde, falls dieser scheiterte.

Müntefering dürfte das Problem erkannt haben, konnte jedoch nicht verhindern, daß sich in der Öffentlichkeit dieser Zusammenhang verfestigte. Zudem war es der Parteispitze nicht möglich zu erklären, daß Schröder selbst bei einem Wahlsieg in Niedersachsen nicht Kanzlerkandidat würde, ohne den Wahlkampf Schröders um das Ministerpräsidentenamt zu schädigen. Möglicherweise war genau dies Schröders Kalkül.

Am Wahlabend des 1. März 1998 verlor Schröder nicht nur weniger als zwei Prozentpunkte, sondern konnte sogar 3.6 Prozentpunkte gegenüber dem Ergebnis aus 1994 zulegen. Noch am selben Abend verzichtete Oskar Lafontaine auf seinen Anspruch, Kanzlerkandidat zu werden und ließ Schröder den Vortritt. Damit vermied er auch innerparteiliche Debatten um mögliche Alternativen. Schröders Kalkül, sofern ein solches unterstellt werden durfte, war aufgegangen.

Im Wahlkampf zeigten Gerhard Schröder und Oskar Lafontaine Geschlossenheit, wenngleich Schröder zuweilen durchaus zeigte, daß er sich nicht zu viel Nähe zu Lafontaine wünschte. Indes unterstützte Lafontaine seinen innerparteilichen Rivalen ohne jeden Vorbehalt. Ihm war offensichtlich klar, daß die bevorstehende Bundestagswahl nur gewonnen werden konnte, wenn es keine Streitigkeiten um inhaltliche Position gab. Wenn in späteren Zeiten in der SPD mal wieder eine Runde Haß auf Lafontaine angesagt war, dann vergaßen die Protagonisten, daß sie es Lafontaine verdankten, daß es zwischen 1998 und 2005 überhaupt eine rot-grüne Regierung gab. Lafontaine stellte den Frieden in der SPD wieder her und nahm sich als Person im Frühjahr 1998 zurück, als es um die Kanzlerkandidatur ging. Diese Leistung wird in der SPD nicht nur nicht gewürdigt sondern in Teilen gar geleugnet.

Auch Lafontaine dürfte sich im Vorfeld Gedanken gemacht haben über die Zeit nach der Wahl. Hier hätte ihm eigentlich klar gewesen sein müssen, daß Schröder sich langfristig nicht in seine Politik hineinreden lassen würde. Schröder und Lafontaine standen auch schon vor der Regierungsübernahme durch eine rot-grüne Koalition im Hebst 1998 für gegensätzliche Konzepte, die gängigerweise unter den Überschriften »Modernisierer« für Schröder und »Traditionalisten« für Lafontaine subsumiert wurden. Insbesondere die »Modernisierer« in der SPD verwendeten dieses Vokabular, das auch von den Medien transportiert wurde, gerne.

Wie dem auch sei: Bundeskanzler Schröder zeigte auch schon im Vorfeld der Wahl und erst recht nach der Wahl anhand seiner Kabinettsbesetzung, wohin der politische Wind wehen sollte. Arbeitsminister wurde nicht etwa der langjährige SPD-Sozialexperte Rudolf Dreßler, sondern der auch in Gewerkschaftskreisen als »Modernisierer« bekannte Walter Riester. Sein Name ist noch heute mit einem der bekanntesten Symbole des politischen Richtungswechsels in der sozialpolitischen Politik verbunden: der Riester-Rente.

Das Schröder-Blair-Papier

Modern sollte auch das Schröder-Blair-Papier sein, das gerade den Begriff der »modernen Sozialdemokraten« besonders strapazierte. Es war Gerhard Schröders Glaubensbekenntnis zur neoliberalen Agenda-Politik, bevor jener Begriff dafür geboren war. Im Sommer 1999 wurde das Papier in London vorgestellt. Vorausgegangen war der Rücktritt Oskar Lafontaines im Frühjahr 1999 sowohl als Finanzminister als auch als Parteivorsitzender. Voran gingen Streitigkeiten zwischen Schröder und Lafontaine über die richtige Politik. Während Lafontaine stärker auf Regulierung und Sozialstaatlichkeit setzte, wollte Schröder die Wirtschaft nicht verprellen. In der letzten gemeinsamen Kabinettssitzung warf Schröder Ministern seiner Regierung – gemeint war wohl vor allem Lafontaine – eine wirtschaftsunfreundliche Politik vor.[8] Was der Bundeskanzler unter einer wirtschaftsfreundlichen Politik verstand, würde er in den folgenden Jahren umsetzen.

In der Diskussion, die Schröder und Blair mit dem gemeinsamen Papier anstießen, ging es um eine Politik der »Neuen Mitte«, in deren Rahmen ein gewisses Maß an Ungleichheit als gerecht empfunden werden sollte, und Leistungen des Sozialstaates stärker an eine Gegenleistung der Betroffenen gebunden werden sollte.[9] Das Papier »war der vollständige Kotau vor den klassischen Interpretationen der ewigen Gegner der Sozialdemokraten«.[10] Zu den Kernanliegen der Sozialdemokraten des Dritten

---

[8] vgl. *Lafontaine überraschend zurückgetreten.* Süddeutsche Zeitung , 12.03.1999, S. 1
[9] vgl. Egle, Christoph und Christian Henke: *Später Sieg der Modernisierer über die Traditionalisten*, S. 86f.
[10] Walter, Franz: *Vorwärts oder abwärts?* S. 49.

Weges und der Neuen Mitte gehörte, »[d]en Kräften des Marktes ohne hemmende Reglements volle Entfaltungsmöglichkeiten zu verschaffen«.[11]

Nachdem Lafontaine also im Frühjahr 1999 zurückgetreten war, hielt Gerhard Schröder offensichtlich den Zeitpunkt für gekommen, einen politisch-inhaltlichen Kurswechsel im Sinne des »Schröder-Blair-Papiers« innerhalb der SPD durchzusetzen. Nachfolger als Finanzminister wurde Hans Eichel, der im Frühjahr 1999 abgewählte hessische Ministerpräsident, während Schröder den Parteivorsitz selbst übernahm. Auf einem Sonderparteitag im April wurde Schröder zum Nachfolger Lafontaines gewählt. Und im Sommer 1999 stellte er das Schröder-Blair-Papier vor, mit dem er deutlich machte, in welche Richtung sich die Sozialdemokratie seiner Meinung nach zu entwickeln habe. Das Papier war eine Kampfansage an die bisherige Sozialpolitik der Sozialdemokraten. Mehr noch, es distanzierte sich von der bisherigen Programmatik und verwendete dabei zahlreiche neoliberale Klischees. So hieß es: »In der Vergangenheit wurde die Förderung der sozialen Gerechtigkeit manchmal mit der Forderung nach Gleichheit im Ergebnis verwechselt. (...) Der Weg zur sozialen Gerechtigkeit war mit immer höheren öffentlichen Ausgaben gepflastert, ohne Rücksicht auf Ergebnisse oder Wirkung der hohen Steuerlast auf Wettbewerbsfähigkeit, Beschäftigung oder private Ausgaben. (...) Die Ansicht, daß der Staat schädliches Marktversagen korrigieren müsse, führte allzu oft zur überproportionalen Ausweitung von Verwaltung und Bürokratie, im Rahmen sozialdemokratischer Politik.«[12]

Im folgenden wurde zwar immer wieder betont, daß »Moderne Sozialdemokraten« keine Neoliberalen seien, gleichzeitig wurden jedoch stets neoliberale Forderungen aufgestellt, von denen sich viele später in der Agenda 2010 und in der Politik der rot-grünen Regierung generell wiederfanden. Unternehmenssteuersenkungen und Deregulierung gehörten ebenso zum Tenor des Schröder-Blair-Papiers wie mehr Eigenverantwortung und eine »angebotsorientierte Agenda für die Linke«.[13]

Im Rückblick legte das Schröder-Blair-Papier bereits den Grundstein für die sogenannten »Hartz-Reformen«. Formuliert wurde

[11] ebd. S. 51.
[12] http://www.glasnost.de/pol/schroederblair.html (zuletzt aufgerufen: 25.08.2024; alte Rechtschreibung im Originaldokument)
[13] vgl. ebd.

dort unter anderem: »Eine neue Politik mit dem Ziel, arbeitslosen Menschen Arbeitsplätze und Ausbildung anzubieten, ist eine sozialdemokratische Priorität – wir erwarten aber auch, daß jeder die ihm gebotenen Chancen annimmt. (...) Arbeitgeber durch den gezielten Einsatz von Subventionen für geringfügige Beschäftigung und die Verringerung der Steuer- und Abgabenlast auf geringfügige Beschäftigungsverhältnisse ermutigen, ›Einstiegsjobs‹ in den Arbeitsmarkt anzubieten.«[14]

Realisiert wurden diese Forderungen unter anderem bei der Reform der Minijobs sowie bei Hartz IV mit der Verschärfung der Zumutbarkeit und den »Aufstockern«. Vieles von dem, was Gerhard Schröder und Tony Blair hier zum Arbeitsmarkt fordern, fand sich am Ende der ersten rot-grünen Wahlperiode konkretisiert in den Berichten der sogenannten »Hartz-Kommission« wieder.

Weil dieses Zitat in der Diskussion um das Schröder-Blair-Papier besonders bekannt wurde und zu dessen kritischer Charakterisierung immer wieder Anwendung fand, soll es auch hier als letztes Zitat aus dem Papier nicht fehlen: »Ein Sozialversicherungssystem, das die Fähigkeit, Arbeit zu finden, behindert, muß reformiert werden. Moderne Sozialdemokraten wollen das Sicherheitsnetz aus Ansprüchen in ein Sprungbrett in die Eigenverantwortung umwandeln«.[15]

Einmal mehr wurde ein neoliberales Klischee (Sozialversicherungssystem behindert die Fähigkeit, Arbeit zu finden) als Rechtfertigung für einen politischen Paradigmenwechsel verwendet, den Schröder innerhalb der SPD durchsetzen wollte. »Hier hört man, auch ohne zwischen den Zeilen lesen zu müssen, das Stammtischgerede über die ›soziale Hängematte‹ heraus«.[16]

Später, im Frühjahr 2001 formulierte es Bundeskanzler Schröder mit Blick auf die Arbeitslosen dergestalt, daß es kein Recht auf Faulheit gebe.[17] Diese Äußerung zielte bereits 2001 darauf, den Druck auf Arbeitslose zu erhöhen. Nach seiner Wiederwahl 2002 machte sich Schröder an die Umsetzung seiner Ideen und Wünsche für den Arbeitsmarkt.

---

[14] ebd.
[15] ebd.
[16] Butterwegge, Christoph: *Krise und Zukunft des Sozialstaats*. S. 333
[17] vgl. *Streit um Schröders Faulenzer-Äußerung*. Süddeutsche Zeitung, 07.04.2001, S. 2

Wer also das Schröder-Blair-Papier und die Agenda 2010 neben-einanderhält wird feststellen, daß ersteres die Vorbereitung für letzteres war. Das Schröder-Blair-Papier heizte auch die innerparteiliche Debatte in der SPD an. Dies durfte auch beabsichtigt gewesen sein. Gerhard Schröder wollte die Partei auf den neuen Kurs einschwören. Dabei stand die SPD im Sommer 1999 erst am Anfang des Prozesses der Umwandlung von einer traditionsreichen Sozialpartei zu einer neoliberalen, also in Schröders Sinne »modernen« Sozialdemokratischen Partei, die nunmehr eine Politik machte, die sie bis zum Anfang der 1990er Jahre energisch bekämpft hatte.

Das Schröder-Blair-Papier leitete den Paradigmenwechsel in der Sozialdemokratie Deutschland ein. Das stieß auf Kritik beim linken Flügel der SPD und bei den Gewerkschaften. Hier waren sich die Akteure offenbar bewußt darüber, daß das Papier nicht von ungefähr in den Umlauf gebracht wurde, sondern daß jetzt nach dem Rückzug Lafontaines aus der Politik der konservative Flügel der SPD den Weg frei wähnte, ihre Vorstellungen umzusetzen. Das schlechte Ergebnis aus der kurz nach der Veröffentlichung des Papiers stattfindenden Europawahl gewährte nach Schröders Auffassung die Legitimation dafür, den Politikwechsel innerhalb der SPD und in der Bundesregierung durchzusetzen. Dies erkannte auch der SPD-Sozialexperte Rudolf Dreßler, der dazu aufrief, sich nicht nur mit den Floskeln des Papiers zu befassen, sondern auch zu erkennen, welche Inhalte dahinter standen. Sein Fazit: »Schröder wünsche ›andere Positionen‹ als diejenigen, für die die Sozialdemokraten eingetreten seien«.[18]

Die erste rot-grüne Wahlperiode

Während der ersten rot-grünen Wahlperiode wurden zunächst politische Entscheidungen der Regierung Kohl zurückgenommen und somit die zentralen Wahlversprechen aus dem Bundestagswahlkampf eingelöst.

Zu den wesentlichen Projekten der ersten Wahlperiode zählte nach der ersten Phase der Rücknahme verschiedener Reformen der schwarz-gelben Regierung Kohl, die in der Zeit vor Lafontaines Rücktritt stattfanden, die folgenden Gesetzesvorhaben:[19]

---

[18] *Richtungsstreit in der SPD*. Süddeutsche Zeitung, 14.06.1999, S. 6
[19] Zur Aufzählung vgl. Rose, Edgar: *Arbeitsrechtspolitik zwischen Re-Regulierung und Deregulierung*. S. 111

- Ersetzung des Beschäftigungsförderungsgesetzes der Regierung Kohl durch das Teilzeit- und Befristungsgesetz
- Novellierung des Betriebsverfassungsgesetzes und des Bundeserziehungsgeldgesetzes
- Änderungen der Leiharbeit (Arbeitnehmerüberlassungsgesetzes), des Mutterschutzgesetzes und der Gewerbeordnung.
- Das Schuldrechtsmodernisierungsgesetzes mit der Einbeziehung von Arbeitsverträgen in die AGB-Prüfung.
- Das Prostitutionsgesetz und die Betriebssicherheitsverordnung.

Nach dem Rücktritt Oskar Lafontaines machte sich Gerhard Schröder auf den Weg, die SPD in neoliberales politisches Fahrwasser zu lenken. Dies geschah jedoch nicht über Nacht, sondern erforderte langwierige politische Diskussionen innerhalb der Partei.

Mehr Druck auf Arbeitslose gab es bereits vor der Einführung der sogenannten »Hartz-Gesetze«. Bereits in ihrer ersten Wahlperiode führte Rot-Grün verschiedene Maßnahmen ein, die Arbeitslose dazu drängen sollten, auch schlechter qualifizierte und niedriger bezahlte Jobs anzunehmen. An verschiedenen Stellen fanden Deregulierungen auch bereits in der Zeitarbeit statt. Die Maßnahmen waren indes nicht so stringent konzipiert wie es bei der Agenda 2010 mit ihrer Hartz-Gesetzgebung der Fall war.

Ebenfalls in die erste Wahlperiode fiel die Reform des Betriebsverfassungsgesetzes, welches auf einen aktuellen Stand gebracht wurde und die Position der Betriebsräte in den Unternehmen verbesserte. Kritiker monierten, die SPD habe damit ihre Klientel bedient und den Gewerkschaften einen Gefallen getan. Weitergehende Kritik befindet sich in dem Beitrag von Manfred G. Schmidt im ansonsten wissenschaftlichen Sammelband »Das rot-grüne Projekt«. Er kritisiert, daß die Gewerkschaften nicht im Gegenzug für die Reform des Betriebsverfassungsgesetzes eine mäßige Lohnpolitik betrieben hätten und führte aus: »Denn die Gewerkschaften, zutiefst geprägt durch ihre tarifpolitisch geschulte Neigung zum unablässigen Fordern, werteten den gewerkschaftsfreundlichen Kurswechsel der Regierung Schröder als selbstverständlich, aber ungenügend«.[20] In den Schlußfolgerungen seines Beitrags konstatiert Schmidt »eine geradezu unter-

---

[20] Schmidt, Manfred G.: *Rot-grüne Sozialpolitik*. S. 245f

würfige Haltung der Schröder-Regierung gegenüber den lohn- und arbeitsmarktpolitischen Partikularinteressen der Gewerkschaften und lammfromme Reaktion auf die weitgehende Weigerung der Gewerkschaften, allen voran die IG Metall und der Dienstleistungsgewerkschaft ver.di, die bevorzugte Behandlung durch Rot-Grün durch Verhandlungen über lohn- und arbeitsrechtliche Zugeständnisse mit einem nennenswerten lohn- und sozialpolitischen Beitrag zum Abbau der Arbeitslosigkeit zu honorieren«.[21]

Die Kritik Schmidts wird hier so ausführlich zitiert, weil sie dem Zeitgeist entsprach. In der Ära Schröder herrschte die weitverbreitete Auffassung, daß der Sozialstaat und vermeintlich zu hohe Löhne die Einstellung von Arbeitskräften behindere. Diese Kritik hatte letztlich auch das Schröder-Blair-Papier aufgegriffen. Politik, die Arbeitnehmerinteressen diente, wurde sogleich als Klientelpolitik für die Gewerkschaften kritisiert, während der Abbau arbeitsrechtlicher oder sozialstaatlicher Regelungen als notwendige Maßnahme gefeiert wurde.

Die einseitige Sichtweise, die Manfred G. Schmidt hier vorlegt, war geradezu kennzeichnend für die Diskussion um »Reformstau« und die vermeintliche Notwendigkeit von Sozialabbau und Lohnverzicht. Denn nichts anderes als Lohnverzicht meinte Schmidt, wenn er eine Gegenleistung der Gewerkschaften für angeblich unterwürfige Bedienung ihrer Interessen durch Rot-Grün forderte.

Auch Christoph Butterwegge kritisierte diese Äußerungen Schmidts und hob hervor, daß Schmidts Einschätzung einer unterwürfigen Haltung Rot-Grüns gegenüber den Gewerkschaften unrealistisch sei.[22] Zweifelsohne war jedoch die Behauptung Schmidts, Rot-Grün sei nur in der Rentenpolitik einen neuen Weg gegangen und ansonsten insbesondere die SPD die alte Sozialstaatspartei geblieben,[23] unzutreffend. Auch in der Arbeitsmarktpolitik zeichneten sich bereits deutliche Richtungsänderungen ab, die in der zweiten Amtsperiode von rot-grün verschärft werden sollten.

Das wesentliche sozialpolitische Projekt der rot-grünen Koalition in der ersten Wahlperiode war jedoch die »Riester-Rente«. Im

---

[21] ebd. S. 256
[22] vgl. Butterwegge, Christoph: *Krise und Zukunft des Sozialstaats.* S. 219
[23] vgl. Schmidt, Manfred G.: *Rot-grüne Sozialpolitik.* S. 256

Rahmen dieser nach dem Arbeitsminister Walter Riester benannten Reform wurde der Beitragssatz auf 20% im Jahr 2020 und auf 22% im Jahr 2030 gedeckelt.[24] Dies betraf allerdings nur den Beitragssatz von Arbeitgebern und Arbeitnehmern. Für die Arbeitnehmer kam zu diesem Beitragssatz noch einmal ein Beitrag von 4% hinzu, der als sogenannte »Riester-Rente« zu leisten war. Gemeint ist hiermit eine private Zusatzversicherung zur Rente, die das durch das Riester-Gesetz abgesenkte Rentenniveau kompensieren sollte. Diese private Zusatzversicherung wurde aus Steuermitteln gefördert und war somit in erster Linie ein großes Förderprogramm für die privaten Versicherungsgesellschaften.[25] Begünstigt wurde diese Entwicklung dadurch, daß die Verfechter der bisherigen Sozialversicherungsparadigmas abgelöst wurden durch jene, die das »Mehrsäulenmodell«, also das Nebeneinander von gesetzlicher und privater Altersvorsorge befürworten.[26]

Ein wesentlicher Punkt, der bei der Fixierung auf den Beitrag der Rente gerne aus den Augen verloren wurde, ist, daß diese im Gesetz festgelegten 20%, beziehungsweise 22% nur die halbe Wahrheit waren. In ihrem Beitrag »Das Riester-Dilemma« legen die Autoren Dietrich Krauss und Ingo Blank anschaulich dar, daß letztlich auf den Arbeitnehmeranteil an diesem Rentenbeitrag die 4% private Vorsorge aufzuschlagen seien. Läge also im Jahr 2030 der Rentenbeitrag bei 22%, setzte sich dieser aus 11% für die Arbeitgeber und 11% + 4% privater Vorsorge = 15% für die Arbeitnehmer zusammen. Stiege indes der Beitrag auf 24%, wie öffentlichkeitswirksam »befürchtet«, setzte sich der Rentenbeitrag aus 12% je für die Arbeitgeber und die Arbeitnehmer zusammen.[27]

Bei der Absenkung des Rentenniveaus wurde allerdings davon ausgegangen, daß die Rentner zuvor privat vorgesorgt hatten. In diese Rentenformel war somit die private Vorsorge eingepreist. Dies sollte einen mehr oder weniger sanften Druck auf die Arbeitnehmer erzeugen, privat vorzusorgen. Gleichzeitig wurde die Privatvorsorge staatlich gefördert, also mit Steuergeldern subventioniert. Nutznießer waren hier, wie oben bereits angedeutet, weniger die Betroffenen als die Versicherungskonzerne, die ins-

[24] vgl. Butterwegge, Christoph: *Krise und Zukunft des Sozialstaats.* S. 171
[25] vgl. Wehlau, Diana: *Rentenpolitik unter Druck.* S. 204f
[26] vgl. ebd. S. 209f
[27] Krauß, Dietrich und Ingo Blank: *Das Riester-Dilemma.* Fernsehdokumentation der ARD (SR). Ankündigung des Beitrags: http://www.swr.de/betrifft/riester-rente-dilemma-reform/-/id=98466/nid=98466/did=8965552/b01zsz/ (zuletzt aufgerufen: 29.10.2018)

besondere von den teilweise hohen Provisionen profitierten, die bei den Abschlüssen der Riester-Verträge kassiert wurden.

Jahre nach der Einführung der »Riester-Rente« war in der Öffentlichkeit angesichts dauerhaft niedriger Zinsen und des Zerplatzens der Renditeversprechen eine gewisse Ernüchterung eingetreten. Gleichwohl hielt auch die nachfolgende Regierung Merkel im Rahmen der CDU/CSU-FDP-Koalition mit dem Gesundheitsminister Daniel Bahr an diesem Kurs fest. Mit der staatlichen Förderung der privaten Pflegeversicherung (»Pflege-Bahr«) wurde grundsätzlich der gleiche Weg wie in der Riester-Rente eingeschlagen. Auch innerhalb der SPD war die Neigung, die Riester-Rente wieder zurückzunehmen, wenig ausgeprägt. Das Argument waren die ca. 15 Millionen Riester-Verträge, die bestünden. Dies war zwar durchaus ein beachtliches Problem, insbesondere, wenn die Reform rückabgewickelt werden sollte, gleichwohl konnte das kein Argument sein, auf diesem falschen Weg voranzuschreiten und alles so zu lassen wie es war.

Auf einen letzten Haken der Riester-Rente sei an dieser Stelle noch hingewiesen: Insbesondere für Geringverdiener und Menschen, die überdies noch längere Perioden der Arbeitslosigkeit hatten, lohnte sich die Riester-Rente nicht. Denn die späteren Rentenzahlungen aus der Riester-Rente würden auf die Grundsicherung im Alter angerechnet, was dazu führte, daß Menschen mit ohnehin geringem Einkommen noch mehr knapsen müßten, um die Riester-Beiträge aufzubringen, ohne einen Cent mehr im Alter zu haben. Auch hier war der Politik nichts eingefallen außer Modelle, die weiterhin den Druck zur Privatvorsorge aufrechterhielten.

Zwei weitere wesentliche Projekte der rot-grünen Regierung der ersten Wahlperiode führten ebenfalls zu Belastungen, die besonders niedrige und mittlere Einkommen zu spüren bekommen sollten. Den Grünen war im Rahmen ihrer Regierungsbeteiligung an umweltpolitischen Maßnahmen gelegen, die neben dem Ausstieg aus der Atomenergie auch die Förderung erneuerbarer Energien und die energetische Sanierung der bestehenden Bausubstanz. Zur Förderung letzterer wurden entsprechende mietrechtliche Regelungen geändert und dem Vermieter die Möglichkeit geboten, die Kosten der energetischen Sanierung auf die Mieter umzulegen.

Die Modernisierungsumlage berechtigte den Vermieter bis auf weiteres, bei in § 555b BGB aufgeführten Modernisierungsmaßnahmen gemäß § 559 Abs. 1 BGB bis zu elf Prozent der Kosten der Modernisierung pro Jahr auf die Miete umzulegen.[28] Die rot-grüne Regierung erweiterte bei ihrer Mietrechtsreform die duldungspflichtigen und umlagefähigen Modernisierungsmaßnahmen auf alle Arten der Energieeinsparung. Zuvor waren sie nur auf Einsparung von Heizenergie beschränkt.[29] Begründet wurde dies damit, daß die Modernisierung im allgemeinen Interesse liege, zumal der Wohnungsbestand verbessert und der Wohnkomfort der Mieter erhöht werde.[30] Dies führte zu erheblichen Mietsteigerungen, die zuweilen auch von Immobilienfirmen genutzt wurden, um alte Mieter aus den Wohnungen zu drängen, diese teuer zu sanieren und ggf. als Eigentumswohnungen mit Gewinn zu verkaufen. Auch die später hinzugekommene Präzisierung der Modernisierungsmaßnahmen durch Verweis auf § 555b BGB hat am Grundproblem nichts geändert.

Die erheblichen Mieterhöhungen, die durch diese Umlage unter Aushebelung des Mieterschutzes möglich waren, belasteten die Mieter. Hinzu kam, daß diese Umlage nicht zeitlich befristet war, denn nach rund neun Jahren hatte der Vermieter die für die Modernisierung verausgabten Kosten wieder hereingeholt. Dennoch durfte die Umlage weiter erhoben werden und führte zu einer erheblichen Rendite, während für die Mieter die Mehrkosten durch die Modernisierung in der Regel durch die Energieeinsparung nicht wieder ausgeglichen wurden. Somit wurde durch die Modernisierungsumlage neben den Miet- und Mietnebenkosten eine dritte Kostensäule geschaffen, die das Wohnen zur Miete verteuerte.

Diese Belastung der Mieter war ohnehin problematisch, denn nicht nur bekam der Vermieter für die Modernisierung seines Hauses mehr zurück als er investiert hatte. Ihm fiel letztlich auch die Wertsteigerung des Hauses durch die Modernisierungsmaßnahmen zu. Es handelte sich um eine massive Umverteilung finanzieller Mittel von den Mietern zu den Vermietern. Motivation war, die energetische Sanierung für die Vermieter attraktiv zu machen. Dies war der rot-grünen Regierung auf Kosten der Mieter deutlich gelungen – mit den entsprechenden Folgen für den Wohnungsmarkt.

Ein Beispiel soll dies verdeutlichen. Saniert ein Vermieter sein

---

[28] Gesetzesfassungen jeweils zum Zeitpunkt nach der Reform.
[29] vgl. Drucksache 14/4553, S. 58
[30] vgl. ebd.

Haus mit sechs Mietparteien zu einem Wert von € 250 000, kann der Vermieter monatlich € 381.94 auf die Mieter umlegen, also neben der bestehenden Miete weitere € 3981.94 von jedem der sechs Mietparteien vereinnahmen. Im zehnten Jahr würde er bei dieser Vorgehensweise bereits ein Plus von € 25 000 gegenüber der verausgabten Kosten der Sanierung erwirtschaften, welches sich dann in jedem Jahr um weitere € 27 000 erhöhen würde.

Ein weiteres Problem stellte die von rot-grün eingeführte Erneuerbare-Energien-Umlage dar. Wer Strom aus erneuerbaren Energien gewann, konnte seinen überschüssigen Strom ins Stromnetz einspeisen und erhielt dafür eine Vergütung, die über die EEG-Umlage finanziert wurde. Aus Rücksicht auf die Unternehmenswirtschaft waren hier allerdings besonders energieintensive Unternehmen von der Umlage befreit, so daß die verbleibenden Zahler entsprechen höhere Beiträge leisten mußten. Die besonders großen Energieverbraucher von der Zahlung dieses Beitrags zu befreien wurde mit der internationalen Wettbewerbsfähigkeit gerechtfertigt, die nicht beeinträchtigt werden durfte. Diese wurde von allen anderen Verbrauchern – darunter auch alle nicht befreiten Unternehmen – mit einem entsprechend höheren EEG-Beitrag bezahlt.

Gegen Ende der ersten Wahlperiode der rot-grünen Regierung blieb die Arbeitslosigkeit ein Problem. Zu Beginn der Wahlperiode hatte Bundeskanzler Schröder wissen lassen, daß er sich an der deutlichen Absenkung der Arbeitslosigkeit messen lassen wolle. Die Unionsparteien wähnten hier ein gefundenes Wahlkampfthema für die Bundestagswahl 2002.

Zu Beginn des Wahljahres 2002 wurde der sogenannte »Vermittlungsskandal« der Bundesanstalt für Arbeit öffentlich. Der Bundesrechnungshof hatte in einer Untersuchung herausgefunden, daß 70 Prozent der gemeldeten Stellenvermittlungen falsch seien und zudem Zweifel am Nutzen der Arbeitsmarktpolitik geäußert.[31] Bundeskanzler Schröder nutzte den Skandal, um mit Blick auf die Bundestagswahl 2002 beim Thema Arbeitslosigkeit in die Offensive zu kommen. Er setzte die Kommission »Moderne Dienstleistungen am Arbeitsmarkt« ein, die als »Hartz-Kommission« nach deren Vorsitzenden benannt, bekannt wurde. Der Auftrag an die Kommission lautete, eine umfangreiche Reform der Arbeitsmarktpolitik und der Bundesanstalt für Arbeit vorzu-

---

[31] vgl. Hagelüken, Alexander: *Vernichtende Kritik an den Arbeitsämtern*. Süddeutsche Zeitung, 05.02.2002, S. 1

schlagen. Mitglieder dieser Kommission waren:[32]

- Dr. Peter Hartz, Personalvorstand der Volkswagen AG
- Dr. Norbert Bensel, Personalverstand der Bahn AG
- Dr. Jobst Fiedler, Roland Berger Strategy Consultants
- Heinz Fischer, Abteilungsleiter Personal bei der Deutsche Bank AG
- Peter Gasse, Bezirksleiter der IG-Metall Nordrhein-Westfalen
- Prof. Dr. Werner Jann, Professor für Verwaltungswissenschaft und Organisation an der Universität Potsdam
- Dr. Peter Kraljic, Direktor bei McKinsey & Company
- Isolde Kunkel-Weber, Mitglied des Bundesvorstandes von Ver.di
- Klaus Luft, Geschäftsführer der Market Access for Technology Services GmbH
- Harald Schartau, Minister für Arbeit und Soziales in Nordrhein-Westfalen
- Wilhelm Schickler, Präsident des Landesarbeitsamtes Hessen
- Hanns-Eberhard Schleyer, Generalsekretär des Zentralverbands des Deutschen Handwerks
- Prof. Dr. Günther Schmid, Wissenschaftszentrum für Sozialforschung in Berlin
- Wolfgang Tiefensee, Oberbürgermeister Stadt Leipzig
- Eggert Voscherau, Mitglied des Vorstands der BASF

Die Mitglieder der »Hartz-Kommission können den folgenden Gruppen zugeordnet werden:[33]

- Manager von Wirtschaftsunternehmen (vier Mitglieder)
- Unternehmensberater (drei Mitglieder)
- Politiker (zwei Mitglieder)
- Wissenschaftler (zwei Mitglieder)

---

[32] vgl. Siefken, Sven T.: *Die Arbeit der so genannten Hartz-Kommission und ihre Rolle im politischen Prozess.* S. 376
[33] vgl. ebd.

- Gewerkschaftsvertreter (zwei Mitglieder)
- Arbeitgebervertreter (ein Mitglied)
- Vertreter der Bundesanstalt für Arbeit (ein Mitglied)

Die Hartz-Kommission, deren Besetzung gemeinsam vom Kanzleramt und Arbeitsministerium bestimmt wurde, war kein – wie sonst in der Arbeitsmarktpolitik üblich – drittelparitätisch besetztes Gremium.[34] Vielmehr dominierten hier Unternehmer und Unternehmensberater (acht von fünfzehn Mitgliedern). Somit dominierten privatwirtschaftliche Erfahrungen, während der Einfluß der Gewerkschaften gering war.[35]

Entsprechend fielen auch die Vorschläge der Kommission aus, die kurz vor Ende der Wahlperiode vorgestellt wurden. Bundeskanzler Schröder sagte bei der Vorstellung des Abschlußberichtes der »Hartz-Kommission« zu, die Vorschläge »eins zu eins« umsetzen zu wollen. Weil auch die Union vielen der Vorschläge zustimmen konnte, war ihnen somit ein wesentliches Wahlkampfthema abhanden gekommen. Bundeskanzler Schröder war es gelungen, den Vermittlungsskandal der Bundesagentur für Arbeit zu nutzen, um der Opposition in der Frage der Arbeitslosigkeit den Wind aus den Segeln zu nehmen, und sich als Macher und Reformer im Wahlkampf zu präsentieren.

Der Wahlkampf 2002

Anfangs waren die Aussichten für CDU/CSU und FDP im Wahlkampf, an dessen Ende die Wahl auch zu gewinnen, ausgesprochen gut, wobei sie auch Teile der Medien auf ihrer Seite hatten. Union und FDP lagen im Frühsommer 2002 in den Umfragen klar vor den Regierungsparteien.[36]

Weitere Probleme innerhalb der Regierung, darunter die Entlassung Scharpings als Verteidigungsminister, brachten den Regierungsparteien keinen Aufwind in den Umfragen. Die Wende im Wahlkampf trat mit der Flutkatastrophe in Ostdeutschland ein. Dieses Ereignis ermöglichte es der Regierung, Führungs- und Lösungsfähigkeit, sowie Krisenmanagement und menschliche Anteilnahme zu zeigen.[37]

---

[34] vgl. ebd.
[35] vgl. Butterwegge, Christoph: *Krise und Zukunft des Sozialstaates.* S. 182
[36] vgl. Roth, Dieter: *Das rot-grüne Projekt an der Wahlurne.* S. 32
[37] vgl. ebd. S. 33.

Die CDU/CSU traf die Flutkatastrophe unvorbereitet. Es gab innerhalb des Kompetenzteams des Kanzlerkandidaten Edmund Stoiber niemanden, der für Umweltfragen zuständig war Somit mußte die Reaktion in den Unionsspitzen ausgehandelt werden und erfolgte nicht zeitnahe. Es zeigte sich, daß die Unionsparteien auf überraschende Ereignisse keine Antworten hatten.[38]

Im heraufziehenden Konflikt um die deutsche Beteiligung am Irak-Krieg gelang es Schröder in dieser Frage die Stimmung der Bevölkerung geschickt aufzugreifen, indem er eine solche ablehnte. Damit konnte er im Wahlkampf das Blatt wenden. Schröders ablehnende Haltung zum Irak-Krieg erschwerte der CDU/CSU den Wahlkampf, weil diese grundsätzlich eher auf der Seite der USA standen, in der Bevölkerung jedoch eine Beteiligung Deutschland am Irak-Krieg mehrheitlich abgelehnt wurde.[39] Dies wußte auch die Union, weshalb sie stärker darauf setze, die Form der Ablehnung als Gefährdung der deutsch-amerikanischen Partnerschaft zu kritisieren.[40]

Zugleich war es der Union nicht mehr so ohne weiteres möglich, die Arbeitslosigkeit im Wahlkampf zu thematisieren. Wie oben bereits dargestellt, war Schröder mit der Einsetzung der »Hartz-Kommission« bei diesem Thema wieder in die Offensive gekommen. Darüber hinaus enthielt der Kommissionbericht einige Vorschläge, die auch von den Unionsparteien geteilt wurden. Diese fanden nunmehr keine Strategie im Umgang mit dem Thema und äußerte sich teilweise widersprüchlich.[41]

Nationale Krisen wie das Hochwasser im August 2002 sind die Stunde der Exekutive. Somit hatte die Regierung Schröder hier einen deutlichen Vorteil gegenüber der Opposition, denn das Thema der Flutkatastrophe spülte die Wahlkampfthemen der Union förmlich von der Tagesordnung und sorgte dafür, daß vor allem das Hochwasser und die Haltung der Regierung zum Irak-Krieg zu wahlentscheidenden Themen wurden.[42] Durch die Vorlage des Berichts der Hartz-Kommission und des Versprechens,

---

[38] vgl. ebd. S. 34
[39] vgl. Sturm, Peter: 2002: *Schröder hilft der Himmel*. FAZ-online, 22.09.2021, https://www.faz.net/aktuell/politik/bundestagswahl/bundestagswahl-2002-flut-katastrophe-hilft-gerhard-schroeder-17455203.html (zuletzt aufgerufen: 25.08.2024).
[40] vgl. Roth, Dieter: *Das rot-grüne Projekt an der Wahlurne*. S. 34
[41] vgl. Siefken, Sven T.: *Die Arbeit der sogenannten Hartz-Kommission und ihre Rolle im politischen Prozeß*. S. 384f
[42] vgl. ebd. S. 384

diesen »eins zu eins« umzusetzen, fand eine klassische Dethematisierung statt. Die Arbeitslosigkeit, wie zuvor von der Opposition geplant, zum zentralen Wahlkampfthema zu machen, wurde unattraktiv.[43]

Der FDP wurde im Laufe des Wahlkampfes zum Verhängnis, daß sie ein paar Erfolge auf Landesebene mißverstand und nach dem unerwartet guten Ergebnis in Nordrhein-Westfalen den Anspruch erhob, dritte Volkspartei zu sein und das Projekt 18 ins Leben rief.[44] Zur Farce geriet der Wahlkampf der FDP letztlich auch dadurch, daß Guido Westerwelle versuchte, sich als Kanzlerkandidat in die Fernsehdebatten zwischen Gerhard Schröder und Edmund Stoiber zu klagen. Zwar konnten sich die Freien Demokraten bei der Wahl von 5.2 auf 7.4 Prozent verbessern – von den angestrebten 18-Prozent, die Guido Westerwelle unter anderen in einer Art »Supermann-Kostüm« bewarb und unter seinen Schuhsohlen trug, war die FDP jedoch weit entfernt.

Die zweite rot-grüne Wahlperiode

Von Beobachtern zunächst nicht erwartet, gewannen SPD und Grüne im Jahr 2002 noch einmal die Bundestagswahl. In der Analyse dieses Wahlsieges wurde gerne angeführt, daß das Jahrhunderthochwasser des Jahres 2002 und die Weigerung Bundeskanzler Schröders, Deutschland am Irak-Krieg zu beteiligen, wesentlich dabei geholfen haben, die Wahl zugunsten der rot-grünen Regierung zu entscheiden.

Dabei fiel die SPD von 40.9 auf 38.5 Prozent (-2.4 Prozentpunkte), während die sich die Grünen von 6.7 auf 8.6 Prozent (+1.9 Prozentpunkte) verbessern und somit die Verluste der SPD nahezu ausgleichen konnten. Union und FDP konnten Zugewinne verbuchen, während die Linkspartei mit 4.0 Prozent aus dem Bundestag flog und nur mit zwei Direktmandaten vertreten war.

Kurz nach der Wahl, also im Frühjahr 2003, verkündete Gerhard Schröder im Bundestag die Agenda 2010. Sie umfaßte zahlreiche »Reformen« im Bereich des Arbeitsmarkts, mit denen Gerhard Schröder seine Zusage aus dem Bundestagswahlkampf einlösen wollte, die Vorschläge der sogenannten »Hartz-Kommission« »eins zu eins« umzusetzen.

Redeten Sozialdemokraten später über die Agenda 2010, hoben

---

[43] vgl. ebd. S. 385
[44] vgl. Roth, Dieter: *Das rot-grüne Projekt an der Wahlurne.* S. 36

sie gerne hervor, daß mit der Agenda 2010 die Infrastruktur aufgebaut, Ganztagsschulen gefördert und mehr Geld für Forschung und Bildung ausgegeben worden sei. Das Gros der Wähler dürfte mit der Agenda 2010 jedoch eher die »Reformen« am Arbeitsmarkt in Verbindung bringen, hier insbesondere Hartz IV.

Die Reformen auf Hartz-IV zu reduzieren griffe jedoch zu kurz. Weitere Reformen wurden durchgeführt, darunter die Deregulierung der Leiharbeit, die Einführung von Mini- und Midi-Jobs sowie die Reform der Möglichkeit zur Befristung von Arbeitsverhältnissen. Sozusagen oben darauf kamen dann die Reform von Arbeitslosen- und Sozialhilfe, in deren Rahmen die Arbeitslosenhilfe abgeschafft und die bisherigen Bezieher dieser aus Steuermitteln finanzierten Leistung auf die Sozialhilfe verwiesen wurden.

Gleichzeitig wurde von der rot-grünen Regierung eine Politik betrieben, die zu einer Ausweitung des Niedriglohnsektors führte. Denn der Druck auf die Arbeitslosen, jede noch so schlecht bezahlte Stelle anzunehmen, erzeugte Druck auf das gesamte Lohngefüge. Hinzu kam, daß durch die Deregulierung der Leiharbeit es für Arbeitgeber attraktiv wurde, Leiharbeiter zu beschäftigen. Denn obwohl das Gesetz zunächst die Regel vorsah, daß Leiharbeiter den gleichen Lohn wie die Stammbelegschaft bekommen sollten, gab es eine wichtige Ausnahme von dieser Regel, nämlich wenn tariflich andere Vereinbarungen getroffen wurden. Welche Gewerkschaft sollte schon etwas dagegen haben, wenn tariflich abgewichen werden konnte?

Die »christlichen Gewerkschaften« jedenfalls nicht. Zwar stand die Tariffähigkeit dieser ausgesprochen arbeitgeberfreundlichen »Gewerkschaften« schon damals in Frage, gleichwohl aber erfreuten sich viele Zeitarbeitsfirmen über die niedrigen Löhne, die mit den »christlichen Gewerkschaften« abgeschlossen werden konnten. Diese Art der Konkurrenz zu den DGB-Gewerkschaften setzte auch diese unter Druck und führte dazu, daß auch die dem Deutschen Gewerkschaftsbund angehörende Gewerkschaften sich auf niedrige Entlohnung in der Zeitarbeit einlassen mußten. Zwar waren die Tarifabschlüsse der DGB-Gewerkschaften höher als die der »christlichen« Konkurrenz, aber von einem gleichen Lohn für die Leiharbeiter wie jener der Stammbelegschaft waren auch diese Tarifabschlüsse noch weit entfernt.

In gewisser Weise steckte da schon eine Perfidie in dieser Entscheidung des Gesetzgebers. Mit diesem Hebel konnte er nicht nur die Löhne nach unten öffnen, sondern auch das Gesetz gegen Kritik aus dem Gewerkschaftslager immunisieren, nach dem Motto: Traut ihr euch nicht zu, vernünftige Tarifabschlüsse zustande zu bringen?

Dabei mußte Rot-Grün auch damals schon klargewesen sein, daß der gewerkschaftliche Organisationsgrad der Beschäftigten ausgesprochen niedrig war. Dies änderte sich jedoch recht schnell. Durch die Möglichkeit, über tarifliche Vereinbarungen die Verpflichtung zur Zahlung der gleichen Löhne wie bei der Stammbelegschaft zu umgehen, wurde die Zeitarbeitsbranche schon bald zu einer der Branchen mit dem höchsten Organisationsgrad und der dichtesten tariflichen Bindung.

Zudem führte die Aufhebung des Synchronisationsverbotes[45] dazu, daß es für die Leiharbeitnehmer schwierig war, auf ihre Rechte zu bestehen ohne sogleich die Kündigung zu riskieren. Die vielgepriesene Flexibilität, die mit der Leiharbeit besonders für die Unternehmen geschaffen wurde, bezahlten die Arbeitnehmer mit Lohneinbußen und unsicheren Arbeitsverhältnissen.

Die Hartz-Reformen, besonders: Hartz IV

Neben den bereits angedeuteten Teilen der Reformen auf dem Arbeitsmarkt gehört zu den Hartz-Reformen auch die sogenannte »Ich-AG«, der nur eine kurze Lebenszeit beschieden war und deren Erfolg umstritten war. Später wurde die »Ich-AG« durch den Gründerzuschuß ersetzt.[46]

Die Gesetze, die in der Öffentlichkeit als Hartz-Gesetze durchnummeriert wurden, hießen im parlamentarischen Ablauf »Gesetz für moderne Dienstleistungen am Arbeitsmarkt«, worin sich einmal mehr der Drang Gerhard Schröders und seiner Parteifreunde manifestierte, die Modernität seiner Politik zu betonen. Im Detail wurden die Vorschläge der sogenannten »Hartz-Kommission« in den folgenden Schritten umgesetzt:

Mit dem ersten Gesetz für moderne Dienstleistungen am Arbeits-

---

[45] Synchronisationsverbot bedeutet, daß Leiharbeitsfirmen die Arbeiter entlassen können, wenn sie für sie keine Beschäftigungsmöglichkeit haben. So lange die Leiharbeiter ein Arbeitsverhältnis mit der Zeitarbeitsfirma haben, muß diese eigentlich auch dann den Lohn weiterzahlen, wenn sie die Leiharbeiter gerade nicht entleihen können, wenngleich auch einige Zeitarbeitsfirmen sehr kreativ dabei waren, diese Regelung zu umgehen.
[46] vgl. *Gründerzuschuss ersetzt Ich-AG.* Süddeutsche.de am 05.12.2008 http://sz.de/1.821567 (zuletzt aufgerufen: 25.08.2024)

markt wurden die Personalservice-Agenturen eingeführt, das Arbeitnehmerüberlassungsgesetz geändert, erste Veränderungen im Leistungsrecht, darunter bei der Zumutbarkeit vorgenommen und Bildungsgutscheine eingeführt.[47]

Mit dem zweiten Gesetz für moderne Dienstleistungen am Arbeitsmarkt (Hartz II) wurde der Gründerzuschuß für die sogenannte »Ich-AG« eingeführt, in dessen Rahmen Arbeitslose, die sich selbständig machten, im ersten Jahr 600 Euro, im zweiten Jahr 320 Euro und im dritten Jahr 240 Euro Zuschuß erhielten und unter anderem in der Sozialversicherung gegenüber anderen Selbständigen Vorteile hatten.[48] Darüber hinaus wurden die geringfügigen Beschäftigungsverhältnisse reformiert, haushaltsnahe Dienstleistungen gefördert, die Einrichtung der Job-Center vorbereitet und Änderungen am Leistungsrecht vorgenommen.[49]

Das dritte Gesetz für moderne Dienstleistungen am Arbeitsmarkt (Hartz III) reformierte die Bundesanstalt für Arbeit und nahm Änderungen an der Altersteilzeit vor.[50] Aus der vermeintlich verstaubten Bundesanstalt wurde die »moderne« Bundesagentur.

Mit dem vierten Gesetz für moderne Dienstleistungen am Arbeitsmarkt mit dem wohl bekanntesten Kürzel Hartz IV wurde dann die Arbeitslosen- und Sozialhilfe auf dem niedrigeren Niveau der Sozialhilfe zusammengelegt.[51]

Verschiedene andere Ideen der Hartz-Reformen wie die Personal Service Agenturen und weitere Einrichtungen, die mit »kreativen« Namen und Abkürzungen versehen wurden, erlebten in der Zwischenzeit eine politische Beerdigung dritter Klasse oder gerieten einfach so in Vergessenheit. Die zentralen Projekte, die die Zeit überdauert haben, waren die bereits diskutierte Deregulierung der Leiharbeit, die Mini- und Midi-Jobs und eben die Zusammenlegung von Arbeitslosen- und Sozialhilfe.

Mit der Zusammenlegung von Arbeitslosen- und Sozialhilfe ging die Verschärfung der Zumutbarkeit bei der Annahme auch schlecht bezahlter oder niedrig qualifizierter Jobs einher. Sie stand im Zentrum der politischen Auseinandersetzung bis zur

---

[47] vgl. Schmid, Josef: *Arbeitsmarkt- und Beschäftigungspolitik - große Reform mit kleiner Wirkung?* S. 279
[48] vgl. ebd. S. 279f
[49] vgl. ebd. S. 280
[50] vgl. ebd.
[51] vgl. ebd.

Einführung des Bürgergeldes und auch danach setzten sich Union, FDP und weitere liberal-konservative Vertreter dafür ein, zum »bewährten« Zwangssystem von Hartz IV zurückzukehren. Die Forderung nach Abschaffung von Hartz IV gehörte zum Kernbestand der Wahlkämpfe der Linkspartei, während die SPD über lange Jahre nur einen Korrekturbedarf in Details sah, das System mit seinen Repressionen als Ganzes jedoch nicht in Frage stellte.

Jährlich wurden zahllose Sanktionen gegen Arbeitslose verhängt, die sowohl für schlichte Versäumnisse bei Terminen oder der grundlosen Verweigerung der Annahme einer in den Augen der jeweiligen Jobcenter zumutbaren Arbeit erteilt werden konnten. Zahlreiche Prozesse wurden um die Sanktionen geführt und ein großer Teil von ihnen gewonnen. Hartz IV wurde somit auch zu einem umfangreichen Beschäftigungsprogramm für Anwälte und Sozialgerichte.

Rückblickend läßt sich sagen, daß Rot-Grün einen sozialpolitischen Kulturwechsel vollzog. Standen bisher in den bundesdeutschen Sozialversicherungen der Erhalt von Qualifikation und Lebensstandard im Vordergrund, der überwiegend durch staatliche Maßnahmen gewährleistet wurde, setzte Rot-Grün einen Paradigmenwechsel durch, der die Unsicherheit der Menschen vergrößerte. Mit Hartz IV ging es nicht mehr darum, daß die Menschen Arbeit fanden, die ihrer Qualifikation entsprach und sie somit auch Jobs ablehnen konnten, die für sie einen zu starken qualifikatorischen und finanziellen Abstieg bedeuteten. Nun sollten sie jeden Job annehmen, auch wenn dieser für sie einen Abstieg bedeutete. Dabei mußten sie nicht nur Einbußen bei der Qualifikation ihrer anzunehmenden Arbeit in Kauf nehmen, sondern auch bei ihrem Lebensstandard. Lief das beitragsfinanzierte Arbeitslosengeld I aus, folgte unmittelbar der Absturz auf das Sozialhilfeniveau des Arbeitslosengeldes II, bei dem die Betroffenen vorher überdies ihre Rücklagen weitgehend verbrauchen mußten, bevor sie einen Anspruch auf die Sozialleistung hatten. Auf diese Weise wurde und wird Druck auf die Arbeitslosen ausgeübt, jede beliebige Stelle anzunehmen.

Vor der sogenannten »Hartz-Reform« fielen Arbeitslose, bei denen das durch Beiträge von Arbeitnehmern und Arbeitgebern finanzierte Arbeitslosengeld auslief, in die Arbeitslosenhilfe. Die aus Steuermitteln finanzierte Arbeitslosenhilfe war zwar von der Höhe geringer als das Arbeitslosengeld, orientierte sich dennoch an dem letzten Gehalt. Eine gewisse Bedürftigkeitsprüfung fand auch schon bei der Arbeitslosenhilfe statt, die jedoch nicht vergleichbar war mit dem, was durch Hartz IV eingeführt wurde.

Hartz IV verpflichtete die Arbeitslosen, die zu »Kunden« umdeklariert wurden, alles Vermögen, Guthaben und Einkünfte gegenüber der Arbeitsagentur, beziehungsweise den Jobcentern offenzulegen. Die sogenannte »Zusammenlegung« von Arbeitslosen- und Sozialhilfe auf dem niedrigeren Niveau der Sozialhilfe war im Grunde nichts weiter als die Ersetzung der Arbeitslosenhilfe durch Sozialhilfe.[52] Ziel war, durch den praktischen Wegfall des Qualifikationsschutzes für die Arbeitnehmer jene zu zwingen, auch die schlechtesten Arbeitsverhältnisse anzunehmen. Die Untergrenze hierbei bildete nur noch die Sittenwidrigkeit des Arbeitsverhältnisses. Gleichwohl hatte die SPD noch im Wahlkampf versprochen, die Arbeitslosenhilfe nicht auf das Sozialhilfeniveau abzusenken, was nach der Wahl nicht mehr galt.[53]

Die Reform war auch innerhalb der SPD umstritten. Kritiker schafften es vorübergehend, den Gesetzentwurf der Regierung Schröder zu entschärfen. Doch was sie aus dem Gesetzentwurf herausverhandelt hatten, verhandelten CDU/CSU und FDP über den Bundesrat wieder in das Gesetz hinein.[54]

Ein weiterer wichtiger Image-Faktor für die Hartz-Reformen war die Behauptung, daß Arbeitslose und »Fallmanager«, wie die Arbeitsvermittler in den Arbeitsagenturen und Jobcentern nun genannt wurden, auf Augenhöhe einen Vertrag abschlössen. In der Realität konnte davon kaum die Rede sein. Während der »Fallmanager« jedes tatsächliche oder auch nur vermeintliche Fehlverhalten der Arbeitslosen mit einer Kürzung des ohnehin schon niedrigen Regelsatzes bestrafen konnte, hatte der Arbeitslose überhaupt keine Handhabe gegenüber dem »Fallmanager«, wenn ihn dieser nicht in Arbeit vermittelte.

Insbesondere ließ sich über die Verfassungsmäßigkeit solcher Kürzungen trefflich streiten. Wenn sich das Sozialstaatsgebot auch aus dem Artikel 1 des Grundgesetzes, also der Menschenwürde, die unantastbar sei, ableitete, ließen sich Kürzungen des Existenzminimums als Bestrafung für tatsächliche oder vermeintliche Kooperationsverweigerung nicht rechtfertigen. Wenn es in Artikel 1 des Grundgesetzes heißt, daß die Würde des Menschen unantastbar sei, dann folgt daraus, daß dieser Grundsatz,

[52] vgl. Butterwegge, Christoph: *Armut in einem reichen Land*. S. 173
[53] vgl. ebd. S. 172
[54] vgl. Butterwegge, Christoph: *Krise und Zukunft des Sozialstaats*. S. 192

der insbesondere den Staat bindet, in jeder Lebenslage gilt. Die Menschenwürde wohnt somit dem Menschen inne, weil dieser Mensch ist. Sie muß nicht erworben und kann auch nicht verwirkt werden. Weil der Mensch eben Mensch ist, hat er die Menschenwürde, die auch für neoliberale Zwangsmaßnahmen gegen Arbeitslose nicht zur Disposition steht.

Wird aber der Regelsatz gekürzt, zum Beispiel weil ein Arbeitsloser einen Termin beim Jobcenter verpaßt hat – und hier wird der Regelsatz durchaus um 20% gekürzt, fällt der Betroffene unter das Existenzminimum, wodurch er in eine existentielle Notlage gebracht wird. Damit wird auch seine Menschenwürde beseitigt, zumal für mehrere »Verfehlungen« der Regelsatz auch mehrmals über einen bestimmten Zeitraum gekürzt werden kann.

Die »Fallmanager« hatten somit eine starke Position gegenüber den Arbeitslosen und entfalteten ihnen gegenüber ein erhebliches Drohpotential. Sie konnten die Arbeitslosen mittels der Sanktionen drängen, auch nicht tarifgerechte oder nach nicht ortsüblichem Lohn bezahlte Arbeit anzunehmen.[55]

Oben wurde bereits erwähnt, daß es um die Sanktionen zahlreiche Prozesse gibt, die oftmals durch die Betroffenen gewonnen wurden. Dies deutete darauf hin, daß die Sanktionen nicht selten dem Grundsatz der Angemessenheit widersprachen.

Mit der Einführung des Arbeitslosengeldes II und der »Riester-Rente« nahm die rot-grüne Regierung Schröder einen entscheidenden Paradigmenwechsel in der deutschen Sozialpolitik vor. Stand zuvor die Qualifikations- und Lebensstandardsicherung im Vordergrund, wurden diese zugunsten steigenden Drucks auf Arbeitslose zur Arbeitsaufnahme und der gesetzlich herbeigeführten Notwendigkeit zur Privatvorsorge ersetzt. Durch die Absenkung des Rentenniveaus wurde auch hier die lebensstandardsichernde Funktion im Alter aufgegeben zugunsten des Drucks auf die Menschen, Privatvorsorge zu betreiben, um diese Lücke auszufüllen. Die Konsequenz war, daß Menschen ein immer höheres Einkommen haben müssen, um eine Rente über Sozialhilfeniveau zu erhalten, denn auch die Privatvorsorge auf dem entsprechenden Niveau erforderte ein Einkommen, welches dies ermöglichte.

Altersarmut war in der Bundesrepublik lange kein Thema mehr.

---

[55] vgl. ebd.

Diese Entscheidungen, die Rot-Grün unter Mittäterschaft von Schwarz-Gelb getroffen hatten, waren ursächlich dafür, daß wieder über Altersarmut geredet wurde. Insbesondere mußten die rot-grünen Reformen zur »Riester-Rente« und Hartz IV zusammengesehen werden. Durch Hartz IV sank der Lohn der Menschen, denen dann auch noch allen Ernstes zugemutet wurde, aus dem bißchen, das sie hatten, private Vorsorge für das Alter zu treffen, was sich im Ergebnis für sie ohnehin nicht lohnte, weil es schließlich mit der Grundsicherungsrente verrechnet wurde.

Hartz IV und die Deregulierung im arbeitsrechtlichen Schutz hatten zu einem Sinken der Einkommen geführt. Daß es angesichts dieser Entwicklung zur Altersarmut kommen würde, war vorherzusehen. Insbesondere SPD und Grüne waren nicht die Retter der schlechtbezahlten Arbeitnehmer. Sie hatten mit ihren politischen Entscheidungen diese Probleme, die sie nun zu beheben versprechen, überhaupt erst geschaffen. Daß der Niedriglohnsektor politisch gewollt war, hatte Gerhard Schröder unumwunden vor dem World Economic Forum in Davos verkündet. Dort prahlte er damit, einen der besten Niedriglohnsektoren in Europa aufgebaut zu haben.[56]

Wenn also später insbesondere SPD und Grüne einen flächendeckenden gesetzlichen Mindestlohn forderten, verlangten sie damit die Reparatur der Schäden, die sie selbst mit ihrer Agenda 2010 angerichtet hatten. Verwiesen wurde von den Wahlkämpfern der SPD insbesondere darauf, daß die Regierung damals gerne schon einen Mindestlohn eingeführt hätte, jedoch die Gewerkschaften nicht bereit gewesen seien, dies mitzutragen. Dieses Argument befremdet insofern, als daß zahlreiche weitere Gesetze von Rot-Grün gegen den Widerstand der Gewerkschaften durchgesetzt wurden. Überdies hätte Rot-Grün auch die entsprechenden Gesetze, die zu Niedrigstlöhnen führten, vor deren Verabschiedung ändern können, wenn sie der Meinung waren, daß diese Gesetze der Absicherung durch einen Mindestlohns bedürften. Der Wahrheit näher kommen dürfte, daß Rot-Grün dieser Aspekt wohl nicht so wichtig war, und die Entwicklung eines Niedriglohnsektors billigend in Kauf genommen wurde, oder, wie aus der Rede des Kanzlers in Davos zu folgern ist, politisch unmittelbar gewollt war.

Das Jobwunder, das in der Folge der Maßnahmen der Agenda 2010

---

[56] vgl. http://www.gewerkschaft-von-unten.de/Rede_Davos.pdf (zuletzt aufgerufen: 25.08.2024)

von allen Parteien außer der Linkspartei gefeiert wurde, fußte in erster Linie auf diesen Abbau von Rechten von Arbeitslosen und der Deregulierung des Arbeitsmarktes. Arbeitslosigkeit wurde bei Hartz IV nicht mehr als ein strukturelles Problem wahrgenommen, sondern den Betroffenen selbst zugerechnet. Die neoliberale Idee, daß Arbeitslosigkeit nicht die Folge von Fehlsteuerungen auf den Märkten war, sondern aus dem Unwillen der Arbeitslosen herrührte, ihre Arbeitskraft zu »Marktpreisen« anzubieten, war das Fundament, auf dem die Arbeitsmarktpolitik der Regierung Schröder stand. Mit dem »Marktpreis« für Arbeitskraft war insbesondere gemeint, daß bei hoher Arbeitslosigkeit die Löhne soweit zu sinken hätten, daß es für die Arbeitgeber wieder attraktiv würde, Arbeitslose einzustellen. Mit den Zwangsmitteln von Hartz IV sollte genau diese Akzeptanz niedriger Löhne erzwungen werden.

Der Neoliberalismus war in den Reihen von SPD und Grünen angekommen. Und jene, die sich später als »Retter der Entrechteten« gerieren, waren seinerzeit selbst an diesem Abbau von Arbeitnehmerrechten beteiligt. Die gesellschaftliche Folge der Politik war die Fortsetzung der Umverteilung von unten nach oben, denn der Lohnverzicht und die Billiglöhne kamen vor allem den Eignern an Produktionsmittel und Kapital zugute. Höhere Gewinne, höhere Dividenden und mehr Reichtum für die ohnehin Besitzenden waren die Folge. Die gesellschaftliche Spaltung, die dieser Tage diskutiert wird und auch in den Wahlkämpfen immer wieder bemüht wird, ist zwar nicht alleine auf die rot-grüne Agenda-2010-Politik zurückzuführen, jedoch hat diese die Entwicklung verstärkt und beschleunigt.

Verkürzt wird gerne darauf hingewiesen, daß es eine Rekordbeschäftigung gäbe und Deutschland so gut durch die Wirtschaftskrise gekommen sei wie kein anderes Euro-Land. Dies geschah vor allem auf Kosten der Menschen, die in prekären Arbeitsverhältnissen zu wenig Lohn und eine düstere Aussicht in die Zukunft hatten. Und es geschah auf Kosten der Nachbarländer, die sich bereits darüber beschwerten, daß Deutschland mit seiner Dumpinglohn-Politik die Löhne und Einkommen auch in den Nachbarländern unter Druck setzten und seine Wettbewerbsfähigkeit auf Kosten der anderen Länder in Europa stärkte.

Ein weiteres Problem waren die sogenannten »Aufstocker«, also Menschen, die mit Arbeit - und zwar auch in Vollzeitjobs - so wenig verdienten, daß sie anschließend noch Hartz IV beantragen mußten. Hierbei handelte es sich um ein (verdecktes) Kombilohn-

Modell, von dem die Arbeitgeber profitierten, die ihren Arbeitnehmern nicht existenzsichernde Löhne zahlten und sie anschließend auf das Sozialamt verwiesen. Während bei Arbeitslosen und Hilfeempfängern die Diskussion um angeblichen Mißbrauch und Mitnahmeeffekten sehr ausgeprägt war, fand die Diskussion, warum eigentlich die Steuerzahler die Löhne für Arbeitnehmer von Unternehmen mitfinanzieren mußten, die teilweise Gewinne machen, kaum statt. Zudem sorgten diese Unternehmen auch dafür, daß andere Unternehmen entweder auch solche vom Steuerzahler subventionierten Löhne zahlen oder eben ihre Unternehmen schließen mußten, weil sie gegen Dumpinglohnfirmen chancenlos sind.

Die Agenda 2010 führte letztlich auch dazu, daß die SPD in den Bundesländern bei den Landtagswahlen schlecht abschnitt. Auch hier ließ sich die Regierung Schröder nicht beeindrucken und verkündete nach jeder Wahlniederlage, daß die Agenda 2010 ohne Alternative sei, und daß Politik auch Gegenwind aushalten müsse. Dem Festhalten an der Politik der Agenda 2010 wurde innerhalb der SPD alles untergeordnet. Wie wir später sehen werden, galt die Agenda 2010 auch nach dem Ende der rot-grünen Regierung als so wichtig, daß selbst ein Parteichef gehen mußte, weil er vorsichtige Änderungen an der Agenda und ein Ende der Zumutungen in Aussicht gestellt hatte.

Der Absturz der SPD in den Bundesländern und bei den folgenden Bundestagswahlen hatte auch damit zu tun, daß unter der Politik der SPD in erster Linie jene litten, die eigentlich die Klientel dieser Partei waren. Arbeitnehmer und Arbeitslose mußten Einschnitte hinnehmen, während durch Steuersenkungen die Bezieher hoher Einkommen und Besitzer von Vermögen bessergestellt wurden. Dies hatte wesentlich zum Absturz der SPD beigetragen. Der Verzicht auf jeden Interessenausgleich und das Festhalten an dem neoliberalen Agenda-Kurs um jeden Preis führte auch innerparteilich zu Verwerfungen und zu einem erheblichen Verlust an Mitgliedern.

Geradezu symbolisch für Schröders Kurs war, daß am gleichen Tag, nämlich zum 1. Januar 2005, als das Arbeitslosengeld II eingeführt und jenen, die bis dahin Arbeitslosenhilfe empfangen haben, die Zuwendungen auf Sozialhilfeniveau gekürzt wurde, der Spitzensteuersatz von 45 auf 42 Prozent gesenkt wurde.[57]

[57] vgl. *Vom Arbeitslosengeld bis zum Zahnersatz.* Süddeutsche Zeitung, 31.12.2004, S. 7

Während also jenen, die ohnehin schon wenig hatten, diese Zuwendungen gekürzt wurden, bekamen jene mit hohen Einkommen eine weitere Entlastung, denn Teile der dritten Stufe der Steuerreform waren bereits auf den 01. Januar 2004 vorgezogen worden.[58]

Als Rot-Grün schließlich bei der Bundestagswahl 2005 die Mehrheit verlor, waren wesentliche Teile der Agenda 2010 abgeschlossen. Vor der Wahlniederlage stand allerdings noch der fragwürdige Weg zur Parlamentsauflösung, die in der deutschen Verfassung nicht vorgesehen ist, über ein fingiertes Mißtrauensvotum.

Vorgezogene Neuwahlen

Eine der vielen Lehren aus der Zeit der Weimarer Republik, die bei der Erschaffung des deutschen Grundgesetzes gezogen wurden, war, eine Selbstauflösung des Bundestages nicht zu ermöglichen. Zur Destabilisierung der Weimarer Demokratie hatte beigetragen, daß im Rahmen jeder Krise es zur Parlamentsauflösung und Neuwahlen kam. Dies sollte für die zweite deutsche Demokratie verhindert werden. Die Auflösung des Parlaments sollte nur ausnahmsweise möglich sein.

Im Mai 2005 erlebte die SPD in ihrer »Herzkammer« Nordrhein-Westfalen eine empfindliche Niederlage. Die Partei stürzte von 42.8 auf 37.1 Prozent ab, während sich die CDU von 37.0 auf 44.8 Prozent verbesserte und gemeinsam mit der FDP, die von 9.8 auf 6.2 Prozent abgerutscht war, regieren konnte. Noch bevor die Öffentlichkeit über die Ursachen dieser Katastrophe für die SPD diskutieren konnte, trat Bundeskanzler Schröder vor die Presse und erklärte, daß er für den Herbst 2005 vorgezogene Neuwahlen zum deutschen Bundestag ermöglichen würde. Dieser Paukenschlag brachte auch den nordrhein-westfälischen CDU-Spitzenkandidaten Jürgen Rüttgers um die Lorbeeren seines Wahlerfolges, denn von ihm war an dem Abend in den Medien im Gegensatz zu den geplanten vorgezogenen Neuwahlen, kaum noch die Rede.

Weil aber die Verfassung der Bundesrepublik keine Selbstauflösung des Parlamentes vorsah, mußte sich Gerhard Schröder eines Tricks bedienen, den auch Helmut Kohl schon einmal zur Parlamentsauflösung im Jahr 1983 angewendet hatte. Er wollte die Vertrauensfrage stellen (und absichtlich verlieren). Daraufhin würde er dem Bundespräsidenten die Auflösung des Parlamentes

---

[58] vgl. ebd.

und die Ausrufung von Neuwahlen vorschlagen.

Die linken Kritiker mußten hierbei als Sündenböcke herhalten, denn Kanzler Schröder begründete im Verlauf des von ihm gewählten Verfahrens die Notwendigkeit zur Neuwahl damit, daß er sich nicht mehr sicher sein könne, den notwendigen Rückhalt in der Fraktion für seine Politik zu haben, weil nach der Wahlniederlage im sozialdemokratischen Stammland NRW die innerparteiliche Kritik an seinem Kurs zunahm.

Die Ankündigung löste eine Dynamik aus, die auch von Medien befördert wurde, die in den Chor derer einstimmten, die nunmehr eine schwarz-gelbe Koalition als Rettung des Landes betrachteten. Bundeskanzler Schröder machte seine Kritiker für die Notwendigkeit der Neuwahl verantwortlich. Zugleich zeigte er keinen Willen, hinsichtlich seines politischen Kurses irgendwelche Kompromisse eingehen zu wollen. Schröder stellte die Vertrauensfrage und verlor sie wunschgemäß. Bundespräsident Köhler, seinerzeit vorgeschlagen von der CDU/CSU, ließ sich mit der Entscheidung Zeit, gab aber am Ende den Weg für Neuwahlen frei. Ausdrücklich sei an dieser Stelle betont, daß in diesem Buch nicht angenommen wird, er habe auch parteipolitischen Gründen gehandelt, auch wenn diese Vermutung naheliegen mag, denn die Union war ohnehin für Neuwahlen.

Die Abgeordneten Werner Schulz von den Grünen und Jelena Hoffmann von der SPD klagten gegen die Entscheidung des Bundespräsidenten zugunsten von Neuwahlen vor dem Bundesverfassungsgericht. Das jedoch gab grünes Licht. Die Richter urteilten, daß die Vertrauensfrage mit dem Ziel, den Bundestag aufzulösen, nur dann verfassungsgemäß sei, wenn sie nicht nur formal sondern auch dem Zweck des Art. 68 GG entspräche. Die Regelung erstrebe eine handlungsfähige Regierung.[59]

Zugleich erklärte das Verfassungsgericht, daß die Überprüfung der zweckgerichteten Anwendung von Art. 68 GG durch das Gericht nur eingeschränkt möglich sei, denn »[d]ie Einschätzung der Handlungsfähigkeit hat Prognosecharakter und ist an höchstpersönliche Wahrnehmungen und abwägende Lagebeurteilungen gebunden«.[60]

Damit haben die Verfassungsrichter dem Kanzler einen kaum kontrollierbaren Spielraum bei der Entscheidung eingeräumt, ob

---

[59] vgl. BVerfGE 114, 121, 121.
[60] BVerfGE 114, 121, 122.

der Bundestag aufzulösen sei. Künftig könne ein Kanzler Kritikern in Partei und Fraktion mit der Auflösung des Bundestages drohen, so daß Kritik an ihm zu einem vorzeigen Ende der Wahlperiode führen könnte.[61] »So sehen Urteile aus, bei denen zuerst das Ergebnis festgelegt und dann die Begründung gesucht wird«,[62] kritisierte Heribert Prantl das Gericht in seinem Kommentar in der Süddeutschen Zeitung.

Mit diesem Urteil war das letzte Hindernis auf dem Weg zu Neuwahlen ausgeräumt. Im Herbst 2005 wurde der Bundestag neu gewählt. Das Ergebnis der Wahl fiel entgegen der Prognosen der Meinungsforschungsunternehmen denkbar knapp aus.

Ergebnisse der Bundestagswahlen 2002 und 2005[63]

	CDU/CSU	SPD	GRÜ	FDP	Linke.
2005	35.2	34.2	8.1	9.8	8.7
2002	38.5	38.5	8.6	7.4	4.0

Große Koalition und die Inthronisierung Angela Merkels

Die große Koalition entstand, weil SPD und Grüne nach der Bundestagswahl 2005 nicht bereit waren, mit der Linkspartei zu koalieren, die eine Mehrheit gegenüber Schwarz-Gelb gehabt hat. Hier wurden mit der Entscheidung für eine große Koalition mit der CDU/CSU die politischen Weichen seitens der SPD in eine Richtung gestellt, die die Agenda 2010 absichern sollte. Zwar gab es in der Sozialdemokratie nach wie vor Unzufriedenheit mit der Agenda 2010, aber es waren eben auch viele Kritiker bereits in die Linkspartei abgewandert und hatten der SPD ansonsten den Rücken gekehrt.

Weil der Mut zur rot-rot-grünen Koalition fehlte und die Sozialdemokraten nicht bereit waren, die Agenda 2010 aufzugeben oder auch nur zu modifizieren, entschlossen sie sich, Juniorpartner bei der CDU/CSU mit einer Bundeskanzlerin Angela Merkel zu werden.

---

[61] vgl. Prantl, Heribert: *Ein Gericht steht Spalier.* Süddeutsche Zeitung, 26.08.2005, S. 4
[62] ebd.
[63] Homepage des Bundeswahlleiters: https://www.bundeswahlleiterin.de/ (zuletzt aufgerufen: 25.08.2024) Graphik: Eigene Darstellung.

Es war oftmals zu lesen, daß Gerhard Schröder persönlich Angela Merkel zur Bundeskanzlerin gemacht habe, weil er sich bei der Berliner Runde nach der Wahl so sehr »danebenbenommen« hatte. Gutgelaunt, weil das Wahlergebnis deutlich knapper ausgefallen war als von Meinungsforschungsinstituten und Medien vorhergesagt, hielt er Angela Merkel entgegen, daß sie die SPD nach einem solchen Ergebnis kaum zur Kanzlerin wählen würde. Angela Merkel drehte ihren Kopf beiseite und sah aus, als stünde sie kurz davor, in Tränen auszubrechen.

Die Umfragen hatten die CDU bei 40% gezeigt. Für die Wunschkoalition Angela Merkels mit der FDP hätte es allemal gereicht. Noch bis kurz vor der Wahl unterlagen die Meinungsforschungsinstitute dem Irrtum, daß die CDU bei 40% und sich damit gegenüber der Wahl zuvor verbessern würde. Warum sich die Meinungsforscher unisono bei der Einschätzung des CDU-Ergebnisses um ca. sechs Prozentpunkte nach oben vertan hatten, wurde bis heute nicht ausgewertet oder aufgearbeitet. Möglicherweise spielte auch das Wunschdenken vieler Medien und Interessenvertreter eine Rolle, daß eine schwarz-gelbe Koalition den neoliberalen Weg Schröders konsequent weitergehen und verschärfen sollte. Vielleicht hatten aber auch die von den Meinungsforschungsinstituten Befragten sich während der Umfragen von der allgemeinen Stimmung der Kommentatoren in den Medien leiten lassen und sich dann doch an der Wahlurne anders entschieden.

Der streng neoliberale Kurs, den die CDU auf dem Leipziger Parteitag beschlossen hatte, wirkte offenbar nur auf Wirtschaftsredakteure anziehend. Die Bevölkerung wandte sich offenbar immer weiter von der CDU ab, je näher der Wahltermin rückte. Inwieweit dies auch mit der Benennung Paul Kirchhofs, der mit einem Einheitstarif bei der Einkommenssteuer warb und dabei von der arbeitgeberfinanzierten Initiative Neue Soziale Marktwirtschaft unterstützt wurde, zusammenhing, war zuweilen Thema in politischen Diskussionen.

Am Wahlabend zumindest war Angela Merkel den Tränen nahe. Nicht nur hatte sie schlechter abgeschnitten als sie erhofft hatte und ihr von Medien und Meinungsforschung »versprochen« wurde. Mit ihr verlor die CDU/CSU auch noch gegenüber der vorangegangenen Wahl 3.3 Prozentpunkte. Damit hatte sie auch schlechter abgeschnitten als der Kanzlerkandidat Edmund Stoiber drei Jahre zuvor. Und nun saß sie in der Berliner Runde im öffentlich-rechtlichen Fernsehen dem grinsenden Gerhard Schröder gegenüber, der sich darin sonnte, daß die SPD nur einen Prozentpunkt weniger hatte als die CDU/CSU.

Dies, so die Legende, habe die CDU/CSU hinter Angela Merkel versammelt und dazu geführt, daß sie zur Kanzlerin gewählt wurde. Da mag etwas dran sein. Was überdies zutraf: Nachdem Angela Merkel zur Kanzlerin einer großen Koalition mit der SPD gewählt wurde, gab es in der CDU weder eine Diskussion noch gar eine Aufarbeitung des schlechten Abschneidens der Partei bei der Bundestagswahl 2005.

Gerhard Schröder verabschiedete sich aus der Politik und bekam einen Posten bei Gazprom in Rußland. Eine Rolle dabei dürfte seine persönliche Freundschaft zum russischen Präsidenten Vladimir Putin gespielt haben, was zuweilen und insbesondere Jahre später auch von Mitgliedern der SPD kritisiert wurde.

Verschiedene weitere ehemalige Mitglieder der Regierung und der Regierungsfraktionen bekamen ebenfalls Posten in der Wirtschaft, was einmal mehr die Diskussion um den Wechsel aktiver Politiker in die Wirtschaft auslöste, die – wie so oft – folgenlos blieb. Zu jenen, die sich in die freie Wirtschaft verabschiedeten, gehörte auch Wolfgang Clement, der bei einer Leiharbeitsfirma unterkam und überdies für einen Energieversorger tätig wurde. Seit Juli 2012 war Wolfgang Clement überdies Vorsitzender des Kuratoriums bei der durch die Metall-Arbeitgeber finanzierten Initiative Neue Soziale Marktwirtschaft.[64]

Arbeitsminister und Vizekanzler wurde Franz Müntefering. Außenminister und nach Münteferings Rücktritt Vizekanzler wurde Frank-Walter Steinmeier, zuvor Kanzleramtsminister bei Gerhard Schröder. Finanzminister in der großen Koalition wurde der im Mai 2005 in Nordrhein-Westfalen als Ministerpräsident abgewählte und später bei der Bundestagswahl 2013 gescheiterte Kanzlerkandidat Peer Steinbrück. Beide Politiker waren als engagierte Befürworter der Agenda 2010 aufgefallen. Auch Münteferings Nachfolger im Arbeitsministerium, Olaf Scholz, galt und gilt innerhalb der SPD als »Modernisierer«. Alle Personalien der SPD in der großen Koalition waren Garanten dafür, daß die Agenda 2010 nicht in Frage gestellt wurde.

Unter der großen Koalition wurde die gesetzliche Krankenversi-

---

[64] vgl. https://web.archive.org/web/20210929010336/https://www.insm.de/insm/ueber-die-insm/kuratoren-und-botschafter (zuletzt aufgerufen: 25.08.2024) Das Instrument der Kuratoren und Botschafter wurde mittlerweile von der INSM aufgeben.

cherung reformiert. Weil die Vorstellungen der beiden Koalitionäre weit auseinanderlagen, wurde hier ein Kompromiß eingegangen, der von allen Seiten als unzureichend angesehen wurde und wird. Des weiteren wurde die Föderalismusreform geplant und umgesetzt, die diesen im neoliberalen Sinne zu einem Wettbewerbsföderalismus weiterentwickeln sollte. Die Zuständigkeiten zwischen Bund und Ländern wurden aufgeteilt und insbesondere in der Bildungspolitik deutlich getrennt. Später wurde diese Trennung als Fehler erkannt und teilweise in dem Sinne rückgängig gemacht, daß der Bund Bildungsprojekte für die Länder wieder finanziell unterstützen konnte.

Ein weiterer politischer Meilenstein der großen Koalition war die Einführung der Rente mit 67. Letztere bedeutet, daß das Renteneintrittsalter auf 67 Jahre heraufgesetzt wird. Über diese Entscheidung wurde auch in den Folgejahren noch kontrovers diskutiert. Innerhalb der SPD herrschte Unsicherheit darüber, ob diese Entscheidung nicht doch ein Fehler war. Grundsätzlich wollte sie jedoch daran festhalten, gleichzeitig aber sicherstellen, daß Menschen, die nicht so lange arbeiten können, nicht so hohe Abschläge bekämen.

Denn die Folge der Einführung der Rente mit 67 Jahren war weniger, daß die Menschen länger arbeiteten, als daß ihnen höhere Abschläge von der Rente berechnet wurden, wenn sie früher in Rente gingen, zum Beispiel, weil sie aus gesundheitlichen Gründen nicht mehr arbeiten konnten oder sie keinen Arbeitsplatz mehr fanden, weil die Unternehmen sie für zu alt halten. An letzterem Problem hatte sich über die Jahre nichts geändert. Zwar wurden bis in die gegenwärtige Zeit Forderungen laut, daß die Menschen noch später als mit 67 Jahren in Rente gehen konnten, zugleich aber erhöhte sich die Bereitschaft der Unternehmen nicht, Menschen einzustellen oder gar umzuschulen oder auszubilden, die über 40 oder 50 Jahre alt waren.

Diese Abschläge für den früheren Renteneintritt kamen dann noch zu der bereits diskutierten Absenkung des Rentenniveaus hinzu und stellen somit einen weiteren Faktor dar, der das Problem der Altersarmut verschärfen würde. Die SPD forderte inzwischen, daß Menschen in Rente gehen könnten, wenn sie noch nicht 67 Jahre alt waren, allerdings bereits 45 Jahre Beiträge in die Rentenkasse gezahlt hatten. Die Antwort auf die Frage, was aus jenen wird, die aus gesundheitlichen Gründen auch diese 45 Jahre nicht schaffen, blieb die Partei bislang schuldig.

Gleichwohl setzte die SPD Jahre später diese Forderung tatsächlich mit der Rente mit 63 Jahren um. Auch über diese Maßnahme wurde in den Folgejahren weiterhin gestritten und insbesondere von Union und FDP unter Verweis auf den Fachkräftemangel deren Rücknahme gefordert.

Überdies war die Vorstellung, daß jemand, der zum Beispiel auf dem Bau gearbeitet hatte, hinterher einfach in die Verwaltung des Bauunternehmens wechseln konnte, wenn er zu alt war, um auf den Baugerüsten zu arbeiten, war einfach naiv. Aber solche schlichten Weltbilder waren sehr hilfreich, wenn es darum ging, solche Ideen gegen Kritik zu immunisieren – fanden zumindest offenbar die Anhänger dieser Idee.

Der sozialdemokratische Niedergang in den Bundesländern

Der Niedergang der Sozialdemokratie zeigte sich auch in den Bundesländern. Wenngleich es in Deutschland nicht ungewöhnlich war, daß eine Bundesregierung nach ihrer Wahl sich relativ bald einer entgegengesetzten Mehrheit im Bundesrat gegenüber sah, waren die Wahlverluste der Sozialdemokraten dennoch bemerkenswert. Bereits im Frühjahr 1999 verlor die SPD mit der Landtagswahl in Hessen ihre Mehrheit im Bundesrat. Auch in anderen Bundesländern verloren die Sozialdemokraten teilweise dramatisch an Zustimmung der Wähler. In Niedersachsen hatte Gerhard Schröder noch im Jahr 1998 mit der SPD 47.9% erreicht. Fünf Jahre später, im Jahr 2003, schafften die niedersächsischen »Freundinnen und Freunde«[65] nur noch 33.4%. Im Saarland kam die SPD bei der Wahl 1999 noch auf 44.4%. 2004 setzte dann der Sturzflug ein auf 30.8% und setzte sich bis 2009 fort, als die SPD nur noch auf 24.5% in einem Bundesland kam, das Oskar Lafontaine mit einer stabilen absoluten Mehrheit regiert hatte.

Sachsen war nach der Wiedervereinigung kein sozialdemokratisches Stammland mehr wie einst in der Weimarer Republik. Im Gegenteil. Seit die SPD 1990 bereits von 19.1% auf 10.7% abgestiegen war, wäre eigentlich die Annahme gerechtfertigt, daß es nicht noch weiter in den Keller gehen konnte. Dennoch schafften es die sächsischen Sozialdemokraten im Jahr 2004 noch unter 10% zu gelangen und mit 9.8% gerade mal noch 0.6 Prozentpunkte mehr zu haben als die NPD.

---

[65] Diesen Ausdruck verwenden die Anhänger der Agenda 2010, um das in der SPD eigentlich traditionelle »Genossinnen und Genossen« zu vermeiden.

Auch in Sachsen-Anhalt war der Absturz beachtlich: 1998 gewannen die Sozialdemokraten mit 35.9% ihr bestes Ergebnis seit der Einheit. Bei der nächsten Wahl im Jahr 2002 folgte dann das schlechteste Ergebnis seit der Einheit mit 20.0%. In diesem Jahr überholte die – damals noch – PDS in Sachsen-Anhalt zum ersten Mal die Sozialdemokraten knapp und blieben seit dem vor ihnen. In Thüringen stürzten die Sozialdemokraten von 29.6% im Jahr 1994 auf 18.5% im Jahr 1999 und auf 14.5% im Jahr 2004 ab. Zwar konnte die SPD im Jahr 2009 noch einmal zum Ergebnis von 1994 (18.5%) zurückkehren, fielen jedoch 2014 wie bei der zeitgleich stattfindenden Landtagswahl in Sachsen auf 12.4% ab.

In den alten Bundesländern war die Entwicklung zwar nicht ganz so dramatisch wie in den neuen Bundesländern, aber auch hier wurden einige Regierungen abgelöst. Den Höhepunkt bildete die bereits erwähnte Wahlniederlage im sozialdemokratischen Stammland Nordrhein-Westfalen.

Obwohl eine Wahl nach der anderen verlorenging, skandierte die Parteiführung unbeirrt und immer lauter, daß die Agenda 2010 ohne Alternative sei und sie den Menschen nur »richtig« erklärt werden müsse. Die zahlreichen Warnschüsse aus den Bundesländern, in denen die Menschen der SPD teilweise in Scharen davonliefen, bewirkten in der Parteispitze keinerlei Umdenken. Nicht einmal ein Hauch von Selbstkritik wehte durch die Regierung Schröder.

Die Entwicklung ging einher mit einem erheblichen Verlust an Mitgliedern, die die Partei aus Enttäuschung über die Agenda 2010 verließen. Dies gipfelte in der Entstehung der Linkspartei als Folge der Agenda 2010 und der vorgezogenen Neuwahl im Jahr 2005.

Daß die Gründung der Linkspartei auch ein Ergebnis der Agenda 2010 war, wurde bereits oben beschrieben. Das angespannte Verhältnis, welches zwischen SPD und Linkspartei besteht, soll weiter unten noch berichtet werden. Zweifelsfrei hatte die Gründung der WASG und deren Zusammenschluß mit der PDS zur Linkspartei den Sozialdemokraten weitere Mitglieder gekostet, die nun in der Linkspartei jene sozialdemokratische Programmatik erkannten, für die sie eigentlich im Jahr 1998 eine rot-grüne Koalition an die Regierung gewählt hatten. Wenngleich auch immer wieder insbesondere bei der CDU/CSU mit Blick auf die Linkspartei die Rede von Kommunisten ist, hat sich die Linkspartei inzwischen zu einer linken sozialdemokratischen Partei entwickelt, die insbesondere in den neuen Bundesländern den Charakter einer Volkspartei hatte. Dies mochte für die SPD bitter sein, zumal sich die Partei nach wie schwer damit tut, die Linkspartei als einen Partner für neue Mehrheiten zu betrachten. Denn die Voraussetzung für eine Zusammenarbeit mit der Linkspartei wären Korrekturen, beziehungsweise die Revision der Agenda 2010 gewesen, die in den 2000er Jahren innerhalb der Führungsgremien der SPD noch weitgehend unumstritten war.

Gleichwohl zeigt sich auch im Jahr 2016 keine Besserung. Denn ein weiterer schwerer Schlag folgte bei den Landtagswahlen in Baden-Württemberg und Sachsen-Anhalt am 13. März 2016. Während die SPD in Rheinland-Pfalz gegen den Bundestrend und gegen die Prognosen im Vorfeld der Landtagswahl stärkste Kraft wurde, stürzten die Sozialdemokraten in Baden-Württemberg und Sachsen-Anhalt ab und lagen in beiden Bundesländern gar hinter der rechtspopulistischen AfD.

Im Jahr 2017 konnte die CDU erneut die Mehrheit in Nordrhein-Westfalen gewinnen. Die SPD verlor und fiel von 39.1% im Jahr 2012 auf 31.2%. Die Linkspartei scheiterte mit 4.9% knapp an der Sperrklausel. Ihr Einzug in das Landesparlament hätte eine Koalition aus CDU und FDP verhindert.

Auch in Schleswig-Holstein verlor die SPD 3.1 Prozentpunkte. Einzig in Niedersachsen konnte die SPD im Jahr 2017 zulegen und erreichte 36.9% (nach 32.6% im Jahr 2013).

Tabelle 1: Wahlergebnisse der SPD in den Bundesländern

Bundesland	Jahr	Anteil in Prozent
Baden-Württemberg	2016	12.7
Bayern	2018	9.7
Berlin	2011	28.3
Brandenburg	2014	31.9
Bremen	2015	32.8
Hamburg	2015	45.6
Hessen	2018	19.8
Mecklenburg-Vorpommern	2011	35.6
Niedersachsen	2017	36.9
Nordrhein-Westfalen	2017	31.2
Rheinland-Pfalz	2016	36.2
Saarland	2017	29.6
Sachsen	2014	12.4
Sachsen-Anhalt	2016	10.6
Schleswig-Holstein	2017	27.3
Thüringen	2014	12.4

Ergebnisse der Wahlen: http://www.wahlergebnisse.info/ (zuletzt aufgerufen: 25.08.2024).

Damit schienen letztendlich auch die Zeiten vorbei zu sein, in denen die SPD in Bundesländern die absolute Mehrheit erreichte und alleine regieren konnte. Abgesehen von dem Trend, daß absolute Mehrheiten ohnehin seltener wurden, zeigte sich bei den Sozialdemokraten, daß es ihnen mittlerweile schwer fiel, überhaupt auch nur die 40%-Marke zu überwinden, was ihr in jener Zeit nur in Hamburg gelungen war.

Auch in früheren Hochburgen wie Nordrhein-Westfalen, Saarland und Brandenburg, in denen Sozialdemokraten mit absoluter Mehrheit regierten, hatten sie Probleme, an alte Erfolge anzuknüpfen. Um an der Regierung beteiligt zu sein, waren die Sozialdemokraten mehr und mehr auf starke Koalitionspartner angewiesen.

Mit dem Wahlabend vom 13. März 2016 schien sogar die Zwei-Parteien-Koalition der Vergangenheit anzugehören: In allen drei Bundesländern, in denen gewählt wurde, sah es zunächst danach aus, als würde es zu Drei-Parteien-Konstellationen kommen. In Baden-Württemberg hätte eine Koalition aus Grüne, SPD und FDP eine Mehrheit gehabt, hätten sich Grüne und CDU im Mai 2016 nicht auf eine gemeinsame Regierung geeinigt. In Rheinland-Pfalz wurde im April 2016 eine Koalition aus SPD, Grünen und FDP gebildet. Ebenfalls im April entstand in Sachsen-Anhalt eine Koalition aus CDU, SPD und Grünen.

Noch im Vorfeld der Landtagswahlen erklärte Sigmar Gabriel angesichts des sich abzeichnenden Desasters, daß er nicht zurücktreten werde. Der Wahlsieg Malu Dreyers in Rheinland-Pfalz durfte ihn letztlich davor bewahrt haben, trotz dieser Ankündigung zurücktreten zu müssen. Denn es zeigte sich auch an diesen Wahlergebnissen, daß es der SPD nachhaltig nicht gelang, aus dem Tal, in das sie während der Umsetzung der Agenda 2010 gestürzt war, wieder herauszukommen.

Zugleich zeigte die Parteispitze keine Bereitschaft, sich aus der babylonischen Gefangenschaft der CDU zu befreien und offen für Bündnisse mit der Linkspartei zu werben. Dem stand bis in die 2010er Jahren entgegen, daß nach wie vor das Erbe Schröders, also die Agenda 2010, nicht offensiv in Frage gestellt werden sollte, wenngleich schon der eine oder andere Ruf nach deren Modifikation erklang.

Insbesondere in den neuen Bundesländern wurde die Lage für die SPD bedrohlich: In drei von fünf Bundesländern auf dem Gebiet der ehemaligen DDR erreichten die Sozialdemokraten nicht einmal 15% der abgegebenen Stimmen bei den Landtagswahlen. Von einer »Volkspartei« war hier schon praktisch nicht mehr zu sprechen.

Am 13. März 2016 mochten die Wahlergebnisse in den Bundesländern der besonderen Situation mit der Debatte um die Flüchtlinge verbunden sein. Entgegen der Rhetorik der AfD hatte es bei den Landtagswahlen allerdings keine Mehrheit gegen die Politik der Hilfe für die Flüchtlinge gegeben, denn sonst müßte ja die rechtspopulistische Partei an irgendeiner Regierung teilhaben können, was nicht der Fall war. Dem stand gegenüber, daß es allerdings den Sozialdemokraten in Baden-Württemberg und Sachsen-Anhalt nicht gelungen war, mit ihren Themen bei der Bevölkerung durchzudringen. Auch Gabriels Versuch, kurz vor den Landtagswahlen auf der sozialpolitischen Klaviatur zu spielen, scheiterte an der mangelnden Glaubwürdigkeit. Daß die Sozialdemokraten mit der Agenda 2010 ihre sozialpolitische Kompetenz eingebüßt hatten, wirkte auch noch in den 2010er Jahren fort.

Kurz vor der Wahl, also in den letzten Tagen des Februar 2016, forderte Gabriel, daß neben der Hilfe für Flüchtlinge auch soziale Maßnahmen für die einheimische Bevölkerung getroffen werden müßten, damit nicht der Eindruck entstünde, daß für die Flüchtlinge Geld da sei, für deutsche Menschen in prekären Situationen nicht. Finanzminister Schäuble reagierte mit scharfer Ablehnung auf diese Forderung und nannte sie erbärmlich.[66]

Der SPD-Chef hatte zwar durchaus erkannt, daß es auf Dauer auch Wahlkampfmunition für die AfD bedeuten könnte, wenn für die Flüchtlinge Geld ausgegeben wird, gleichzeitig jedoch im sozialen Bereich für die deutsche Bevölkerung der Sparkurs fortgesetzt und die »schwarze Null« als wichtiger als alles andere betrachtet wurde. Denn eine solche Politik konnte dazu führen, daß die Rechtspopulisten die Menschen in Not gegeneinander ausspielen. Gleichwohl aber fehlte der SPD seit der Agenda 2010 die Glaubwürdigkeit in der Sozialpolitik, denn sowohl das niedrige Niveau, auf dem Hartz-IV-Empfänger leben mußten, als auch die Absenkung des Rentenniveaus waren das politische Erbe der rot-grünen Regierungen Gerhard Schröders. So lange die SPD nicht eingestand, daß die Agenda 2010 ein Fehler und diese Entscheidungen zu revidieren war, würde der Partei nicht geglaubt, wenn sie sich sozialpolitisch äußerte, zumal wenn sie so knapp vor Wahlen auf die Idee kam, dies zu tun.

So dürfte ein Teil der Erklärung für das schlechte Wahlergebnis bei der Bundestagswahl 2013 ebenso hierin liegen wie für die schlechten Ergebnisse in Brandenburg und Sachsen-Anhalt.

Zugleich zeigt sich, daß rechtspopulistische Parteien in Deutschland nach wie vor mit einer Anti-Ausländer-Politik auf Stimmenfang gehen konnten und dies selbst dann funktionierte, wenn

---

[66] vgl. Rossmann, Robert: *Streit über »Jähzorn-Attacke« Schäubles.* Süddeutsche Zeitung, 29.02.2016, S. 1

diese Ausländer in höchster Not nach Deutschland flohen. Hieran waren Vertreter etablierter Parteien nicht unschuldig, wenn sie zum Beispiel darüber sinnierten, daß es Syrien auch Gebiete gebe, in denen kein Krieg herrsche und in die man Flüchtlinge abschieben könnte.[67]

Auch das zwischen der EU und der Türkei verhandelte Abkommen, nach dem Flüchtlinge, die illegal über die Türkei nach Griechenland gekommen waren, wieder pauschal in die Türkei zurückgeschoben werden konnten, zeugte von einer erheblichen Gleichgültigkeit gegenüber dem Schicksal der Flüchtlinge und von einer erheblichen Ignoranz im Hinblick auf das Schicksal der Kurden in der Türkei. Hier spielte die deutsche Regierung unter tatkräftiger Mitwirkung der SPD Populisten wie jenen in der AfD in die Hände, indem sie teilweise tat was die Vertreter der »Alternative für Deutschland« fordern. Längst ging es nicht mehr um »Wir schaffen das«, sondern um »Wie werden wir möglichst viele Flüchtlinge los?«. Über das Versagen Europas, den Menschen aus den Kriegsgebieten zu helfen, ließe sich ein eigenes Buch schreiben. Der Egoismus vieler europäischer Staaten bedrohte mittlerweile das Projekt Europa und führt vor, daß Europa nach wie vor eine Wirtschafts- aber keine politische Union war. Die hohen moralischen Ansprüche, die in der EU teilweise erhoben wurden, gingen mit den Flüchtlingsbooten in Mittelmeer unter, denen zu helfen sich einzelne EU-Staaten gar offensiv weigerten.

Die Debatte um die Flüchtlingsfrage prägte die Landtagswahlen ohne jeden Zweifel. Gleichwohl konnte sie nicht als Ausrede für das schlechte Abschneiden der SPD in Baden-Württemberg und Sachsen-Anhalt herhalten, denn hier setzte sich ein Trend fort, der während der Agenda 2010 begonnen hatte, also lange, bevor überhaupt der Krieg in Syrien ausgebrochen war. Zudem zeigte das Abschneiden Malu Dreyers in Rheinland-Pfalz, daß der Einsatz für sozialpolitische Ziele zum Erfolg führen konnte, wenn dies mit Überzeugung und Glaubwürdigkeit verbunden war. Und dies umso mehr, wenn im konservativen Lager eine kaltherzige Kandidatin stand, die mit Sozialpolitik wenig am Hut hatte.

Rudolf Dreßler, wichtigster Sozialpolitiker der SPD während der 1980er und 1990er Jahre, kritisierte nach den Landtagswahlen im März 2016 folgerichtig in einem Interview für das Politik-Magazin »Monitor« den sozialpolitischen Kurs der SPD und den Umstand,

---

[67] vgl. Rossmann, Robert: *CSU-Politiker: Auch nach Syrien abschieben.* Süddeutsche Zeitung, 09.09.2015, S. 6

daß der linke Flügel der Partei gemobbt wurde.[68] In dem Interview forderte er die Korrektur der Agenda 2010, weil die SPD ansonsten eine weitere neoliberale Partei an der Seite der Union sei. Als strategischen Fehler betrachtete Dreßler, daß die SPD ohne Not die Zusammenarbeit mit der Linkspartei ausgeschlagen und sich in die Fänge der Union begeben hatte.[69]

Bevor es nun vertieft um Koalitionspolitik geht, soll es noch einen Nachruf im Zusammenhang mit der Agenda 2010 geben, der jedoch nicht von Trauer getragen wird.

Nachruf: »Christliche Gewerkschaften«

Im Dezember 2010 war es soweit: Den »Christlichen Gewerkschaften für Zeitarbeit und Personalserviceagenturen« (CGZP) wurde vom Bundesarbeitsgericht die Tariffähigkeit aberkannt. Dies war insbesondere für die betroffenen Zeitarbeitsfirmen von Bedeutung, denn der Verlust der Tariffähigkeit bedeutete unter anderem, daß die geschlossenen Tarifverträge nichtig waren.

Zur Tariffähigkeit zählten Voraussetzungen wie die Bereitschaft zum Arbeitskampf sowie ein Organisationsgrad, der die Durchsetzung gewerkschaftlicher Forderungen ermöglichte. Überdies durften die Tarifparteien nicht fremdbestimmt sein, also zum Beispiel durften Gewerkschaften nicht finanziell abhängig von den Arbeitgebern sein. Teilweise gab es zu der Zeit Fälle, in denen Gewerkschaften von Arbeitgebern gegründet und der Beitrag direkt von den Arbeitgebern an die »Gewerkschaft« überwiesen wurde. Dies hatte natürlich nichts mit effektiver Interessenvertretung der Arbeitnehmerschaft zu tun und war unzulässig.

Den Firmen, die die Arbeitnehmer für billigste Löhne entliehen hatten, konnte das egal sein, denn die Entlohnung schuldeten nicht etwa die Firmen, die sich die Arbeitnehmer ausgeliehen hatten, sondern die Zeitarbeitsfirmen.

Zu diesem Konstrukt sei eine kurze Erklärung gegeben: Zeitarbeit ist ein vertragliches Dreiecksverhältnis: Die Arbeitnehmer schließen einen Vertrag mit der Leiharbeitsfirma ab, die dann auch den Lohn schuldet. Die Leiharbeitsfirma hingegen leiht die Arbeitnehmer an die Firmen aus, in denen die Leiharbeiter ihre Arbeit

---

[68] Das Interview ist bis zum 18.03.2017 hier abrufbar: http://www1.wdr.de/daserste/monitor/videos/video-monitor-interview-mit-rudolf-dressler-spd-100.html (zuletzt aufgerufen: 25.08.2024)
[69] vgl. ebd.

leisten. Zwischen der ausleihenden Firma und den Leiharbeitern besteht kein vertragliches Verhältnis. Den Vertrag schließt die ausleihende Firma mit der Zeitarbeitsfirma, die wiederum für die Lohnzahlung verantwortlich ist.

Somit blieben die Firmen, die die Arbeitnehmer ausgeliehen haben, auch nach diesem Urteil die Gewinner des Modells, denn die Verträge zwischen ihnen und den Leiharbeitsfirmen waren von dieser Entscheidung nicht betroffen. Den Lohn und die entsprechenden Sozialversicherungsbeiträge hatten die Leiharbeitsfirmen nachzuzahlen. Laut Gesetz waren bei Leiharbeit die gleichen Löhne zu zahlen wie sie bei Stammbelegschaft im Entleihbetrieb üblich waren es sei denn, tariflich wurde etwas anderes vereinbart. Mit der Entscheidung, der CGZP die Tariffähigkeit zu entziehen, war jedoch auch der Tarifvertrag nichtig und es galt die eben genannte gesetzliche Regelung.

Mitleid mit den Leiharbeitsfirmen war indes nicht angebracht. Denn, die Tariffähigkeit der »christlichen Gewerkschaften« stand nicht erst seit Dezember 2010 in Zweifel. Denen und den Leiharbeitsfirmen, die mit ihnen die Tarifversträge abgeschlossen hatten, fiel ihr ausbeuterisches Modell nun direkt und unmittelbar auf die Füße.

Unterdessen hatten die DGB-Gewerkschaften den betroffenen Arbeitnehmer bereits Hilfe beim Einklagen ihrer berechtigten Forderungen angeboten. Denn dieses Urteil bedeutete, daß tausende Arbeitnehmer, die vom Tarifvertrag mit der CGZP betroffen waren, Anspruch auf Lohnnachzahlungen hatten. Überdies standen die Sozialversicherungen bei den ehemaligen Kunden der CGZP auf der Matte und wollten die entsprechenden Nachzahlungen der Sozialversicherungsbeiträge haben. Auch dies war wichtig für die Arbeitnehmer, weil insbesondere durch Nachzahlungen gegenüber der Rentenversicherung ihr Rentenanspruch stieg. Es war somit in der Tat jedem Betroffenen dringend zu empfehlen, seine Ansprüche geltend zu machen.

Durch das Urteil gerieten nun jene Zeitarbeitsfirmen in Schwierigkeiten, die sich auf das Abenteuer mit den »christlichen Gewerkschaften« eingelassen hatten. Denn die entsprechenden Nachforderungen konnten durchaus auch zum Bankrott der einen oder anderen Firma führen. Wäre das ein Grund zum Weinen? Wohl kaum, so lange die entsprechenden Firmen zuvor oder aus der Konkursmasse die offenen Rechnungen beglichen hätten.

Anderer Meinung war jedoch die CDU. Die Partei, die ansonsten immer gerne von Eigenverantwortung spricht und staatliche Hilfen beschneiden möchte, warf sich nunmehr für die Zeitarbeitsfirmen in die Bresche. Am 29.02.2012 berichtete Plusminus über eine Initiative der CDU, die durch eine Gesetzesänderung dafür sorgen wollte, daß die Zeitarbeitsfirmen die Löhne nicht nachzahlen mußten. Nachdem die Zeitarbeitsfirmen mit den Dumping-Tarifverträgen der »christlichen Gewerkschaften« ausgebeutet und damit ihren Gewinn erhöht hatten, sollten nun die Arbeitnehmer von der Christlich-Demokratischen Union Deutschland auch noch der ihnen zustehenden Nachzahlungen beraubt werden. Der wirtschaftspolitische Sprecher der Unionsfraktion hängte sich gar dergestalt aus dem Fenster, von »Vertrauensschutz« der Zeitarbeitsfirmen zu sprechen, die auf die Gültigkeit der Tarifverträge hätten vertrauen können müssen.[70]

Daß auch die Zeitarbeitnehmer ein Recht auf Vertrauensschutz in den Rechtsstaat haben, kam dem CDU-Mann Joachim Pfeiffer offenbar nicht in den Sinn, denn sie müssen darauf vertrauen können, daß ihnen Ansprüche, die ihnen gerichtlich anerkannt werden, nicht einfach so per Gesetz wieder weggenommen werden. Im übrigen irrt Pfeiffer auch in der Hinsicht, daß die Zeitarbeitsfirmen auf die Tarifverträge der CGZP hätten vertrauen können müssen, denn, wie bereits erwähnt, stand die Tariffähigkeit der »christlichen Gewerkschaften« nicht erst seit dem Urteil in Frage. Wer mit solch zwielichtigen Einrichtungen Verträge abschließt, weil sie für ihn vorteilhaft sind, muß damit rechnen und auch dafür geradestehen, wenn ihm diese um die Ohren fliegen. Das wäre gelebte Eigenverantwortung.

Wer nun allerdings meinte, daß die Geschichte am Ende doch für jene, die mit den Billigsttarifverträgen der CGZP ausgebeutet wurden, durchweg gut ausgegangen war, wurde leider von der rauhen Realität eingeholt: Die Ansprüche verfielen nach drei Jahren (reguläre Verjährungsfrist), wovon zahlreiche Arbeitnehmer betroffen waren. Überdies hatten viele Arbeitgeber in die Arbeitsverträge geschrieben, daß Nachforderungen verfallen, wenn sie nicht nach drei Monaten geltend gemacht wurden.[71] Somit dürfte wohl der größere Teil der Billiglöhner ohne die entsprechende Nachzahlungen bleiben.

---

[70] vgl. http://www.ndr.de/unternehmen/presse/pressemitteilungen/pressemeldu ngndr9665.html (zuletzt aufgerufen: 25.08.2024)
[71] vgl. Süddeutsche.de: *Hohe Hürden für Nachzahlungen an Zeitarbeiter.* 14.03.2013 http://sz.de/1.1624015 (zuletzt aufgerufen: 25.08.2024)

Was also blieb übrig von dieser Geschichte? Die merkwürdige Auffassung des wirtschaftspolitischen Sprechers der CDU-Fraktion schien zu sein, daß den Interessen von Unternehmen die Rechtsstaatlichkeit zu opfern und gerichtlich ausgeurteilte Ansprüche der Arbeitnehmer per Gesetz einfach wegzuwischen seien. Dies sollten sich die Wähler auch vor Augen halten, wenn ein CDU-Mann sich selbst mal wieder zum »Arbeiterführer« ausruft, wie Jürgen Rüttgers in Nordrhein-Westfalen.

Gleichwohl darf nicht vergessen werden, daß sich der gesamte Vorgang auf die Agenda 2010 und der mit ihr einhergehenden Deregulierung der Zeitarbeit zurückführen läßt. Denn ohne den Passus im Gesetz, daß Zeitarbeitsfirmen beim Lohn durch Tarifvertrag – auch nach unten – vom Grundsatz der gleichen Bezahlung für gleiche Arbeit abweichen können, wäre das Modell der CGZP überhaupt nicht attraktiv gewesen. Dankenswerterweise hatten die Arbeitsgerichte dieses vom Gesetzgeber geschaffene Schlupfloch so gut es ging wieder geschlossen und zumindest unterbunden, daß Arbeitgeber mit Hilfe ihnen genehmer Scheingewerkschaften die Löhne noch ein wenig mehr drücken als es durch diese unselige gesetzliche Regelung von rot-grün bereits möglich war.

Rückblickend blieb das Thema der Scheingewerkschaften eine Episode in der Folgezeit der Agenda 2010. Wohl auch durch das Urteil zur CGZP wurde wohl jenen, die solche Projekte verfolgten, vor Augen geführt, welche Kosten solche vermeintlich »guten« Ideen nach sich ziehen konnten.

Teil III

Auf dem Weg in die Opposition

Verpaßte Mehrheiten: Koalitionen und Ausschlüsse

In Deutschland erreichten Parteien auf Bundesebene in der Regel keine absolute Mehrheit und waren somit auf Koalitionen zur Regierungsbildung angewiesen. Auf der Ebene der Bundesländer waren in den letzten Jahren mit den Veränderungen im Parteiensystem absolute Mehrheiten immer seltener geworden. Oftmals handelte es sich bei Alleinregierungen von SPD oder CDU/CSU. Überdies erreichten die Parteien immer wieder nicht »echte« absolute Mehrheiten, also mehr als 50 Prozent der Wählerstimmen direkt bei der Landtagswahl, sondern absolute Mehrheiten der Mandate. Diese waren darauf zurückzuführen, daß nicht alle Stimmen der Wähler bei der Mandatsvergabe berücksichtigt wurden, weil die entsprechenden Parteien an der Sperrklausel scheitern. Selbst die »triumphale« Alleinregierung Horst Seehofers nach der Landtagswahl in Bayern 2013 kam auf diese Weise zustande, denn die CSU errang 47.7% und damit eigentlich nicht die Mehrheit der abgegebenen Stimmen. Weil aber FDP, Linkspartei, ÖDP und noch einige andere Parteien an der Sperrklausel scheiterten, reichte es am Ende bei der Mandatsverteilung für die Alleinregierung der CSU. Auch Olaf Scholz regiert in Hamburg mit 48.4% der abgegebenen Stimmen alleine.

Echte absolute Mehrheiten in den Bundesländern kommen vergleichsweise selten vor. Seit 1990 gab es elf Landesregierungen, die sich auf mehr als die Hälfte der abgegebenen Stimmen stützen konnten, nämlich Bayern (4; 1990 – 2003), Brandenburg (1, 1994), Nordrhein-Westfalen (1, 1990), Saarland (1, 1990), Sachsen (3, 1990 – 1999), Thüringen (1, 1999). Diese Aufstellung zeigt, daß es der Landtagswahl 2003 in Bayern keiner Partei gelungen war, bei einer Landtagswahl mehr als 50 Prozent der Stimmen auf sich zu vereinen, was mit dem Wandel des Parteiensystems zusammenhing.

Doch schon seit je her waren auch in den Bundesländern Koalitionen die Regel. Hier hatte sich die Festlegung der SPD, mit der Linkspartei nur in Ausnahmefällen gemeinsam zu regieren, mehrmals nachteilig für die Koalitionsoptionen der Sozialdemokraten ausgewirkt. Grob läßt sich sagen, daß die SPD mit der Linkspartei nur dann regierte, wenn es um ein ostdeutsches Bundesland ging und die SPD stärker war als die Linkspartei. Dies änderte sich erst bei der Landtagswahl 2014 in Thüringen, als die

SPD dort ihre Rolle als Juniorpartner der Linkspartei unter dem Ministerpräsidenten Bodo Ramelow akzeptierte.

Zuvor bildeten die Sozialdemokraten in Brandenburg, Mecklenburg-Vorpommern und Berlin Koalitionen mit der Linkspartei, in denen die SPD stärkste Kraft war und den Ministerpräsidenten stellte. In Sachsen, Sachsen-Anhalt und Thüringen war seit einigen Jahren die Linkspartei zweite Kraft nach der CDU. Hier folgte die SPD erst als drittstärkste Kraft.

So kam es, daß in Thüringen 2009 und in Sachsen-Anhalt 2011 die SPD lieber Juniorpartner bei der CDU statt bei der Linkspartei wurde. In Thüringen beanspruchte die SPD gar, den Ministerpräsidenten in einer Koalition mit der Linkspartei stellen zu wollen, obwohl die SPD um neun Prozentpunkte schwächer war als die Linkspartei.

Es hatte sich als guter demokratischer Brauch in der Bundesrepublik eingebürgert, daß in einer Koalition die stärkere Partei den Ministerpräsidenten stellte. Daß die SPD in Thüringen nun eine Änderung dieser Gepflogenheit forderte, stieß in der Öffentlichkeit kaum auf Kritik, denn gerne wurde unterstellt, daß die Linkspartei ein problematisches Verhältnis zur Demokratie hätte. Gleichwohl zeigte hier eher die SPD ein Problem mit der Demokratie gegenüber der Linkspartei, als sie den Verzicht auf das Amt des Ministerpräsidenten forderte. Und obwohl die Linkspartei – wohl entgegen der Erwartung und vielleicht auch Hoffnung der Sozialdemokraten – dieser Forderung auch noch nachzukommen bereit war, gab die SPD der CDU den Vorzug – und dies, ohne das Amt des Ministerpräsidenten zu fordern. Was sich die Sozialdemokraten gegenüber der Linkspartei anmaßten, trauten sie sich gegenüber der CDU nicht. Und auch in Baden-Württemberg hatte die SPD kein Problem damit, Juniorpartner in einer Koalition mit den Grünen zu sein.

Auch in Sachsen-Anhalt kam es nicht zu einer Koalition mit der Linkspartei, obwohl die Mehrheit gereicht hätte. Das unter Reinhard Höppner bewährte Modell der Minderheitsregierung unter Tolerierung der Linkspartei wurde nicht erneut angestrebt. Als nach der Landtagswahl in Hessen 2008 die koalitionspolitische Situation verfahren war, strebte die Spitzenkandidatin Andrea Ypsilanti ein Duldungsmodell durch die Linkspartei an, zu dem es schließlich nicht kam.

Bemerkenswert waren auch Vorgänge in Westdeutschland. Im Saarland hätte es 2009 für eine Koalition aus SPD, Linkspartei und

Grünen gereicht. Nach einigem Hin- und Her und nachdem die Bundestagswahl 2009 abgewartet worden war, entschieden sich diesmal die Grünen, einer solchen Koalition nicht beizutreten. Statt dessen gingen sie eine Koalition mit CDU und FDP ein und bildeten eine sogenannte »Jamaika-Koalition« (nach den Nationalfarben schwarz-gelb-grün von Jamaika) oder auch »Schwampel« (Ampel, nur eben mit Schwarz statt Rot). Zur Rechtfertigung dieser Entscheidung hoben die Grünen hervor, daß sie in dieser Konstellation die Abschaffung der Studiengebühren durchgesetzt hätten, die die CDU im Saarland eingeführt hatte. Ein eher hilfloser Versuch der Rechtfertigung, denn die Abschaffung der Studiengebühren hätte auch eine rot-rot-grüne Koalition beschlossen und dies darüber hinaus ohne großartige Verhandlungen zu führen, denn diese Forderung hatten alle drei Parteien im Wahlprogramm.

Später wurden obskure Parteispendengeschichten bekannt: Der Unternehmer Hartmut Ostermann (FDP) soll unter anderem den Grünen im Saarland eine erhebliche Spende überreicht haben.[1] Die Grünen wiesen den Vorwurf zurück, sich in die Jamaika-Koalition kaufen gelassen zu haben. Am Ende schadete ihnen die Episode nicht besonders. Während die »Schwampel« nach gut zwei Jahren an den Streitereien in der FDP scheiterte und diese bei den darauf folgenden Wahlen von 9.2% auf 1.2% abstürzten, konnten sich die Grünen mit 5.0% noch geradeso über die Sperrklausel retten. Regiert wurde das Saarland danach von einer großen Koalition aus CDU und SPD.

Nicht minder dramatisch gestalteten sich die Koalitionsgespräche in Nordrhein-Westfalen im Jahr 2010. Im Vorfeld der Landtagswahl hatte Hannelore Kraft sich eine Hintertür zur Zusammenarbeit mit der Linkspartei offengelassen. Gelernt hatte sie aus dem Desaster, welches Andrea Ypsilanti zugestoßen war, worauf weiter unten noch einzugehen sein wird.

Hannelore Kraft schloß vor der Landtagswahl die Zusammenarbeit mit der Linkspartei nicht aus. Ihr Ziel sei jedoch Rot-Grün ohne Linkspartei, verkündete sie, und suchte den demonstrativen Schulterschluß mit der Grünen-Spitzenkandidatin Sylvia Löhrmann.

Nach der Wahl waren die Mehrheitsverhältnisse in Nordrhein-Westfalen schwierig. Auch hier zogen sich die Sondierungsge-

---

[1] vgl. *Ostermanns Spenden.* Süddeutsche Zeitung, 04.03.2010, S. 6

spräche und Koalitionsverhandlungen über mehrere Wochen hin bis sich Hannelore Kraft schließlich zur Ministerpräsidentin einer Minderheitsregierung wählen ließ. Dabei legte sie Wert auf die Feststellung, nicht von der Linkspartei geduldet zu sein, sondern einen neuen Politikstil einführen zu wollen. 2012 scheiterte die Minderheitsregierung an einem Haushaltsstreit. Ironischerweise sorgte die FDP mit ihrem Abstimmungsverhalten für Neuwahlen, die der rot-grünen Koalition eine eigene Mehrheit verschaffte.

Symptomatisch waren indes die Gespräche von SPD und Grünen mit der Linkspartei. Während des Landtagswahlkampfes hatten sich viele Übereinstimmungen in den politischen Zielen zwischen SPD, Grünen und Linkspartei gezeigt, unter anderem bei der Reform des Schulwesens und bei der Abschaffung der Studiengebühren.

Trotzdem endeten die Sondierungsgespräche relativ schnell mit dem Ergebnis, daß es keine rot-rot-grüne Koalition geben würde. Dabei scheiterten die Gespräche nicht an inhaltlichen landespolitischen Unterschieden sondern an der Haltung der Linkspartei zur DDR, teilten SPD und Grüne anschließend mit. Über die DDR sei mehr gesprochen worden als über die Probleme des Landes Nordrhein-Westfalen.[2] Die Grünen wollten bei diesem Gespräch die Linkspartei einem »Demokratietest« unterziehen, indem sie die Linken-Delegation ein Papier unterschreiben lassen wollten, in dem die DDR als Unrechtsstaat bezeichnet wurde. Weil die Delegation der Linkspartei das Papier an Westverhältnisse angleichen und auch über die Berufsverbote diskutieren wollte, endete die Runde bereits nach fünf Stunden. Auch in Thüringen haben die Grünen der Linkspartei ein solches Papier vorgelegt.[3]

Zutreffend vergleicht Heribert Prantl in einem Kommentar in der Süddeutschen Zeitung solche »Demokratietests« mit dem Grüßen des Geßler-Hutes im Wilhelm Tell und führt aus: »Die verbale Besessenheit auf das Wort ›Unrechtsstaat‹ hat etwas Gesslerhuthaftes. Es ist unbestreitbar, dass die DDR eine Diktatur war und dort das Recht systematisch gebeugt wurde. Trotzdem nervt die Selbstgefälligkeit derer, die das laute Grüßen des Worts ›Unrechtsstaat‹ zum Prüfstein für demokratische Gesinnung machen wollen.«[4] Dies seien, so Prantl, die Debatten von gestern, die von

---

[2] vgl. Dörries, Bernd: *Weder Koalitions- noch regierungsfähig.* Süddeutsche Zeitung, 21.05.2010, S. 6
[3] vgl. ebd.
[4] Prantl, Heribert: *Der Gauck-Pegel.* Süddeutsche Zeitung, 03.11.2014, S. 4

Leuten von gestern geführt würden.[5] Die Motivation blieb allerdings nach wie vor dieselbe: Koalitionen mit der Linkspartei sollten unter solchen Vorwänden verhindert werden, weil die Verhinderer kein Interesse an den Politikentwürfen hatten, die in Konstellationen unter Einbeziehung der Linkspartei durchsetzbar wären.

Es war angesichts einer solchen Strategie nicht verwegen anzunehmen, daß das Scheitern der Gespräche von SPD und Grünen gewollt war. Nach außen konnte somit kommuniziert werden, daß der Versuch gemacht wurde, jedoch am Unwillen der Linkspartei gescheitert sei, die DDR doch endlich als Unrechtsstaat zu bezeichnen, und somit im Grunde auch ein Unwert-Urteil über die Vergangenheit der Menschen in der DDR zu fällen.[6] Noch bis in die jüngste Vergangenheit war das Gefühl in den neuen Bundesländern weit verbreitet, Bürger zweiter Klasse zu sein, deren Lebensleistung in der DDR nicht anerkannt würde. Auch der Umstand, daß über dreißig Jahre nach der deutschen Einheit Führungspositionen in den neuen Ländern vor allem von Westdeutschen besetzt waren, führte zu einer Spaltung des Landes, die bis in die 2020er Jahre auch im Wahlverhalten ablesbar geblieben war.

Lächerlich war die Aktion von SPD und Grünen in Nordrhein-Westfalen schon deshalb, weil sie den Eindruck erweckte, das Land habe im Mai 2010 kein größeres Problem als die Haltung der Linkspartei zur DDR. Am Ende wurde Hannelore Kraft wohl doch mit den Stimmen der Linkspartei zur Ministerpräsidentin gewählt, was allerdings wegen der geheimen Wahl nur vermutet werden konnte. Klar war hingegen, daß die Studiengebühren in Nordrhein-Westfalen gemeinsam mit der Linkspartei abgeschafft wurden – trotz deren Haltung zur DDR.

Die erste rot-rot-grüne Koalition in Westdeutschland ließ somit vergleichsweise lange auf sich warten und entstand nicht in einem Flächenland sondern einem Stadtstaat. In Bremen wurde im Jahr 2019 eine rot-rot-grüne Regierung gewählt, die im Jahr 2023 bestätigt wurde. Dabei konnte die Linkspartei in einem westlichen Bundesland ihr Ergebnis in etwa halten, was für die Akzeptanz der Partei und ihrer Leistung in der Regierung sprach.

---

[5] vgl. ebd.
[6] vgl. ebd.

Hessische Geschichten, Teil 1

Im Vorfeld der Landtagswahl in Hessen im Januar 2008 hatte sich die sozialdemokratische Spitzenkandidatin Andrea Ypsilanti dazu drängen lassen, eine Zusammenarbeit mit der Linkspartei auszuschließen. Am Wahlabend des 27. Januars 2008 rächte sich diese Entscheidung, allerdings nicht nur für die Sozialdemokraten: Weil nicht nur die SPD sondern auch alle anderen Parteien zahlreiche Koalitionsmöglichkeiten ausgeschlossen hatten, das Ergebnis der Landtagswahl aber keine der Wunschkoalitionen ermöglichte, war die Politik in Hessen blockiert. Eine der Folgen war, daß die Regierung Roland Kochs, die an jenem Abend eigentlich abgewählt worden war – die bis dato alleinregierende CDU hatte zwölf Prozentpunkte verloren –, fast ein Jahr lang geschäftsführend im Amt blieb, ohne über eine eigene Mehrheit im Landtag zu verfügen.

Zwei Optionen boten sich nun an: Entweder mußte eine Partei über ihren Schatten springen und ihre Koalitionsaussagen von vor der Wahl korrigieren oder aber es mußte Neuwahlen geben. Andrea Ypsilanti entschied sich dafür, ihre Koalitionsaussage zu korrigieren, und eine von der Linkspartei tolerierte Minderheitsregierung anzustreben. Nicht nur die CDU heulte auf und beschuldigte sie des Wortbruchs. Auch aus der SPD kam Kritik an ihrer Vorgehensweise bis hin in die hessische SPD. Daß sie vor der Wahl auch erklärt hatte, die CDU ablösen zu wollen, führte indes nicht dazu, daß eine große Koalition als Wortbruch gedeutet worden wäre. Hier durfte sich Andrea Ypsilanti vorhalten lassen, daß sie keinen Versuch gemacht habe, eine große Koalition ohne Roland Koch zu bilden.[7]

Peer Steinbrück, Kanzlerkandidat des Jahres 2013, schrieb in seinem Buch »Unterm Strich« mehrfach über diesen Vorgang. Er warf Ypsilanti vor zu glauben, daß der Wortbruch gerechtfertigt sei, um an die Macht zu gelangen. Sie irre, so Steinbrück, wenn sie glaube, daß das Versprechen eines Politikwechsels wichtiger sei als das Versprechen über die Koalitionsabsichten.[8] Für Steinbrück also war das Versprechen, nicht mit der Linkspartei zu koalieren, wichtiger als die Einhaltung der weiteren Wahlversprechen wie zum jenes zur Abschaffung der Studiengebühren. Steinbrück echauffierte sich nunmehr über den Vergleich des »Wortbruchs«

---

[7] vgl. Sturm, Daniel Friedrich: *Wohin geht die SPD?* S. 356
[8] vgl. Steinbrück, Peer: *Unterm Strich.* S. 337

bei der Koalitionsaussage mit dem bezüglich der Mehrwertsteuererhöhung. Die SPD hatte im Bundestagswahlkampf 2005 angesichts der Ankündigung der CDU, die Mehrwertsteuer um zwei Prozentpunkte erhöhen zu wollen, diese Steuererhöhung als »Merkelsteuer« bezeichnet und erklärt, daß sie diese ablehne. Nachdem die SPD anschließend mit der CDU eine große Koalition vereinbart hatte, stimmte sie einer Mehrwertsteuererhöhung um drei Prozentpunkte zu.

Dies aber, so Steinbrück, sei eben mit dem Wortbruch, nicht mit der Linkspartei zu koalieren, nicht vergleichbar, denn: »Der hessische Wortbruch erschütterte die Vertrauensbasis der SPD auf das schwerste und wirkt bis heute nach«.[9] In geradezu grotesker Weise bagatellisierte Steinbrück hier den Wortbruch der SPD bei der Mehrwertsteuer, als habe diese im Bundestagswahlkampf nicht massiv mit der »Merkelsteuer« geworben und sich hier eindeutig positioniert. Und letztlich hatte der Wortbruch bei der Mehrwertsteuer auch dem Machterwerb gedient, war er doch einer der Grundlagen zur Beteiligung der SPD an der Koalition mit der CDU und der CSU. Überdies dürfte die Behauptung Steinbrücks, die Kurskorrektur Ypsilantis habe die Vertrauensbasis der SPD auf das Schwerste erschüttert, der Wortbruch bei der Mehrwertsteuer hingegen nicht, eine gewagte These sein, denn es gab viele Wähler, bei denen der Wortbruch bei der Mehrwertsteuer deutlich mehr nachwirkte als die Korrektur der Koalitionsaussage Ypsilantis.

Nicht jedoch der Wortbruch bei der Mehrwertsteuer, sondern der Wortbruch Ypsilantis wirkte nach Steinbrücks Meinung bis zur Bundestagswahl 2009 fort und war mitverantwortlich für das Desaster an jenem Wahlabend.[10]

Überdies befand Steinbrück, daß Andrea Ypsilanti keinen Wahlsieg errungen habe. Sie habe einen Wahlerfolg errungen, lag aber um 3500 Stimmen hinter der CDU. Somit habe sie keinen *demokratischen* Wahlsieg errungen.[11] Also reichte es für Steinbrück nicht aus, Ypsilanti nicht nur den Wahlsieg abzusprechen, schon gar nicht sei dieser demokratisch gewesen. Gleichwohl verschwieg Steinbrück, daß die SPD 7.6 Prozentpunkte hinzugewonnen, während die CDU zwölf Prozentpunkte verloren hatte. Betrachtete Steinbrück angesichts dieser Zahlen tatsächlich die CDU

---

[9] ebd. S. 338
[10] vgl. ebd.
[11] vgl. ebd. S. 452

als Wahlsieger?

Allein schon die Dramatisierung dieses Vorgangs gegenüber dem Bruch des Wahlversprechens bei der Mehrwertsteuer zeigte, daß es eigentlich um etwas anderes ging. Andrea Ypsilanti gehörte zu den Kritikern der Agenda 2010 und wollte einen Politikwechsel zumindest in Hessen herbeiführen. Bereits im Wahlkampf hatte Wolfgang Clement, der zu dem Zeitpunkt kein aktiver Politiker mehr war, sondern im Aufsichtsrat von RWE Power saß, am Wochenende vor der Wahl Kritik an der im Wahlprogramm formulierten Energiepolitik geäußert und damit parteischädigend in Ypsilantis Wahlkampf eingegriffen.[12]

Eine weitere wichtige Ausnahme galt in Steinbrücks Augen in dieser Situation für Ypsilanti: Während andere Landesverbände der SPD nach Wahlen selbst darüber entscheiden konnten, welchen koalitionspolitischen Weg sie gehen konnten, mißverstand der hessische Landesverband nach Steinbrücks Meinung diese Freiheit dahingehend, daß die Bundes-SPD alles billigen müsse, was im Landesverband entschieden wurde.[13] Hätten sich andere in die Koalitionsentscheidungen von Steinbrück und Clement zu deren Zeit als Ministerpräsidenten eingemischt – was wäre dann wohl los gewesen?

Diese Haltung und die Streitigkeiten um die hessische Linie werden an dieser Stelle so ausführlich dargestellt, weil sie einen Grundkonflikt innerhalb der SPD beschreiben, der bis heute andauert. Nach wie vor gibt es in der Parteiführung der SPD grundsätzliche Vorbehalte gegen die Zusammenarbeit mit der Linkspartei, obwohl viele Forderungen der beiden Parteien zumindest nicht unüberbrückbar auseinanderliegen.

Wie oben beschrieben verfolgte auch die SPD-Führung unter Sigmar Gabriel einen klaren Abgrenzungskurs zur Linkspartei. Im Jahr 2008 stand die SPD noch in der großen Koalition mit Angela Merkel und Peer Steinbrück war Finanzminister. Auch als solcher wies er in einem Interview darauf hin, daß die SPD in Hessen keinen Wahlsieg errungen habe und von einer Zusammenarbeit mit den Linken dringend abzusehen sei.[14]

Unterstützung erhielt Andrea Ypsilanti vom SPD-Sozialexperten Rudolf Dreßler. In der Zeitung Neues Deutschland ließ Dreßler

---

[12] vgl. Sturm, Daniel Friedrich: *Wohin geht die SPD?* S. 352f
[13] vgl. Steinbrück, Peer: *Unterm Strich.* S. 453
[14] vgl. ebd. S. 453f

wissen, daß sich die SPD eine Machtperspektive im Land verbaue, wenn sie an ihrem Grundsatz, nicht mit der Linkspartei zu regieren, festhalte. Er verwies darauf, daß es eine gesellschaftliche und parlamentarische Mehrheit jenseits von CDU und FDP gebe, die Sozialdemokraten sie aber nicht wollten. Bliebe sie bei ihrer Feststellung, stünde die SPD schließlich alleine im Fünf-Parteien-Parlament.[15]

Während Andrea Ypsilanti nun Gespräche mit der Linkspartei suchte und um Unterstützung innerhalb der SPD Hessens kämpfte, formierte sich der Widerstand gegen eine Minderheitsregierung aus SPD und Grüne und der Duldung der Linkspartei auch innerhalb des Landesverbandes. Gleichwohl schafften SPD, Grüne und Linkspartei gemeinsam in Hessen die Studiengebühren ab und setzten damit ein wesentliches Wahlversprechen auch der SPD um.

Anfang November war es dann soweit, daß sich Andrea Ypsilanti zur Ministerpräsidentin einer Minderheitsregierung unter Duldung der Linkspartei wählen lassen wollte. Die Parteitage von SPD und Grünen hatten den Koalitionsvertrag gebilligt, so daß am 04.11.2008 die Wahl hätte stattfinden können. Bereits im Vorfeld hatte die SPD-Abgeordnete Dagmar Metzger klargestellt, daß sie Ypsilanti nicht wählen würde, so daß es nun auf alle weiteren Stimmen von SPD, Grüne und Linkspartei ankam.[16] Am folgenden Tag erklärten vier Abgeordnete der SPD, daß sie Andrea Ypsilanti ebenfalls nicht zur Ministerpräsidentin wählen würden. Damit war der Versuch der Regierungsbildung gescheitert und es lief auf Neuwahlen zum hessischen Landtag hinaus.[17]

Auch innerhalb der SPD rief die kurzfristige Entscheidung der vier Abweichler am Tag der Wahl Befremden aus. Ypsilanti selbst wurde von der Entwicklung überrascht und war maßlos enttäuscht. Auch der Parteichef Franz Müntefering, der nicht gerade als Freund der Zusammenarbeit mit der Linkspartei bekannt war, äußerte sein Unverständnis darüber, daß die Abweichler ihre

---

[15] vgl. *Rudolf Dreßler: SPD verbaut sich mit ihrem Nein zur LINKEN eine demokratische Machtperspektive.* Neues Deutschland am 08.02.2008 https://www.presseportal.de/pm/59019/1132634 (zuletzt aufgerufen: 25.08.2024)

[16] vgl. Hickmann, Christoph: *Ypsilanti muss um ihre Mehrheit bangen.* Süddeutsche Zeitung, 03.11.2008, S. 1

[17] vgl. *SPD-Abweichler verhindern Wahl Ypsilantis.* Süddeutsche Zeitung, 04.11.2008, S. 1

Kritik erst am Tag vor der Wahl geäußert hätten.[18]

Für Scheitern der rot-grünen Minderheitsregierung wurde jedoch Andrea Ypsilanti verantwortlich gemacht. Vom ehemaligen Grünen-Bundestagsabgeordneten Hubert Kleinert wurden sie und ihre Unterstützer als »rechthaberische Polit-Amateure«[19] beschimpft. Kleinert vertrat die Ansicht, daß nicht die Abweichler sondern Ypsilanti für das Debakel verantwortlich wäre, an dem die Grünen zwar mitgewirkt hätten, für das sie jedoch eigentlich keine Verantwortung trügen.[20]

Diese Vorgänge belasteten den Wahlkampf zu den Neuwahlen im Januar 2009 sehr. Dabei standen die Kritiker des Kurses Ypsilantis auf dem Standpunkt, daß überhaupt ihr Versuch, mit der Linkspartei zusammenzuarbeiten, verantwortlich sei für das schlechte Ergebnis, das die SPD bei den Neuwahlen im Januar 2009 einfuhr. Wie oben ausgeführt machte Steinbrück die hessische Ministerpräsidentenkandidatin gar für die Wahlniederlage der SPD bei der folgenden Bundestagswahl 2009 mitverantwortlich.

Im Herbst 2009 durfte dann Roland Koch in der Sendung »Hart aber Fair« mit Frank Plasberg zur bevorstehenden Bundestagswahl über das »Ypsilanti-Gen der SPD« reden und sich über einen Einspieler freuen, in dem das »Ypsilanti-Gen« pesudowissenschaftlich untersucht wurde.[21] Auch in späteren Debatten über Lügen in der Politik wird dieser Vorgang gerne als Beispiel eingeführt. Doch letztlich hatten auch führende SPD-Mitglieder daran mitgewirkt, daß dieser Vorgang so maßlos überbewertet wurde.

Zu tun hatte all dies auch damit, daß die Agenda-Fraktion innerhalb der SPD keine Abweichler duldete. Dies mußte auch Kurt Beck erfahren, der Bundesparteivorsitzender war, als sich Andrea Ypsilanti für die Zusammenarbeit mit den Grünen entschied. Beck trug diesen Kurs mit und hatte zuvor auch Änderungen an der Agenda 2010 befürwortet. Grund genug, ihn durch Franz Müntefering zu ersetzen. Um diesen Vorgang soll es nun im folgenden Unterkapitel gehen.

---

[18] vgl. ebd.

[19] Kleinert, Hubert: *Ypsilanti und der ewige Koch.* Süddeutsche Zeitung, 10.11.2013, S. 2

[20] vgl. ebd.

[21] vgl. Luley, Peter: *Von roten und schwarz-gelben Socken.* Stern.de. http://www.stern.de/wahl-2009/bundestagswahl/hart-aber-fair-von-roten-und-schwarz-gelben-socken-1506905.html (zuletzt aufgerufen: 25.08.2024)

Parteivorsitzende kommen und gehen...

Bis einschließlich Willy Brandt setzte die SPD auf Kontinuität im Parteivorsitz. Brandt selbst war Parteivorsitzender von Februar 1964 bis Juni 1987[22] und somit auch während der Zeit, zu der Helmut Schmidt ihn bereits als Bundeskanzler abgelöst hatte und auch nach der sogenannten »Wende«, die Helmut Kohl in die Regierung brachte. So lange wie er hatte nach ihm kein Vorsitzender der Sozialdemokraten dieses Amt inne.

Hans-Jochen Vogel, der von Juni 1987 bis Mai 1991 Vorsitzender war, leitete einen geordneten Generationenwechsel in Partei und Fraktion ein, wenngleich dieser anders verlief als jener sich vorgestellt hatte. Ihm folgte im Jahr 1991 Björn Engholm nach, der schließlich im Mai 1993 bereits wieder zurücktreten mußte, weil er während der Barschel-Affäre nicht sofort alles gesagt hatte, was er wußte.

Nach dem Rücktritt Engholms entschieden die Verantwortlichen in der SPD, daß nunmehr die Parteibasis stärker an der Entscheidung über den Vorsitzenden zu beteiligen sei. So wurde im Rahmen einer Mitgliederbefragung über den Parteivorsitzenden entschieden, der auf dem folgenden Parteitag von den Delegierten formal zum Parteivorsitzenden gewählt wurde. Neben ihm traten im Mitgliederentscheid noch Gerhard Schröder und Heidemarie Wieczorek-Zeul für den Parteivorsitz an. Bei der Mitgliederbefragung, die an der Basis der SPD eine beachtliche Mobilisierung auslöste, erreichte Scharping die relative Mehrheit. Im Juni 1993 wählte der Parteitag Scharping daraufhin zum Vorsitzenden.

Während Scharping zunächst den Eindruck erweckte, daß er sich vorstellen könnte, in der Frage der Kanzlerkandidatur für die Bundestagswahl 1994 jemanden anderes aus der Partei den Vortritt zu lassen, übernahm er diese schließlich selbst. Nach der verlorenen Bundestagswahl, bei der sich die SPD – wie weiter oben schon beschrieben – verbessern konnte, fiel die Partei erneut in eine Krise. Auf dem Parteitag in Mannheim im November 1995 wurde Oskar Lafontaine zum Parteivorsitzenden gewählt. Unmut entstand in Teilen der Partei, weil noch auf dem Parteitag in Mannheim die Satzung der Partei geändert wurde, um La-

---

[22] vgl. alle Daten zu den Parteivorsitzenden: https://web.archive.org/web/2018042
3061143/https://www.fes.de/archiv/adsd_neu/inhalt/recherche/r_vorsitz.htm
(zuletzt aufgerufen: 25.08.2024)

fontaine die Kandidatur zu ermöglichen. Gleichwohl erwies sich diese Entscheidung zunächst als Glücksfall für die Partei, denn Lafontaine führte die zerstrittene Partei wieder zusammen und ermöglichte den Wahlsieg 1998.

Parteivorsitzende der SPD seit 1991:

Björn Engholm (Mai 1991 - Mai 1993)

Johannes Rau (kommissarisch, Mai - Juni 1993)

Rudolf Scharping (Juni 1993 - November 1995)

Oskar Lafontaine (November 1995 - März 1999)

Gerhard Schröder (März 1999 - März 2004)

Franz Müntefering (März 2004 - November 2005)

Matthias Platzeck (November 2005 - April 2006)

Kurt Beck (April 2006 - September 2008)

Frank-Walter Steinmeier (kommissarisch, September - Oktober 200)

Franz Müntefering (Oktober 2008 - November 2009)

Sigmar Gabriel (November 2009 - Januar 2017)

Martin Schultz (Januar 2017 - Februar 2018)

Olaf Scholz (kommissarisch Februar 2018 - April 2018)

Andrea Nahles (April 2018 - Juni 2019)

Malu Dreyer, Manuela Schwesig, Thorsten Schäfer-Gümbel (kommissarisch Februar 2018 - April 2018)

Saskia Esken/Norbert Walter-Borjans (Dezember 2019 - Dezember 2021)

Saskia Esken/Lars Klingbeil (seit Dezember 2021)

Nach Lafontaines Rücktritt im März 1999 wurde Gerhard Schröder einen Monat später zum Parteivorsitzenden gewählt. Im März 2004 folgte Franz Müntefering, der die Partei führte, als die Entscheidung für Hartz IV im Bundestag fiel. Im November 2005 war die Ära Müntefering zunächst auch schon wieder vorbei und es folgte Matthias Platzeck, der aus gesundheitlichen Gründen bereits nach fünf Monaten das Amt wieder zur Verfügung stellte. Sein Nachfolger wurde Kurt Beck, der wenige Wochen zuvor bei der Landtagswahl 2006 in Rheinland-Pfalz die absolute Mehrheit der Mandate für die SPD gewonnen hatte und somit eine SPD-Alleinregierung in seinem Bundesland führte.

Der Sturz am Schwielowsee

Die SPD war nach der Bundestagswahl 2005 in einer großen Koalition mit der CDU angekommen. Franz Müntefering war Vizekanzler und Arbeitsminister geworden und hatte wegen des Einzugs in die Regierung den Parteivorsitz zuvor an Matthias Platzeck abgegeben, dessen Nachfolger Kurt Beck nun wurde.

Auch in der großen Koalition waren die Diskussionen innerhalb der SPD um die Agenda 2010 nicht beendet. Während der großen Koalition spaltete die Erhöhung des Renteneintrittsalters auf 67 Jahre die SPD. Kritiker sahen in dieser Entscheidung vor allem eine Kürzung der Rente, weil viele Arbeitnehmer schon jetzt nicht bis zum 65. Lebensjahr arbeiten konnten, weil sie entweder gesundheitlich nicht mehr dazu in der Lage waren oder aber nach einer Periode der Arbeitslosigkeit keinen neuen Arbeitsplatz mehr fanden.

Kurt Beck war und ist eher als konservativer Sozialdemokrat einzuschätzen. Als Ministerpräsident im konservativen Rheinland-Pfalz wäre ein Parteilinker wohl kaum denkbar. Gleichwohl traf Beck zwei Entscheidungen, die die Parteilinken erfreuten und bei der Agenda-Fraktion zu erheblichen Stirnrunzeln und schließlich zum Putsch gegen Beck führten.

Der Politikwissenschaftler Daniel Sturm führte über Becks Verständnis seiner Rolle als Parteivorsitzender aus: »Er [Kurt Beck, R.B.] wollte die SPD retten. Selbst zu dem Preis, dass sie von ihrer eigenen Politik abwich, sich davon distanzierte und den Marsch in Traditionalismus und Vergangenheit begann«.[23]

Innerparteilich wurde Kritik an Becks schlechter Rhetorik geübt und sein mangelndes Charisma werde vermißt – durchaus zu Recht, urteilte Sturm über Beck.[24] Dargestellt wird Beck als minderbemittelter Provinzler, der nicht in der Lage sei, sich verständlich auszudrücken und in der Partei immer unbeliebter würde.[25] Wer die Tiraden Sturms gegen Beck liest, der fragt sich, wie dieser ungelenke Politiker es eigentlich fertigbringen konnte, im katholisch-konservativen Rheinland-Pfalz als Ministerpräsident viermal wiedergewählt zu werden und im Jahr 2006 gar gegen den allgemeinen Trend die absolute Mehrheit der Mandate für die SPD zu holen.

---

[23] Sturm, Daniel Friedrich: *Wohin geht die SPD?* S. 304
[24] vgl. ebd. S. 328
[25] vgl. ebd. S. 328f

Gleichwohl soll das Buch Sturms als Quelle für diesen Abschnitt verwendet werden, weil sich hierin die Stimmung, die im Jahr 2008 gegen Kurt Beck erzeugt wurde, wiederspiegelt.

Kurt Beck zählte zweifellos zu den konservativen Sozialdemokraten in der SPD. Zuweilen wunderte er sich selbst darüber, daß er als »links« wahrgenommen wurde. Als Ministerpräsident war er nie als Kritiker der Agenda 2010 aufgefallen. Als Parteivorsitzender kam Beck angesichts der schlechten Wahlergebnisse und der Austritte von Mitgliedern aus der Partei zu der Erkenntnis, daß den Menschen nicht alles zugemutet werden kann. Während Franz Müntefering als Arbeits- und Sozialminister die Rente mit 67 Jahren durchsetzte, wandte Beck ein, daß zum Beispiel ein Dachdecker kaum bis zum 67. Lebensjahr arbeiten könne.[26]

Beck wollte darüber hinaus, daß das Arbeitslosengeld I für ältere Arbeitslose länger gezahlt werden solle, so daß diese nicht bereits nach achtzehn Monaten in Hartz IV fallen würden.[27] Sturms Sicht, daß Beck ein Ende der Zumutungen einleiten und statt dessen Wohltaten verteilen wolle,[28] wurde auch von der Agenda-Fraktion innerhalb der SPD geteilt. Wer sich für sozialen Ausgleich und ein Ende der Zumutungen einsetzte, wer also von der neoliberalen Agenda 2010 abwich, wurde in Sturms Buch als Sozialpopulist bezeichnet, der über die von Gewerkschaften und Linkspartei hingehaltenen Stöckchen springe.[29] Diese Sichtweise deckte sich mit der oben beschriebenen des Politologen Manfred G. Schmidt, der der SPD vorgeworfen hatte, sich gewerkschaftlichen Forderungen unterworfen zu haben.

Die Rhetorik, nach der Politiker der besitzstandswahrenden Bevölkerung schmerzhafte Reformen aufzwingen müßten, war im Jahr 2008 nicht abgeklungen. Zwar wurde zu der Zeit der ehemalige Kanzler Gerhard Schröder dafür gelobt, schmerzhafte Reformen eingeleitet zu haben, gleichwohl reichten diese nach Auffassung von Kommentatoren und Wirtschaftsverbänden nicht aus. Die von Arbeitgebern finanzierte Initiative Neue Soziale Marktwirtschaft entwickelte gar ein »Merkelmeter«, mit dessen Hilfe sie die Regierungspolitik bewertete und Punkte dafür vergab, wenn die Regierung Maßnahmen im Sinne dieser Arbeit-

---

[26] vgl. ebd. S. 321
[27] vgl. ebd. S. 332
[28] vgl. ebd. S. 339
[29] vgl. ebd. S. 339f

geberlobby ergriff.[30]

Als Andrea Ypsilanti sich nach der hessischen Landtagswahl 2008 entschloß, eine rot-grüne Minderheitsregierung unter Tolerierung durch die Linkspartei zu wagen, stimmte Beck diesem Vorhaben zu. Dies zwar zunächst nicht so direkt, aber als seine Äußerungen in den Medien so interpretiert wurden, daß Ypsilanti seinen Segen habe, dementierte Beck dies nicht.[31] Als Ministerpräsident wollte er sich selbst wohl auch nicht in die Entscheidung der Landespartei über Koalitionen hereinreden lassen und respektierte diesen Wunsch auch bei seinen Kollegen.

Wer im Buch Sturms liest, der muß erkennen, daß Beck mit seinem Kurs innerparteilich isoliert war. Aber war er das wirklich? Waren es nicht eher jene, die die Agenda 2010 fortsetzen wollten, die ihn isoliert sehen wollten? Müntefering betrachtete Beck als überfordert.[32] Beck wurde nun als links eingeordnet, was ihn selbst am meisten überraschte.

Gleichwohl wurde die Beschreibung Becks als tolpatschiger Provinzler, dem der bundesweite Überblick fehlte, wie Sturm es in seinem Buch darstellte, ihm nicht gerecht. Eine solche Einschätzung mochte jener haben, der die Agenda 2010 als alternativlos begriff und Becks gemäßigten Kurswechsel in der Frage der Zusammenarbeit mit der Linkspartei als Verrat an selbiger begriff.

Anders als die Anhänger der Agenda 2010 hatte Kurt Beck erkannt, daß eine Politik, die von der Bevölkerung – besonders von den bisherigen Wählern der Sozialdemokratie – als ungerecht erkannt wurde, nicht nur der SPD sondern auch der Gesellschaft an sich schade. Gleichzeitig erkannte Beck, daß sich der SPD nur dann neue Macht- und damit Gestaltungsoptionen eröffneten, wenn der Abgrenzungskurs gegenüber der Linkspartei aufgegeben würde.

Was Müntefering und andere in der SPD als Katastrophe begriffen, war das genaue Gegenteil davon. Beck handelte nicht aus einem provinziellen Geist heraus, wie Sturm es in seinem Buch darzustellen versuchte, sondern er erweiterte den Horizont und nahm jene in den Blick, die von der bisherigen Politik der SPD nicht profitiert hatten. Damit durchbrach er die Zumutungsrhetorik und versuchte, der SPD verlorene Wählerschichten zurück-

---

[30] vgl. Ehrich, Udo: *INSM & Co.* S. 125ff
[31] vgl. Sturm, Daniel Friedrich: *Wohin geht die SPD?* S. 358ff
[32] vgl. ebd. S. 397

zugewinnen.

Im Gegensatz zu Steinbrück, Gabriel und Steinmeier hatte er Erfolge vorzuweisen. Von 1994 bis 2013 regierte er Rheinland-Pfalz und wurde in dieser Zeit als Ministerpräsident stets wiedergewählt. Die Agenda-Fraktion hatte die SPD indes in eine Sackgasse geführt und zu zahllosen Wahlniederlagen beigetragen.

Sturms Ausführungen ließen erahnen, wie sehr Beck an der Spitze der Partei in Bedrängnis geriet, zumal die Ausführungen wegen der einseitigen Parteinahme Sturms gegen Beck geglaubt werden können.

Plausibel war dies allemal, denn Peer Steinbrück ließ in seinem Buch im Jahr 2010 wissen, daß er Becks Erklärung, die Grenze der Zumutbarkeit sei erreicht, für einen Fehler hielt, der »sämtliche Schleusen für die nächste Frustrationswelle gegen die Politik geöffnet haben könnte«.[33] Diese auf den ersten Blick überraschende Behauptung begründete Steinbrück damit, daß Politik auch in Zukunft gar nicht umhinkommen würde, den Bürgern Zumutungen aufzubürden, auch dem unteren Drittel der Gesellschaft.[34] Becks Kurskorrektur hinsichtlich der Agenda 2010, also genaugenommen die bescheidenen Korrekturen, die Beck an der Agenda vorgenommen wissen wollte, verstand Steinbrück als Dammbruch, der am Ende alle Reformen der Schröder-Regierung mitreißen könnte.[35]

Beck, so Steinbrücks Diagnose, fühlte sich von den Parteilinken besser verstanden als von den »Modernisierern«.[36] Gleichzeitig zeigt die Kritik Steinbrücks am Kurs Becks das tiefe Mißtrauen gegenüber jeder Korrektur an der Agenda 2010. Dieses Mißtrauen dürften Steinmeier und Müntefering geteilt haben. Wenngleich Steinbrück einräumte, daß Beck mit diesem Kurs die Wunden aus der Agenda-Zeit heilen wollte,[37] war offensichtlich der Wunsch der »Modernisierer«, an dem Projekt festzuhalten, größer als die Rücksichtnahme auf Andersdenkende in der Partei. Obwohl Steinbrück in seinem Buch nicht so direkt schrieb, daß Beck wegen seiner Korrekturen an der Agenda 2010 gestürzt werden sollte, schimmerte dieses Motiv bei der Nachdrücklichkeit, mit der er diese Korrekturen zurückwies, immer wieder durch.

---

[33] Steinbrück, Peer: *Unterm Strich.* S. 394
[34] vgl. ebd.
[35] vgl. ebd. S. 451f
[36] vgl. ebd. S. 458
[37] vgl. ebd. S. 457

Und während Steinmeier noch vor dem Wochenende der Klausur am Schwielowsee nicht durchblicken ließ, daß er als Kanzlerkandidat ausgerufen würde, erklärte er jedoch seine Bereitschaft zur Kandidatur.[38] Am Montag, dem 8. September 2008 beherrschte der Rücktritt Kurt Becks vom Parteivorsitz der SPD die Schlagzeilen. Aus Enttäuschung über die mangelnde Loyalität räumte Beck den Parteivorsitz. In einer Erklärung teilte er mit, daß er Steinmeier bereits zwei Wochen vor der Klausur gebeten habe, Kanzlerkandidat zu werden, Indiskretionen aber ein Durchstarten mit der Bekanntgabe der Kandidatur verhindert hätten.[39] Beck sah sich durch die Indiskretionen bedrängt und außerstande, weiterhin Parteichef zu bleiben. Gescheitert war er nicht an sich selbst, wie bei Sturm nachzulesen, sondern an der mangelnden Unterstützung in den Spitzen der Partei, an jener Agenda-Fraktion, die es für Ketzerei hielt, Korrekturen an der Agenda 2010 vorzunehmen.

Am Schwielowsee wurde nicht nur bekanntgegeben, daß Franz Müntefering Nachfolger Becks werden sollte, sondern auch, daß Frank-Walter Steinmeier Kanzlerkandidat bei der Bundestagswahl 2009 werden sollte. Umgehend forderte die CDU den gerade gekürten Kanzlerkandidaten auf, sich von der Linkspartei zu distanzieren. Er solle die Zusammenarbeit der SPD mit der Linkspartei in Hessen verhindern.[40]

Franz Müntefering und Frank-Walter Steinmeier hinderten nach Becks Sturz den hessischen Landverband nicht, die Zusammenarbeit mit der Linkspartei anzustreben – Ausgang siehe oben.

Bei der Bundestagswahl 2009 ließen die Führungsebene der SPD und ihr Kanzlerkandidat keinen Zweifel daran, daß es keine Zusammenarbeit mit der Linkspartei geben würde. Hätte es 2005 noch die Möglichkeit geben, über ein rot-rot-grünes Bündnis eine eigenständige linke Mehrheit im Bundestag zu organisieren, war dies nach dem Absturz der SPD und dem klaren Sieg von CDU/CSU und FDP nicht mehr möglich. Die Frage einer möglichen Zusammenarbeit mit der Linkspartei sollte sich erst 2013 wieder stellen.

---

[38] vgl. Höll, Susanne: *SPD ringt um Geschlossenheit.* Süddeutsche Zeitung, 06./07.09.2008, S. 7

[39] vgl. Hulverscheidt, Claus: *Beck gibt auf - Müntefering wird wieder SPD-Chef.* Süddeutsche Zeitung, 08.09.2008, S. 1

[40] vgl. *Union: Steinmeier muss sich von Linken distanzieren.* Süddeutsche Zeitung, 08.09.2008, S. 1

Die sozialdemokratische Ablehnung der Linkspartei

Verschiedene Faktoren trugen zu einem geradezu sozialdemokratischen Haß auf die Linkspartei bei. Die wichtigste Rolle dabei dürfte Oskar Lafontaine spielen, dem in der SPD mit der Gründung der Linkspartei praktisch Verrat vorgeworfen wurde. Daß er im März 1999 von allen Ämtern zurücktrat, sahen ihm viele nicht nach, obwohl sie wissen mußten, daß dies auch mit zahlreichen Provokationen des Bundeskanzlers und den entsprechenden Differenzen innerhalb der Regierung zusammenhing.

Die Konstellation, daß Lafontaine als Parteivorsitzender in der Regierung ein Ministeramt bekleidete, war ohnehin prädestiniert, für Probleme zu sorgen. Denn in der Bundesrepublik bestimmt der Bundeskanzler die Richtlinien der Politik. Somit war Oskar Lafontaine zwar innerparteilich in gewisser Weise Gerhard Schröder übergeordnet, jedoch hatte Schröder in Sachen der Regierungspolitik das letzte Wort.

In Deutschland sind Parlament und Parteien strikt getrennt, weshalb es auch keine Finanzierung der Partei durch die Parlamentsfraktionen geben darf. Andersherum sind die Abgeordneten an Weisungen nicht gebunden. Dies wirft letztlich das grundsätzliche Problem auf, daß Parteien zwar im Wahlkampf Wahlversprechen über die künftige Politik machen, strenggenommen es aber nicht verhindern könnten, wenn sich ihre Abgeordneten daran nicht hielten. Zwar wird mit schöner Regelmäßigkeit der sogenannte »Fraktionszwang« beklagt. Auf der anderen Seite würde es den Wählern sicher keine Freude bereiten, wenn sie Parteien auf der Grundlage von Programmen wählten, an die sich diese nach der Wahl nicht halten könnten, weil ihre Abgeordneten auf ihre Unabhängigkeit pochten und täten, was ihnen gefiele. Die Geschichte um die Mehrwertsteuererhöhung von 2005, die später noch detaillierter Thema sein soll, war ohnehin ein Beispiel dafür, wie wenig populär es in der Öffentlichkeit war, wenn Parteien nach der Wahl das Gegenteil von dem taten, was sie vor der Wahl versprochen hatten.

Das Verhältnis der SPD zur PDS war vergleichsweise ambivalent. Als unter dem Druck der Ereignisse von 2005 sich PDS und WASG zur Linkspartei zusammenschlossen und Lafontaine einer der Vorsitzenden wurde, brach sozusagen der offene Krieg zwischen SPD und Linkspartei aus. Die SPD nahm es der Linkspartei übel, daß sie zum Gegenentwurf der Agenda 2010 wurde und insbesondere um jene Wähler warb, die sich enttäuscht von der neoliberalen Politik der SPD abgewandt hatten. Daß gerade Lafontaine als einer der Vorsitzenden agierte, empfanden sie als zusätzlichen Verrat.

Bei den zahllosen Beschimpfungen, die aus der SPD gegen Lafontaine zu hören waren, vergaßen die Sozialdemokraten jedoch, daß es ohne Lafontaine vermutlich gar nicht erst zu einer rotgrünen Regierung im Jahr 1998 gekommen wäre. Denn ohne seine besonnene Parteiführung und die Selbstlosigkeit, seine politischen Ziele zugunsten der Partei zurückzustellen und Gerhard Schröder als Kanzlerkandidaten zu akzeptieren, wäre die Partei weiterhin so zerstritten geblieben, daß ihre Wahl für die Wähler kaum attraktiv gewesen wäre.

Die Aversion gegen die Linkspartei speiste sich somit aus mehreren Quellen. Wichtig war jedoch, daß Koalitionen mit der Linkspartei vornehmlich aus Gründen des Erhalts der Agenda 2010 abgelehnt wurden. Denn die Linkspartei forderte für eine Koalition mit der SPD die Rückabwicklung der Agenda 2010, beziehungsweise insbesondere der Hartz-Reformen, wozu das Spitzenpersonal der seinerzeitigen SPD nicht bereit war.

Während also auf der einen Seite die SPD in bestimmten Bundesländern, wie bereits dargestellt, mit der Linkspartei koalierte, wurde die Partei gleichzeitig als Erscheinung der Vergangenheit und als SED-Nachfolgepartei bezeichnet. Die Politik der Linkspartei sei utopisch, war auch im Wahlkampf zur Bundestagswahl 2009 wieder zu hören, diesmal besonders mit Bezug auf die pazifistische Außenpolitik der Partei in ihrem Wahlprogramm.

Grundsätzlich ging es jedoch darum, die Grundlinien der Agenda 2010 zu erhalten. Weil die Linkspartei sich bislang nicht anschickte, die Agenda 2010 als ein notwendiges, wenn nicht gar alternativloses Politikprogramm anzuerkennen, weigerten sich die führenden Kreise der SPD weiterhin, Koalitionen mit der Linkspartei zum Normalfall zu machen. Die Strategie auch unter dem Parteivorsitzenden Sigmar Gabriel und seiner Generalsekretärin Andrea Nahles lautete, durch Vermeidung von Koalitionen mit der Linkspartei den Wählern jener Partei zu signalisieren, daß eine Stimmabgabe für die Linkspartei ohne jeden Einfluß auf das politische Geschehen bleiben würde. Auch nach der Bundestagswahl 2013 zeichnet sich weiterhin keine Änderung in dieser Strategie der SPD ab. Obgleich die Gemeinsamkeiten überwogen, zogen die Sozialdemokraten abermals eine Koalition mit der CDU/CSU vor.

Hessische Geschichten, Teil 2

Weil das Thema auch gerade zu einem Roman verarbeitet wurde, soll es hier auch noch einmal gewürdigt werden, zumal sich der betroffene Herr am Tag der Bundestagswahl in Hessen wieder zum Ministerpräsidenten wählen lassen wollte. Auch zum Wahltermin wird noch eine Anmerkung zu machen sein. Der Erwähnung wert sind die Geschichten auch, weil in den Medien im Jahr 2008 versucht wurde, Andrea Ypsilanti zum Prototyp des verlogenen Politikers zu stempeln. Zweifelsohne gibt es zahlreiche andere Politiker, die hier vorrangige und ältere Rechte hätten. Zudem war die Korrektur der Koalitionsaussage nach der Wahl angesichts der Mehrheitsverhältnisse sicher nicht so verwerflich wie zum Beispiel der Öffentlichkeit vorzulügen, in früheren Zeiten beiseite geschafftes Geld der Partei seien »jüdische Vermächtnisse«.

Die Mafia-Katze

Der hessische Innenminister Volker Bouffier sah sich 1999 staatsanwaltlichen Ermittlungen ausgesetzt, weil er als Rechtsanwalt Parteienverrat begangen haben sollte. Parteienverrat ist eine Straftat, in deren Rahmen ein Anwalt zwei Parteien gegeneinander ausspielt. In diesem Fall sollte Bouffier in einem Scheidungsverfahren den Parteienverrat begangen haben.[41] Die Staatsanwaltschaft ermittelte und ein Untersuchungsausschuß befaßte sich ebenfalls mit der Frage.

Im Sommer 1999 machte eine Meldung die Runde, nach der vor der Haustür Bouffiers eine Katze gefunden wurde, die stranguliert und mit Schleifchen verziert worden sei. Es sei richtig eindrucksvoll gewesen, wie bei der Mafia, führte der Minister nach Medienberichten aus.[42] Jedoch wollte von den Polizisten niemand eine strangulierte Katze vor des Ministers Haustür gesehen, sondern nur eine überfahrene Katze in der Nähe seines Hauses gefunden haben.[43] In einem Interview mit der Süddeutschen Zeitung erklärte Bouffier nun, er habe nie behauptet, die Katze selbst gesehen zu haben. Wie könne man schreiben, so Bouffier weiter, daß die Katze überfahren worden sei? Es habe immerhin keine

---

[41] vgl. Zips, Martin: *Volker Bouffier schließt Rücktritt aus.* Süddeutsche Zeitung, 03.07.1999, S. 6
[42] vgl. Zips, Martin: *An allem ist die Katze schuld.* Süddeutsche Zeitung, 29.06.1999, S. 10
[43] vgl. ebd.

Obduktion der Katze gegeben.[44]

Um sich aus dieser abstrusen Katzengeschichte zu verabschieden mußte nun eine Erklärung her, mit deren Hilfe der Minister nicht die ganze Katzengeschichte zurücknehmen mußte. Vor dem Untersuchungsausschuß nahm die Geschichte um die »Mafia-Katze« somit eine neue Wendung: Volker Bouffier bestritt weiterhin die Möglichkeit, daß die Katze überfahren worden sei und erklärte statt dessen, daß sein mittlerweile verstorbener Vater, der während des Ministers Abwesenheit das Haus hütete, die Katze gefunden und ihn über den Zustand der Katze aufgeklärt haben wolle.[45] Inzwischen war gegen Bouffier in der Sache um den Parteienverrat eine Geldstrafe in Höhe von 8000 DM (ca. 4000 EUR) verhängt worden.[46] Folgen hatte das Dramolett für den damaligen Innenminister Volker Bouffier nicht. Nach dem Rückzug von Ministerpräsident Koch aus der Politik wurde Bouffier dessen Nachfolger und bewarb sich bei der Landtagswahl 2013 um eine weitere Amtszeit. Von der Geschichte mit der Katze blieb nichts weiter übrig als Karikaturen, die Bouffier zeigten, wie er seinen Amtseid auf eine tote Katze leistet.[47]

Im Jahr 2013 verwandelte der Autor dieses Buches die Geschichte um den Minister und die Mafia-Katze in einen Krimi, der sich nicht in allen Details, aber doch im Wesentlichen an die Geschichte Bouffiers und der »Mafia-Katze« mit den Schleifchen anlehnte.[48]

Jüdische Vermächtnisse

Ohne den CDU-Parteispendenskandal in seinem vollen Umfang und mit allen Irrungen und Wirrungen hier ausbreiten zu wollen, sei daran erinnert, daß die CDU in Hessen im Jahr 1999/2000 ein weiteres Problem mit einer erfundenen Geschichte hatte. Schwarzgeld, welches der frühere hessische CDU-Vorsitzende Manfred Kanther ins Ausland transferiert hatte, wurde wieder zurück nach Hessen geholt. Um sich unangenehmen Fragen diesbezüglich zu entziehen, erfand die hessische Union die Geschichte

---

[44] vgl. Zips, Martin: *Videokameras an Schulhöfen und Plätzen.* Süddeutsche Zeitung, 06.07.1999, S. 10

[45] vgl. Zips, Martin: *Minister Bouffier und die tote Katze.* Süddeutsche Zeitung, 25.01.2000, S. 7

[46] vgl. ebd.

[47] vgl. Kahlweit, Cathrin: *Was kommt nach Koch?* Süddeutsche Zeitung, 11.02.2000, S. 10

[48] Bercanay, Richard: *Der Minister und die Katze* Books on Demand 2015

der »jüdischen Vermächtnisse«, die ihnen von anonymen jüdischen Emigranten vermacht worden seien.[49]

20.8 Millionen D-Mark waren seinerzeit in die Schweiz transferiert worden. Manfred Kanther rechtfertigte diese Aktion später vor Gericht mit dem »linkswütigen Zeitgeist der Alt-68er«.[50] Es sei der CDU die linke Speerspitze entgegengehalten worden, und sie habe sie stumpf gemacht.[51]

Auch Roland Koch geriet im Rahmen der Affäre in Bedrängnis. Unter anderem weil die hessische FDP treu zu ihm hielt, konnte er den Skandal unbeschadet überstehen. Er rief sich selbst zum »brutalstmöglichen Aufklärer« aus. »Brutalstmöglich« wurde im Anschluß an diesen Skandal zu einem geflügelten Wort in der Politik.

Bei diesem Skandal ging es im Kern darum, daß die hessische CDU die besagten 20.8 Millionen DM ins Ausland verbracht – und dort auch vermehrt hatte –, ohne daß dieses Geld in den Rechenschaftsberichten der Partei auftauchte. Dies war ein klarer Verstoß gegen das Parteiengesetz, welches jedoch keine direkte Strafe für die Akteure auswarf. Nach zahlreichen Parteifinanzskandalen, unter denen der Flick-Skandal wohl der prominenteste war, wurde dies zwar immer wieder gefordert, jedoch nicht umgesetzt.

Vorgesehen war in solchen Fällen jedoch eine Rückforderung des Betrages in mehrfacher Höhe, um die Partei als solche für diese Art Manöver zu bestrafen. Weil der hessische Parteifinanzskandal nicht der einzige der CDU war, sah sich die CDU zu der Zeit hoher Rückforderungen durch die Bundestagsverwaltung ausgesetzt. Gegen diese Zahlungen klagte die CDU bis in die letzte Instanz hinauf. Von Einsicht in das falsche Tun zeugte dies ebenso wenig wie der Vergleich des Bundestagspräsidenten Wolfgang Thierse mit Herman Göring, den Altbundeskanzler Helmut Kohl in kleinem Kreise zog.[52]

Am Ende mußte die CDU die Strafzahlung leisten. Wolfgang Thierse war nicht, wie ihm vorgeworfen wurde, über das Ziel

---

[49] vgl. Leyendecker, Hans: *Ein Faible für fantastische Geschichten.* Süddeutsche Zeitung, 18.01.2000, S. 10

[50] zitiert nach: Esslinger, Detlef: *Die linke Speerspitze stumpf gemacht.* Süddeutsche Zeitung, 18.08.2004, S. 6

[51] vgl. ebd.

[52] vgl. Leyendecker, Hans und Annette Ramelsberger: *Absicht oder Ausrutscher?* Süddeutsche Zeitung, 03.09.2002, S. 6

hinausgeschossen. Eine öffentliche Entschuldigung der CDU für die zahlreichen Untergriffe gegen Thierse und das Eingeständnis, daß das, was er tat, rechtens war, ist bis heute nicht bekanntgeworden.

Wahltermin zur hessischen Landtagswahl

Im Jahr 2013 wählten die hessischen Bürger ihren Landtag zusammen mit der Bundestagswahl am 22. September, obgleich die Wahlperiode des Landtags erst im Januar 2014 endet. Möglich ist dies, weil weder in der Landesverfassung noch im Landeswahlgesetzt vorgeschrieben war, welchen zeitlichen Abstand zum Ende der Wahlperiode der Urnengang maximal haben durfte. Daß die Wahl um gut drei Monate vom Ende der Wahlperiode abgekoppelt wurde, geschah in Hessen im Jahr 2013 nicht zum ersten Mal.

Gleichwohl sah die hessische Landesregierung keine Probleme darin: Die Wahlbeteiligung sei höher gemeinsam mit der Bundestagswahl und der gemeinsame Wahltermin spare dem Steuerzahler Geld.[53] Die Opposition mutmaßte indes, daß die Regierung Bouffier vor allem gerne im Fahrwasser der Popularität von Bundeskanzlerin Merkel schwimmen und sich durch den gemeinsamen Wahltermin ein besseres Ergebnis verschaffen wollte.[54]

Zweifelsfrei stellte es in mehrfacher Hinsicht ein Problem dar, wenn die Regierung mit einem dermaßen großzügigen Spielraum den Termin für das Wahlergebnis festlegen konnte. Die Vermutung der hessischen Opposition, daß sich die Regierung dabei einen für sie besonders günstigen Termin ausgesucht hatte, ist nicht von der Hand zu weisen.

Auf der anderen Seite brachte es durchaus auch legitimatorische Probleme mit sich, wenn der Wahltermin so früh stattfand. Gesetzt den Fall, die schwarz-gelbe Regierung wäre nun entgegen ihrer Hoffnungen am 22. September doch abgewählt worden und es wäre zu einer klaren Mehrheit für rot-grün gekommen, hätte die alte Regierung mit ihrer alten Mehrheit weiterhin drei Monate lang regieren und entscheiden können, obwohl die Bevölkerung ihr das Mandat gerade entzogen hatte. Rechtlich einwandfrei stellt sich jedoch die Frage, welche Legitimation die Gesetze,

---

[53] vgl. hr-online: *Gemeinsamer Wahltag für Land und Bund.* http://www.hr-online.de/website/specials/bundestagswahl-hessen/index.jsp?rubrik=79741&key=standard_document_47318017 (zuletzt aufgerufen: 26.04.2016)
[54] vgl. ebd.

die nach der Wahl und vor der neuen Wahlperiode verabschiedet wurden, eigentlich haben sollten. Gerade angesichts ihrer Abwahl könnte so eine Regierung auf die Idee kommen, ihre Anliegen, die im Widerspruch zu den Zielen der Regierung im Wartestand stehen, noch schnell durchzusetzen und ein neues Gesetzgebungsverfahren zu deren Aufhebung notwendig zu machen. Um solche Probleme zu vermeiden, bietet es sich an, den Zeitraum, in dem die Wahlen stattfinden können, in der Verfassung oder im Wahlrecht zu begrenzen.

Im Bund ist der Zeitraum zwischen den regulären Bundestagswahlen im Grundgesetz geregelt (Art. 39 Abs. 1). Außerdem entscheidet laut Wahlgesetz nicht die Regierung sondern der Bundespräsident über den Wahltermin (§ 16 BWahlG), dies in der Verfassungswirklichkeit Deutschlands auf Vorschlag der Bundesregierung. Hier kommt dem Bundespräsidenten praktisch die Kontrolle über die Neutralität des Wahltermins zu.

Weil in den letzten Jahrzehnten Wahlen weitgehend im Herbst stattfanden, waren die Spielräume für den Termin klein. Denn es spielte auch stets eine Rolle, in welchen Bundesländern Ferientermine anstanden. Für die Bundestagswahl 2024 hatte sich die Regierung für den 28. September 2025 entschieden. Damit wurde der Termin so gewählt, daß der letzte Ferientag der Sommerferien am 15. September 2025 endete und der früheste Termin der Herbstferien am 6. Oktober 2025 lag und somit zu diesem Zeitpunkt die Wahrscheinlichkeit gering war, daß ein größerer Teil der Menschen eines oder mehrerer Bundesländer zum Zeitpunkt der Wahl im Urlaub waren.

Das Wahldesaster von 2009

Mit der Bundestagswahl 2009 endete die sozialdemokratische Regierungszeit in einem Wahldebakel für die SPD. Mit 23.0% erreichten Sozialdemokraten das schlechteste Ergebnis seit Bestehen der Bundesrepublik. Gegenüber der Bundestagswahl 2005 hatten sie 11.2 Prozentpunkte verloren. Während im Jahr 1998 noch 20 181 269 Wähler mit der Zweitstimme SPD gewählt hatten, waren es 2009 nur noch 9 990 488 Wähler, die den Sozialdemokraten die Zweitstimme gaben. Das waren 10 190 781 Wähler weniger als bei der Bundestagswahl 1998. Der Kanzlerkandidat für die Bundestagswahl 2013, Peer Steinbrück, sagte später, daß diese Wähler von der SPD wieder zurückgewonnen werden müßten. Diese Wähler säßen überwiegend im Wartesaal und Steinbrück wollte sie dort abholen.[55]

Prozentual fiel die SPD von 40.9% im Jahr 1998 auf 23.0% bei der Bundestagswahl 2009. Dabei verlief der Abstieg stufenweise. Bei jeder Wahl seit 1998 bekam die SPD weniger Stimmen. Den größten Verlust hatten die Sozialdemokraten von 2005 auf 2009 mit einem Minus von 6 204 177 Zweitstimmen.

Personelle Konsequenzen?

Dies alles hinderte Steinmeier am Wahlabend der Bundestagswahl 2009 jedoch nicht daran, den Gedanken in der »Berliner Runde« im Fernsehen von sich zu weisen, daß das Wahldesaster etwas mit der Agenda 2010 zu tun haben könnte. Schon wenige Tage nach diesem Desaster, für das er als Kanzlerkandidat an vorderster Front die politische Verantwortung trug, ließ er sich zum Vorsitzenden der SPD-Fraktion im Bundestag wählen. Daran, daß er trotz des Wahldebakels wieder eine Spitzenposition bekleiden würde, herrschte offenbar in der SPD kein Zweifel.[56]

Weitere personelle Entscheidungen wurden getroffen. Zwar wurde Steinmeier auch als Parteivorsitzender gehandelt, schließlich jedoch nicht in diese Position gewählt. Es wäre der Öffentlichkeit wohl kaum zu erklären gewesen, daß der Mann, der die SPD in das historisch schlechteste Wahlergebnis einer Bundestagswahl geführt hatte, anschließend nicht nur zum Fraktions-

---

[55] vgl. *Steinbrück will Mindestlohn sofort.* Süddeutsche Zeitung online, 29.08.2013, https://www.sueddeutsche.de/politik/100-tage-programm-der-spd-steinbrueck-will-sofort-den-mindestlohn-einfuehren-1.1757398 (zuletzt aufgerufen: 25.08.2024)
[56] vgl. Höll, Susanne: *Aufbäumen am Abgrund.* Süddeutsche Zeitung, 28.09.2009, S. 2

chef sondern auch zum Parteichef gewählt würde. Diese Position wurde statt dessen Sigmar Gabriel besetzt, der Andrea Nahles zu seiner Generalsekretärin machte.

Diese beiden Personalien gaben in der Medienöffentlichkeit Anlaß zur Behauptung, die SPD habe einen Linksruck vollzogen. Wie weit allerdings die SPD schon nach rechts gerückt sein mußte, um mit Gabriel und Nahles wiederum einen Linksruck vollzogen zu haben, wurde nicht erläutert.

Beide angeblich linken Politiker stellten die Agenda 2010 nicht in Frage. Hier war selbst Kurt Beck weiter links! Beide Politiker verantworteten einen Kurs der klaren Abgrenzung zur Linkspartei, wie er bereits in den Kapiteln zum Koalitionsverhalten der SPD dargelegt wurde. In einer der Berliner Runden nach einer Landtagswahl ließ Nahles gar wissen, daß die SPD die Linkspartei aus den Parlamenten drängen wolle. Beide hatten am 29. Mai 2009 im Deutschen Bundestag für die Einführung einer »Schuldenbremse« ins Grundgesetz gestimmt.[57]

Die Zeit nach 2009 brachte der SPD keinen wesentlichen Kurswechsel, auch wenn das Parteiprogramm, mit dem die Sozialdemokraten zur Bundestagswahl 2013 antraten, möglicherweise diesen Schluß nahelegte.

Zweifelsohne hatte auch die Existenz der Linkspartei dazu beigetragen, daß sich die SPD im Wahljahr 2013 wieder sozialdemokratischer gab als dies zuvor der Fall war. Welche Tiefe diese programmatische Orientierung haben mochte, würde sich bei den bevorstehenden Koalitionsverhandlungen erweisen. Daß sich sowohl SPD und Grüne nach wie vor weigerten, die schmalen programmatischen Gräben zur Linkspartei zu überbrücken und die zentralen politischen Versprechen in einer rot-rot-grünen Koalition umzusetzen, läßt nichts Gutes erahnen.

Übersicht über den Abstieg der SPD

Um zu verdeutlichen, welche Auswirkungen die Agenda 2010 bei den Wahlen nach 1998 hatte, soll hier nun eine Übersicht über die Wahlergebnisse der SPD bei den Landtags- und Bundestagswahlen nach 1994 folgen. Das Jahr 1994 wurde herangezogen um zu demonstrieren, wie stark der Abstieg der Sozialdemokratie in den Jahren der Regierungszeit Gerhard Schröders und danach war.

---

[57] vgl. Deutscher Bundestag: Plenarprotokoll der 225. Sitzung der 16. Wahlperiode am 29. Mai 2009. S. 24876

Tabelle 2: Ergebnisse der SPD in den Bundesländern 1994 - 2009

Bundesland	Jahr	Ergebnis der SPD[58]
Brandenburg	1994	54.1 (+ 15.9)
Niedersachsen	1994	44.3 (+ 0.1)
Saarland	1994	49.4 (- 5.0)
Sachsen	1994	16.6 (- 2.5)
Sachsen-Anhalt	1994	34.0 (+ 8.0)
Thüringen	1994	29.6 (+ 6.8)
Berlin	1995	23.6 (- 6.8)
Bremen	1995	33.4 (- 5.4)
Hessen	1995	38.0 (- 2.8)
Nordrhein-Westfalen	1995	46.0 (- 4.0)
Baden-Württemberg	1996	25.1 (- 4.3)
Rheinland-Pfalz	1996	39.8 (- 5,0)
Schleswig-Holstein	1996	39.8 (- 6.4)
Hamburg	1997	36.2 (- 4.2)
Bayern	1998	28.7 (-1.4)
Mecklenburg-Vorpommern	1998	34.3 (+ 4.8)
Niedersachsen	1998	47.9 (+ 3.6)
Sachsen-Anhalt	1998	35.9 (+ 1.9)
Berlin	1999	22.4 (- 1.2)
Brandenburg	1999	39.3 (- 14.8)
Bremen	1999	42.6 (+ 9.2)
Hessen	1999	39.4 (+ 1.4)

---

[58] In Klammern: Gewinn und Verlust zur vorangegangenen Landtagswahl.

Saarland	1999	44.4 (- 5.0)
Sachsen	1999	10.7 (- 5.9)
Thüringen	1999	18.5 (- 11.1)
Nordrhein-Westfalen	2000	42.8 (- 3.2)
Schleswig-Holstein	2000	43.1 (+ 3.3)
Baden-Württemberg	2001	33.3 (+ 8.2)
Berlin	2001	29.7 (+ 7.3)
Hamburg	2001	36.5 (+ 0.3)
Rheinland-Pfalz	2001	44.7 (+ 4.9)
Mecklenburg-Vorpommern	2002	40.6 (+ 6.3)
Sachsen-Anhalt	2002	20.0 (-15.9)
Bayern	2003	19.6 (- 9.1)
Bremen	2003	42.3 (- 0.3)
Hessen	2003	29.1 (-10.3)
Niedersachsen	2003	33.4 (- 14.5)
Brandenburg	2004	31.9 (- 7.4)
Hamburg	2004	30.5 (- 6.0)
Saarland	2004	30.8 (- 13.6)
Sachsen	2004	9.8 (- 0.9)
Thüringen	2004	14.5 (- 4.0)
Nordrhein-Westfalen	2005	37.1 (- 5.7)
Schleswig-Holstein	2005	38.7 (- 4.4)
Baden-Württemberg	2006	25.2 (- 8.1)
Berlin	2006	30.8 (+ 1.1)
Mecklenburg-Vorpommern	2006	30.2 (-10.4)
Rheinland-Pfalz	2006	45.6 (+ 0.9)
Sachsen-Anhalt	2006	21.4 (+ 1.4)

Bremen	2007	36.7 (- 5.6)
Bayern	2008	18.6 (- 1.0)
Hamburg	2008	34.1 (+ 3.6)
Hessen	2008	36.7 (+ 7.6)
Niedersachsen	2008	30.3 (- 3.1)
Brandenburg	2009	33.0 (+ 1.1)
Hessen	2009	23.7 (- 13.0)
Saarland	2009	24.5 (- 6.3)
Sachsen	2009	10.4 (+ 0.6)
Schleswig-Holstein	2009	25.4 (- 13.3)
Thüringen	2009	18.5 (+ 4.0)

Quelle: http://www.wahlergebnisse.info (zuletzt aufgerufen: 25.08.2024). Gewinne und Verluste: Eigene Berechnung aufgrund der Wahlergebnisse.

Bei diesen Ergebnissen sind regionale Besonderheiten zu berücksichtigen wie auch die Erkenntnis, daß in einer Demokratie Regierungen nach einiger Zeit auch wieder abgewählt werden. Grundsätzlich aber ließ sich nach dem Rücktritts Lafontaine und der Hinwendung der SPD zu neoliberalen Deutungsmustern ein Rückgang bei den Wahlerfolgen beobachten. Insbesondere nach dem Jahr 2002 häuften sich die dramatischen Verluste der SPD. Im Jahr 2004 ging die Regierungsverantwortung im Saarland und 2005 in Nordrhein-Westfalen an die CDU über, also in Bundesländern, in denen bis zu dem Zeitpunkt in den vorangegangenen beiden Jahrzehnten überwiegend die SPD regierte, auch mit absoluten Mehrheiten.

Die Wahlverluste der SPD gingen soweit, daß am Ende des Jahres 2005 nur noch Bremen, Berlin, Brandenburg, Mecklenburg-Vorpommern und Rheinland-Pfalz von der SPD regiert wurden. Teilweise war die SPD noch als Juniorpartner in großen Koalitionen beteiligt, gleichwohl wurde der Bundesrat deutlich von der CDU dominiert.

Die SPD-Führung deutete die Serie von Wahlniederlagen als einen unvermeidlichen Preis für die notwendige »Reformpolitik« der

Regierung Schröder. Vertreter der Wirtschaft gratulierten Schröder zu seiner »Standhaftigkeit« und ermutigten ihn, auf diesem Weg weiterzugehen.[59] Auch in Medienkommentaren wurden Durchhalteappelle an Schröder gerichtet.[60]

Die schlechten Wahlergebnisse der Sozialdemokraten in der Schröder-Ära resultierten aus schlichter Wahlenthaltung oder aber einen Wechsel der Wähler zur Linkspartei, die sich während des Prozesses der Agenda 2010 aus PDS und der neugegründeten WASG bildete. In der Zeit, in der die neoliberale Agenda-Politik der Sozialdemokraten ihre Höhepunkte erreichte, erzielte die Linkspartei als sozialpolitisches Gegengewicht die besten Ergebnisse. Sie zog in zahlreiche westdeutsche Landesparlamente ein und erreichte gar im Saarland im Jahr 2009 ein Wahlergebnis in Höhe von 21.3%, während die PDS dort im Jahr 2004 noch bei 2.3% lag. Dies durfte vorrangig damit zu tun gehabt haben, daß Oskar Lafontaine zu der Zeit im Saarland noch immer sehr populär war und somit erheblich zu diesem Ergebnis beitrug. Überdies sorgte der Zusammenschluß von PDS und WASG dafür, daß die neue Partei sowohl im Osten aber mehr noch im Westen an Akzeptanz in der Bevölkerung gewann.

Die Wahlverluste der SPD legten nahe, daß die Stammwählerschaft mit der neuen Politik nicht einverstanden war. Zugleich aber war die Linkspartei im Westen nur teilweise in der Lage, die unzufriedenen SPD-Wähler herüberzuziehen.

Trotz der Verluste setzte die SPD diese Politik fort und erklärte, daß sie den Menschen die Notwendigkeit dieser Reformen wohl nicht hinreichend erklärt habe. Dies allerdings hätte eher im Wahlkampf passieren müssen statt nach der Übernehme der Regierung. Denn der Grundgedanke der Demokratie liegt darin, daß Parteien mit ihren Programmen zur Wahl antreten, die Wähler aufgrund dieser Programme sich für die eine oder andere Partei entscheiden und diese dann nach einem Wahlsieg umsetzen, was sie vor der Wahl versprochen haben. Auch vor der Wahl 2002 wurde den Menschen anderes versprochen als das, was die Regierung Schröder mit der Agenda 2010 umsetzte.[61]

---

[59] vgl. Bovensiepen, Nina: *Industrie ermutigt Schröder.* Süddeutsche Zeitung, 16.06.2004, S. 1

[60] vgl. Schäfer, Ulrich: *Politik der harten Hand. Warum der Kanzler trotz der Massenproteste gegen Hartz IV standhaft bleiben sollte.* Süddeutsche Zeitung, 12.08.2004, S. 4

[61] vgl. Walter, Franz: *Einheitsfront der Reformer.* Süddeutsche Zeitung, 22.09.2004, S.

Die Idee, daß ein starker Politiker »das Richtige« tun müsse auch gegen den Widerstand von Partei und Bevölkerung ist ein autoritäres Denkmuster, das der Demokratie grundsätzlich fremd ist. Zugleich war diese Denkweise in den Medien und Teilen der Eliten und Wirtschaftsverbände der 2000er Jahre durchaus populär. Letzteres fand Ausdruck auch darin, daß der Arbeitgeberverband der Metall- und Elektroindustrie die Initiative Neue Soziale Marktwirtschaft gründete und sie damit beauftragte, die Bevölkerung von den Konzepten, die die Wirtschaftsverbände favorisierten, zu überzeugen.

Auch innerhalb der SPD fanden sich diese autoritären Denkmuster nicht nur während der Regierungszeit Gerhard Schröders wieder. Denn, wie oben dargestellt wurden, mühten auch seine politischen Erben, den Fortbestand der Agenda 2010 zu garantieren und gegen die Zweifler innerhalb der Partei zu verteidigen.

15

Programmatische Irrlichter

Mit dem neuen Parteivorsitzenden Sigmar Gabriel und seiner Generalsekretärin Andrea Nahles sollte die SPD nach Ansicht einiger Medien nach links gerückt sein. Tatsächlich ließ sich eine solche Einschätzung bei der Betrachtung der Politik und der strategischen Ausrichtung der SPD unter Gabriel und Nahles nicht erhärten. Nahles verdeutlichte, daß die Sozialdemokraten eine Zusammenarbeit mit der Linkspartei nicht nur ablehnten, sondern diese auch aus den Parlamenten drängen wollten. Damit unterstrich sie den Alleinvertretungsanspruch der Partei in sozialen Fragen.

Auf der anderen Seite blieb im Nebel, wie die SPD dieses Programm eigentlich umsetzen wollte, wenn sie Koalitionen mit der Linkspartei ablehnten und zugleich keine eigene Mehrheit oder eine rot-grüne Mehrheit erreichen konnte. Denn viele der Ziele der SPD waren mit der Union nicht umzusetzen.

Doch zunächst mißbrauchte Sigmar Gabriel die Wahl zum Bundespräsidenten im Sommer 2010, um die Linkspartei seiner Meinung nach vorzuführen.

SPD in der Gauck-Falle

Am 30. Juni 2010 mußte ein neuer Bundespräsident gewählt werden, weil Horst Köhler zurückgetreten war. CDU/CSU und FDP einigten sich auf Christian Wulff. Als Reaktion darauf schlugen SPD und Grüne den ehemaligen Bundesbeauftragten für Stasi-Unterlagen, Joachim Gauck, vor. Die Parteiführung um Sigmar Gabriel wollte ein Signal gegen eine rot-rot-grüne Koalition senden und gleichzeitig Unruhe in die Wahlfraktion von CDU/CSU und FDP bringen, die sich eigentlich auf Christian Wulff geeinigt hatte.

Gauck selbst war ein bürgerlicher Politiker, der programmatisch eher der schwarz-gelben Koalition nahesteht als einem rot-grünen Bündnis. Er erklärte gar, daß er darüber nachgedacht habe, aus Rücksicht auf Kanzlerin Angela Merkel auf die Kandidatur zu verzichten, weil er jene nicht verärgern wolle, denen er nahe stehe.[62]

Die Linkspartei lehnte eine Wahl Gaucks aus politischen Gründen ab. Lafontaine kritisierte, daß Gauck gerade erst Bundeskanzler

---

[62] vgl. *FDP will Gauck nicht einladen.* Süddeutsche Zeitung, 10.06.2010, S. 5

Schröder für dessen Agenda 2010 und soziale Einschnitte gelobt habe. Ein solcher Bundespräsident, so Lafontaine, sei Hartz-IV-Empfängern und Menschen mit niedrigen Löhnen und Renten nicht zuzumuten.[63]

Doch diese Begründung sollte von den Sozialdemokraten nicht akzeptiert werden. Statt dessen behaupteten Vertreter der SPD, die Linkspartei wolle Gauck nicht wählen, weil er Leiter der Stasi-Unterlagenbehörde gewesen sei und die Linkspartei mit dieser Vergangenheit nicht abschließen wolle oder könne. Über zwanzig Jahre nach dem Fall der Mauer und zahlreichen Stasi-Überprüfungen von Abgeordneten in den verschiedenen Parlamenten taugte dieses Thema allenthalben nur als Wahlkampf-Argument gegen die Linkspartei. Spektakuläre Enttarnungen von Stasi-Vergangenheit hatte es in der letzten Zeit nicht mehr gegeben, auch wenn vor jeder Bundestagswahl versucht wurde, Gregor Gysi eine solche nachzuweisen.

Es kam wie es kommen mußte. Der eigentliche Mehrheitskandidat Christian Wulff verfehlte die notwendige Mehrheit bei der Wahl zum Bundespräsidenten. Offensichtlich hatten viele aus den Reihen der CDU/CSU und FDP sich für den konservativen Gauck entschieden. Obgleich die Wahl eigentlich geheim war, wurde eifrig anhand der Ergebnisse spekuliert.

Weil die Kandidatin der Linkspartei ihre Wahlleute hinter sich hatte, stellte sich Sigmar Gabriel vor die Kameras und verkündete, daß der doch eigentlich bessere Bundespräsidentschaftskandidat Gauck hätte gewählt werden können, wenn auch die Linkspartei für ihn gestimmt hätte. Es sei schade, daß die Linkspartei nicht mit ihrer Vergangenheit brechen konnte und sich gegen Gauck entschieden hatte. Die Erklärungen der Linkspartei, daß sie sich politisch diesem sehr konservativen Kandidaten nicht verbunden fühlten und ihn deshalb aus politisch-inhaltlichen Gründen nicht wählen konnte, ließ Gabriel nach wie vor nicht gelten. Sein politisches Kalkül gegen die Linkspartei war aufgegangen.

Auf der Homepage der SPD wurde sogleich am 1. Juli 2010 mitgeteilt daß die Linkspartei in der DDR-Vergangenheit geblieben sei.[64] Gabriel warf hier der Linkspartei vor, sie habe Wulff in den

---

[63] vgl. ebd.
[64] vgl. http://www.spd.de/aktuelles/2100/linkspartei_bleibt_in_ddr_vergangenhe it.html (zuletzt aufgerufen: 29.09.2013)

Sessel des Bundespräsidenten verholfen, weil sie sich nicht von ihrer DDR-Vergangenheit habe lösen können. Die Linkspartei dürfe nicht länger zulassen, »dass Lafontaine und Wagenknecht mit ihrer Mischung aus Machiavellismus und Beton-Kommunismus das Zepter schwingen«.[65] Verziert wird die Seite der SPD am unteren Rand mit einem Zitat, welches wohl von Gabriel stammen soll: »Wir werden prüfen, ob die Inhalte stimmen. Und das tun sie so lange nicht, so lange ein Stasi-Aufklärer und Bürgerrechtler wie Joachim Gauck auf diese Partei wie ein Feind wirkt, obwohl er in Wahrheit ein großer Demokrat und Kämpfer für die Freiheit ist«.[66]

SPD und Grüne hatten diesen Kandidaten ausgewählt, ohne die Linkspartei in die Auswahl des Kandidaten einzubeziehen. Sie setzten also der Linkspartei diesen Kandidaten vor und forderten, daß sie ihn wählen sollen um zu beweisen, daß sie mit der DDR-Vergangenheit abgeschlossen hätten. Anschließend machte Gabriel die Linkspartei dafür verantwortlich, daß Gauck nicht gewählt wurde – angesichts der Vorgeschichte der Kandidatenfindung eine gewagte Behauptung.

Auch Gabriels Hoffnung, daß die schwarz-gelbe Koalition politisch geschädigt werden konnte, erfüllte sich. Christian Wulff brauchte drei Wahlgänge, bis er endlich zum Bundespräsidenten gewählt worden war, obwohl CDU/CSU und FDP eigentlich genug Stimmen in der Bundesversammlung hatten, um ihn gleich im ersten Wahlgang, der, wie auch der zweite, die absolute Mehrheit erforderte, durchzusetzen. Sigmar Gabriel rieb sich ob seines gelungenen Manövers die Hände und verkannte dabei völlig, daß es eigentlich um die Wahl des Bundespräsidenten, und nicht um die kleinlichen politischen Sandkastenspielchen der SPD-Führung ging.

Christian Wulff blieb nicht lange im Amt. Vorwürfe der Vorteilsnahme, die gegenwärtig auch im Zentrum eines Prozesses gegen den ehemaligen Bundespräsidenten stehen, veranlaßten ihn nach noch nicht einmal zwei Jahren im Amt, zurückzutreten.

Wieder stand Gauck im Mittelpunkt politischer Spielchen, diesmal seitens der FDP. Weil die FDP angesichts ihrer desolaten Lage im Jahr 2012 dringend einen politischen Erfolg brauchte, setzte sie innerhalb der schwarz-gelben Koalition Joachim Gauck als

---

[65] ebd.
[66] ebd.

Kandidaten für den Bundespräsidenten durch und ließ sich dafür in der Öffentlichkeit feiern.

SPD und Grüne konnten in dieser Situation keinen Gegenkandidaten benennen, weil sie sonst hätten erklären müssen, warum sie zwei Jahre zuvor Gauck für geeignet hielten und nun nicht mehr. Einmal mehr erfüllte er auch für die SPD einen politischen Zweck, denn Gaucks Nominierung wurde als Niederlage für Angela Merkel betrachtet, wenngleich dieses Thema nicht über längere Zeit in den Medien war. Gleichwohl saßen SPD und Grüne in der Gauck-Falle, die es ihnen in dieser Situation nicht mehr ermöglichte, eigene politische oder personelle Akzente zu setzen. Sie mußten sich in die Rolle der Erfüllungsgehilfen der FDP fügen und eines Philipp Rösler, der mit stolzgeschwellter Brust in der Öffentlichkeit prahlte, wie er sich doch gegen die mächtige Kanzlerin durchgesetzt habe. Auch das sollte eine Episode bleiben, die der FDP aus ihrem Tief nicht heraushelfen würde.

Gauck wurde im ersten Wahlgang zum Bundespräsidenten gewählt. Seine Wahl bescherte der Bundesrepublik einen konservativen Bundespräsidenten, von dem in seiner Amtszeit keine Rede zu sozialen Themen bekannt wurde. Er blieb zudem befangen durch seine Tätigkeit in der Stasi-Unterlagenbehörde. Wie er reagiert hätte, wenn es während seiner Präsidentschaft zu einer rot-rot-grünen Koalition gekommen wäre und er Minister der Linkspartei zu vereidigen gehabt hätte, bleibt Spekulation. Spätere Äußerungen ließen hier nichts Gutes vermuten.

Wie auch Horst Köhler wurde er dennoch von den Medien bejubelt und zu einem der beliebtesten Bundespräsidenten hochgeschrieben. Die vielen Vorschußlorbeeren, mit denen Gauck bedacht wurde, sollten ihm eigentlich unheimlich sein. Ein Jahr nach Amtsantritt hatte Gauck inzwischen bewiesen, daß auch er nur mit Wasser kochte. Als Bundespräsident war er eher unauffällig und hatte noch kein Thema gefunden, mit dem er seine Amtszeit prägen würde. In Zeiten von Armut, Altersarmut und hohen Mieten und Mietnebenkosten, die die Menschen täglich bedrängen, wäre ein Bundespräsident wie Johannes Rau der Richtige gewesen, der auf die sozialen Schieflagen im Land hinwies, statt über die große Freiheit zu philosophieren, die vor allem jene genießen können, die wohlhabend waren in diesem Land.

Möglicherweise könnte Joachim Gauck für rot-grün auch noch zu einem Risiko werden, nämlich dann, wenn zur Mehrheitsbildung die Einbeziehung der Linkspartei notwendig würde, zu der Gauck ein betont distanziertes Verhältnis hatte, was auf Gegenseitigkeit beruhte. Sollte es dazu kommen, würde die spannende Frage lauten, wie sich Gauck zur Beteiligung der Linkspartei an einer Regierung verhält. Die Erklärungen von SPD und Grünen im Vorfeld der Bundestagswahl deuten aber klar darauf hin, daß Joachim Gauck auf diese Probe nicht gestellt werden würde.

Wie sehr Joachim Gauck in seinen Vorbehalten gegen die Linkspartei gefangen war, stellte er im November 2014 unter Beweis. Als nach der Landtagswahl 2014 zwischen SPD, Grünen und Linkspartei über eine Koalition verhandelt wurde, ließ er wissen, daß ihm ein Ministerpräsident aus der Linkspartei viel abverlangen würde und äußerte Zweifel an der demokratischen Gesinnung der Mitglieder der Linkspartei und deren Wähler. In der Sendung »Bericht aus Berlin« warf er angesichts der Möglichkeit, daß Bodo Ramelow Ministerpräsident von Thüringen würde, die Frage auf, ob die Linkspartei weit genug weg wäre von den Vorstellungen, die die SED bei der Unterdrückung der Menschen in der DDR einst hatte.[67] Die Grünen forderten abermals von der Linkspartei, daß diese »den Charakter der DDR als Unrechtsstaat anerkennen«.[68] Cem Özdemir und auch der seinerzeitige Chef der Stasi-Unterlagenbehörde, Roland Jahn, stellten sich auf die Seite des Bundespräsidenten.[69]

Auf solche Äußerungen hatte wohl auch Sigmar Gabriel gesetzt, als er seinerzeit Gauck für das Amt des Bundespräsidenten vorgeschlagen hatte. Mit diesen Einwänden, die am Ende die Wahl Ramelows zum Ministerpräsidenten von Thüringen jedoch nicht verhindern konnten, griff der Bundespräsident in die Tagespolitik ein und versuchte, die Linkspartei mit der SED der DDR gleichzusetzen. Auch wenn sich Staatsrechtler auf den Standpunkt stellten, daß Gauck seine Kompetenzen damit nicht überschritten hätte,[70] zeigte dieser Versuch, die 28.2 Prozent der Wähler, die in Thüringen für die Linkspartei gestimmt hatten, zu einer Art DDR-Nostalgiker zu erklären, daß weniger die Linkspartei als Gauck selbst ein Problem mit der Demokratie hatte. Überdies verweigerte er sich mit dieser Äußerung anzuerkennen, daß die Linkspartei über zwanzig Jahre nach der Wiedervereinigung als demokratische Partei in der Bundesrepublik angekommen war.

---

[67] vgl. *Die Vorbehalte des Präsidenten.* Süddeutsche Zeitung, 03.11.2014, S. 6
[68] ebd.
[69] vgl. ebd.
[70] vgl. *Rückendeckung für Gauck.* Süddeutsche Zeitung, 04.11.2014, S. 5

Wie wenig der Linkspartei das demokratische Grundvertrauen 25 Jahre nach der deutschen Einheit besonderes in westdeutschen Medien zugestanden wurde, zeigte sich auch daran, daß in den Medien die Bildung der ersten rot-rot-grünen Koalition mit einem Ministerpräsidenten aus der Linkspartei als »demokratisches Experiment« bezeichnet wurde.[71] Eine Partei mit einem Ministerpräsidenten, an dessen demokratischer Gesinnung nicht zu zweifeln war, sollte nun erst einmal unter Beweis stellen, daß sie in der bundesdeutschen Demokratie angekommen war. Daß dies keinen Beitrag zur Überwindung der Unterschiede zwischen Ost und West darstellte, schien dabei den wenigsten der parteitaktischen Zweifler bewußt zu sein.

Warum blieb Sarrazin noch SPD-Mitglied?

Eine weitere spannende Frage mit politischer Aussage war zu der Zeit jene, wieso eigentlich Thilo Sarrazin noch Mitglied der SPD war. Nicht wenige forderten seinen Parteiausschluß nach der Veröffentlichung des Buches »Deutschland schafft sich ab«, mit dem Sarrazin die These aufstellte, daß wir unser Land aufs Spiel setzten. Dabei spielten neben den gleich noch zu betrachtenden politischen Aussagen zahlreiche Statistiken und Prognosen, die auf das Jahr 2050 gerichtet waren, eine wesentliche Rolle.

Nun spricht sicher nichts dagegen, wenn Politiker und Forscher sich auch längerfristige Gedanken über die Zukunft machen und auf der Grundlage der entsprechenden Überlegungen politische Programme planen. Jedoch bewegt man sich hier auf einem schmalen Grat zwischen der notwendigen Zukunftsvorsorge und der interessenorientierten Stimmungsmache, die zum Teil durchaus auch interessengeleitet sein können.

Langfristige Prognosen bergen überdies ein gewisses Risiko, welches anhand der folgenden Überlegungen verdeutlicht werden sollen.

Das Buch Sarrazins wurde im Jahr 2010 veröffentlicht. Nehmen wir nun an, ein Mann, der im Jahr 1910 lebte, wollte ein seiner Meinung nach aufrüttelndes Buch über die Politik der nächsten Jahrzehnte schreiben und sich dabei mit seinen Prognosen auf das Jahr 1950 beziehen. Was war das für ein Mann?

Er lebte 1910 in einem Kaiserreich, dessen Ende zu diesem Zeitpunkt noch überhaupt nicht absehbar war. Ebenfalls nicht vor-

---

[71] vgl. Prantl, Heribert: *Das Signal von Erfurt.* Süddeutsche Zeitung, 06.12.2014, S. 1

herzusehen war zu dieser Zeit, daß es bis 1950 zwei Weltkriege geben würde, in deren Verläufen Millionen von Menschen in Europa sterben würden. Darüber hinaus würde das Europa 1950 erheblich anders aussehen als jenes im Jahr 1910.

Deutschland 1950, mit dem er sich prognostisch befaßte, war ein deutlich kleineres Deutschland als jenes von 1910. Zudem war dieses Deutschland geteilt. Die beiden deutschen Staaten hatten gegensätzliche politische Systeme, gehörten unterschiedlichen Blöcken in einer Konfrontation namens »Kalter Krieg« an und standen sich mißtrauisch gegenüber.

Weltpolitisch wußte unser Autor von 1910 noch nicht einmal etwas von einem großen kommunistischen Reich, denn die Oktoberrevolution fand erst im Jahr 1917 statt. Die Prognosen und politischen Vorhersagen in dem Buch wären bereits nach 20 Jahren absolut obsolet gewesen.

Auch heute wissen wir nicht, was in 40 Jahren sein wird. Vielleicht ist der Kapitalismus bis dahin längst Geschichte. Vielleicht haben die Staaten dieser Welt aber auch bis dahin im Kampf um Rohstoffe kriegerische Auseinandersetzungen begonnen und den Konflikt mit den verbliebenen Atomwaffen ausgetragen, so daß wir uns auf diese Weise abgeschafft hätten. Vielleicht aber hätten wir uns auch wegen der Uneinsichtigkeit insbesondere rechter, konservativer und liberaler Parteien dank einer unzureichenden Klimapolitik die Welt abgeschafft. Auch dies wäre eine Entwicklung, die angesichts der Forderungen zahlreicher Parteien aus diesem Spektrum, weiterhin auf fossile Brennstoffe zu setzen, nicht auszuschließen wäre.

Die Biologismen in Sarrazins Buch

Besonders bekannt wurde das Buch durch seine biologistische Ausrichtung. Zwar bestritt Sarrazin, Eugeniker zu sein, griff in seinem Buch jedoch immer wieder auf den Vater der Eugenik, Francis Galton, zurück.[72] Dabei ist die Eugenik eine Vorstellung, die auch der Tierzucht zugrunde liegt, nämlich daß durch die Kombination guter oder der Vermeidung der Kombination schlechter Erbanlagen eine gute Rasse gezüchtet werden könne. Die Eugenik war Ende des 19. und Anfang des 20. Jahrhunderts populär und wurde von den Nazis zur Euthanasie radikalisiert.[73]

---

[72] vgl. Weingart, Peter: *Ist Sarrazin Eugeniker?* S. 19
[73] vgl. ebd.

Daß die Sorge, »minderwertige« Menschen könnten sich schneller vermehren als »höherwertige« am Anfang des 20. Jahrhunderts verbreitet war, zeigt Weingart in seinem Beitrag zum Buch »Der Mythos vom Niedergang der Intelligenz«. Es wurden Prognosen und Reihen aufgestellt, was herauskäme, wenn sich die »Minderwertigen« doppelt so schnell vermehrten wie die »Höherwertigen«, beziehungsweise wenn die »Höherwertigen« drei und die »Minderwertigen« vier Kinder bekommen würden.[74]

An derartige Weltsichten knüpfte Sarrazin an, wenn er beschwor, daß die »Intelligenten«, beziehungsweise die Akademiker weniger Kinder bekämen als Sozialhilfeempfänger oder Migranten, denen er niedrigen Bildungsgrad und auch einen niedrige Intelligenz zuschrieb. Hierzu ein paar Beispiele aus Sarrazins Buch »Deutschland schafft sich ab«.

Sarrazin führte aus, »dass jene Migrantengruppen besonders viele Nachkommen haben, die als besonders bildungsfern eingestuft werden müssen, also vor allem die Migranten aus der Türkei, dem Nahen Osten und aus Afrika (...)«.[75] Aber nicht nur für Migranten hielt Sarrazin solche Befürchtungen bereit. Auf Seite 92 bezog er sich auf Galton und führte auf Seite 93 aus: »Die Schichtabhängigkeit des generativen Verhaltens in Deutschland ist als stabiler Trend empirisch belegt, belegt ist auch, dass zwischen Schichtzugehörigkeit und Intelligenzleistung ein recht enger Zusammenhang besteht. Unter seriösen Wissenschaftlern besteht heute zudem kein Zweifel mehr, dass die menschliche Intelligenz zu 50 bis 80 Prozent erblich ist. Der Umstand, dass bei unterschiedlicher Intelligenz eugenische und dysgenische Effekte auftreten können, wird daher nicht mehr grundsätzlich bestritten«.[76]

Wenngleich Sarrazin hier auf den Einsatz des menschenverachtenden Vokabulars verzichtete, meinte er im Grude das Gleiche: Es gehe eine Gefahr davon aus, wenn »Minderwertige«, also weniger intelligente Menschen, sich stärker fortpflanzten als Intelligente. Dabei behauptete Sarrazin zugleich, daß dies Stand der Forschung und in der Wissenschaft nicht umstritten sei. Hierzu verwendete er die Kampfformel der *seriösen Wissenschaftler*, unter denen kein Zweifel bestehe. Dies wird immer gerne behauptet, um die eigene Position gegen Kritik zu immunisieren: Wer ande-

---

[74] vgl. ebd. S. 22f
[75] vgl. Sarrazin, Thilo: *Deutschland schafft sich ab*. S. 91
[76] vgl. ebd. S. 93

rer Meinung ist, wird somit einfach als unseriös abgestempelt.

Tatsächlich jedoch ist die Behauptung, daß Intelligenz zu 50 bis 80 Prozent erblich sei, in der Wissenschaft umstritten und unterschlägt, daß es eine intensive Diskussion um die Definition und Vererbbarkeit von Intelligenz gibt.[77]

Sarrazin bezog indes seine Thesen auf bestimmte, von ihm als »bildungsfern« eingestufte Migrantengruppen und auf die deutsche Unterschicht. Insbesondere diese Aspekte des Buches, die an die Erblichkeit von Intelligenz anknüpften, spielten in der öffentlichen Diskussion eine wesentliche Rolle. Dabei richtete sich der Fokus der öffentlichen Debatte einerseits sehr stark auf Sarrazins Thesen zur Migration, andererseits auf seine Annahmen und Behauptungen über Hartz-VI-Empfänger. Hier hatte er schon im Vorfeld der Buchveröffentlichungen mit Einlassungen Aufsehen erregt wie die Folgende: »Hartz-IV-Empfänger sind erstens mehr zu Hause; zweitens haben sie es gerne warm, und drittens regulieren viele die Temperatur mit dem Fenster«.[78]

Gemeint mit dieser Behauptung war, daß Hartz-IV-Empfänger verschwenderisch mit Energie umgingen, weil der Staat die Energiekosten bezahle. Impliziert wurde, daß Sozialhilfeempfänger im Winter die Heizung kräftig aufdrehten, um dann die Fenster aufzureißen, wenn es ihnen zu heiß würde. Wie er zu dieser Erkenntnis kam, führte er auch in seinem Buch nicht aus. Mit der gleichen Fundiertheit könnte indes unterstellt werden, daß er seine eigene Mentalität auf jene der Hartz-IV-Empfänger übertrug und daraus seine Schlußfolgerungen zog. Bedauerlicherweise zogen solch abstruse Ideen nicht nur Empörung sondern auch viel Beifall und Medienaufmerksamkeit nach sich.

Was nun solche Einfälle und Provokationen mit der Sozialdemokratie und deren politischen Zielen zu tun haben könnte, erschließt sich nicht auf den ersten Blick. Zunächst erschien es folgerichtig, daß gegen Sarrazin ein Parteiausschlußverfahren in Gang gesetzt wurde, weil das eigentliche Selbstverständnis der Sozialdemokraten jenes ist, sich für Schwache einzusetzen und nicht sie nicht etwa mit populistischen und haltlosen Unterstellungen herabzusetzen und zu diskriminieren. Dieses traditionelle

---

[77] vgl. Weingart, Peter: *Ist Sarrazin Eugeniker?* S. 24

[78] zitiert nach: *Sarrazins Sprüche.* Süddeutsche.de am 10.03.2010 http://www.sueddeutsche.de/politik/thilo-sarrazin-ein-mann-und-seine-sprueche-1.592750-5 (zuletzt aufgerufen: 25.08.2024)

Bild der Sozialdemokratie hatte sich jedoch mit dem Paradigmenwechsel zum sozialdemokratischen Neoliberalismus und mit der Durchsetzung der Agenda 2010 gewandelt. Wie später noch zu diskutieren ist, rückte auch Kanzlerkandidat Peer Steinbrück in seinem Buch »Unterm Strich« ein erhebliches Stück von der Idee ab, daß die Sozialdemokratie die Schutzmacht der kleinen Leute sein solle.

Sarrazin und der Islam

Um den Parteiausschluß zu entgehen, unterzeichnete Thilo Sarrazin eine »Entschuldigung« für sein Buch. In dieser behauptete er, daß es ihm ferngelegen habe, in seinem Buch Migrantengruppen zu diskriminieren.[79] Möglicherweise glaubte er das wirklich, weil er seiner Meinung nach seine Aussagen insbesondere über muslimische Einwanderer anhand von Statistiken belegt zu haben behauptete.

Grundsätzlich erkannte Sarrazin in seinem Buch an, daß es verschiedene Ausprägungen des Islam und somit auch liberale Muslime gibt.[80] Dominant war in seinem Buch jedoch eine Sichtweise auf den Islam als Bedrohung: »In Deutschland arbeiten ein Heer von Integrationsbeauftragten, Islamforschern, Soziologen, Politologen, Verbandsvertreter und eine Schar von naiven Politikern Hand in Hand und intensiv an Verharmlosung, Selbsttäuschung und Problemleugnung.«[81] Denn tatsächlich sei der Islam von fundamentalistischen Strömungen dominiert.[82]

Methodisch ging Sarrazin bei der Abgrenzung muslimischer Migranten von anderen wie folgt vor: Er stellte fest, daß laut Mikrozensus 2007 in Deutschland 4 Millionen Migranten aus den Herkunftsgebieten Bosnien und Herzegowina, Türkei, Naher und Mittlerer Osten sowie Afrika kämen und erklärte: »Die Migranten aus diesen Herkunftsgebieten werden im Folgenden *muslimische Migranten* genannt.«[83] Zwar gebe es in diesen Gebieten auch Menschen mit anderen religiösen Hintergründen, aber sie fielen kaum ins Gewicht und würden ohnehin bezüglich der Integrations-

---

[79] vgl. Lieb, Wolfgang: *Sarrazin, ein weiterer Sargnagel für die SPD.* NachDenkSeiten, 16.04.2011 http://www.nachdenkseiten.de/?p=9192 (zuletzt aufgerufen: 25.08.2024)
[80] vgl. Sarrazin, Thilo: *Deutschland schafft sich ab.* S. 268
[81] S. 279
[82] vgl. ebd. S. 269
[83] ebd. S. 261, Hervorhebung im Original.

problematik eine Veränderung zum Positiven bedeuten.[84] Pi mal Daumen wurde somit zur Wissenschaft erhoben.

Muslimische Migranten seien unterdurchschnittlich erwerbstätig, dafür überdurchschnittlich abhängig von staatlichen Transferleistungen.[85] Sie seien auch weniger als Selbständige tätig als andere Migrantengruppen.[86] Dieser Vergleich der Selbständigkeit von Muslimen mit anderen Migrantengruppen implizierte zunächst, daß Sarrazin die selbständige berufliche Tätigkeit positiv bewertete. Doch auch wenn Muslime als selbständige Unternehmer tätig waren, verwendet er dies gegen sie: Die starke Ballung türkischer Selbständiger im Obst- und Gemüsehandel sei Ausdruck eines mangelhaften oder fehlenden Bildungsaufstiegs.[87] Für eine solche Unterstellung dürften sich alle Unternehmer und Mitarbeiter, die in diesem wichtigen Bereich der Versorgung der Bevölkerung mit Lebensmittel tätig sind, bedanken.

Durchweg verwies Sarrazin darauf, daß sich muslemische Migranten schlechter integrierten als andere, weniger gebildet seien, seltener arbeiteten und häufiger staatliche Transfers empfingen. Dies untermauerte er mit Statistiken, die Wolfgang Lieb in einem Beitrag für die Nachdenkseiten als falsch und übertrieben bezeichnet.[88] Doch anhand dieser Statistiken wollte Sarrazin seine Thesen belegen, daß gerade muslimische Einwanderer die meisten Probleme verursachen. Dabei seien wir wirtschaftlich nicht auf die Muslime angewiesen, denn sie verursachten mehr Kosten als sie an wirtschaftlichem Mehrwert einbrächten.[89] Hier trat die neoliberale Sichtweise auf die Beschränkung von Menschen nach ihrer wirtschaftlichen Verwertbarkeit deutlich zutage.

Weil nur qualifizierte Muslime in ihr Heimatland zurückkehrten, die mit der in Deutschland erworbenen Ausbildung dort Chancen haben, fände eine Negativauslese innerhalb muslimischer Parallelgesellschaften in Deutschland statt. Dies führe dazu, daß die arbeitslosen Väter ihren Söhnen »übersteigerte Vorstellungen von einer tapferen, um der »Ehre« willen jederzeit gewaltbereiten Männlichkeit«[90] vermittelten. Diese Einführung brachte die Leser eine Seite weiter zu der nicht mit Quellen belegten Behauptung,

---

[84] vgl. ebd.
[85] vgl. ebd. S. 282
[86] vgl. ebd. S. 283f
[87] vgl. ebd. S. 293
[88] vgl. Lieb, Wolfgang: *Sarrazin, ein weiterer Sargnagel für die SPD.*
[89] vgl. Sarrazin, Thilo: *Deutschland schafft sich ab.* S. 267
[90] ebd. S. 296

daß in Berlin »rund 20 Prozent aller Gewalttaten von nur 1000 türkischen und arabischen jugendlichen Tätern begangen [werden], eine Gruppe, die 0,3 Promille der gesamten Berliner Bevölkerung stellt«.[91] Die Berliner Polizei sprach hingegen von 8.7% der Gewaltkriminalität, die von türkischen oder arabischen Jugendlichen begangen worden sein sollen.[92]

Sarrazin nahm es offenbar mit den Statistiken nicht ganz so genau, wie die Verweise auf das Buch von Wagner und Zander zeigen. Er wählte für sein Buch offensichtlich die Quellen und Statistiken aus, die seine Aussagen untermauerten. Die zahlreichen Statistiken und die daraus generierten Tabellen und Kurven in Sarrazins Buch erweckten den Eindruck des Anspruchs von Wissenschaftlichkeit, der jedoch nicht eingelöst wurde. Es handelte sich vielmehr um die Meinungsäußerung und die Weltsicht Sarrazins. Daß sein Buch zu einem Bestseller wurde, stand letztlich auch mit der Aufmerksamkeit der Medien und den Debatten in der Politik in einem untrennbaren Zusammenhang.

Das gescheiterte Ausschlußverfahren

Zu Ostern 2011 gab es dann ein ganz besonders dickes Ei: Sarrazin, dem Parteichef Gabriel noch kurz zuvor medienwirksam den Stuhl vor die Tür stellen wollte, dufte in der SPD bleiben. Nach längeren Verhandlungen wurde eine Erklärung Sarrazins akzeptiert, und Generalsekretärin Andrea Nahles zeigte sich im Namen der Parteispitze mit dem Fortbestand Sarrazins Parteimitgliedschaft bereit.[93] Diese Entscheidung traf auf viel Kritik aus allen Richtungen. Nico Fried von der Süddeutschen Zeitung vertrat die Auffassung, daß von den Parteifunktionären der SPD eine größere Gefahr für die Sozialdemokraten ausgehe als von Sarrazin. Sozialdemokraten hätten zu oft die eigene Interpretation der Satzung über verfassungsrechtliche Werte wie die der Meinungsfreiheit gestellt,[94] behauptete er, Partei für Sarrazin ergreifend.

Sicher, die verfassungsmäßig garantierte Meinungsfreiheit steht auch Parteimitgliedern zu. Auf der anderen Seite aber haben die Parteien als Tendenzbetriebe auch ein Recht, darauf zu achten, daß sie vor lauter Toleranz nicht in die politische Unschärfe ab-

---

[91] ebd. S. 297

[92] vgl. Wagner, Thomas und Michael Zander: *Sarrazin, die SPD und die Neue Rechte.* S. 94

[93] vgl. Braun, Stefan: *Und am Ende bleibt er drin.* Süddeutsche Zeitung 23.04.2011 S. 7

[94] vgl. Fried, Nico: *Gabriel, Nahles und andere Sektierer.* Süddeutsche Zeitung, 23.04.2011, S. 4

gleiten. Die Forderung nach Toleranz an Parteien ist nicht selten vergiftet. Sie erfolgt oftmals aus dem Interesse, die Partei schädigende Diskussionen am Laufen zu halten. Ob dieses Motiv auch bei Fried vorlag, ist schwer zu einzuschätzen. Gleichwohl aber war ihm durchaus vorzuwerfen, daß er an dieser Stelle den Toleranzbegriff überdehnt hatte. Möglicherweise hatte sich jedoch die Parteispitze in diesem Zusammenhang ein wenig ins Bockshorn jagen lassen.

Fried lag jedoch insofern falsch, als daß die SPD ihrem Mitglied Sarrazin die Rede- und Meinungsfreiheit eben nicht beschnitten hatte. Sarrazin konnte seine nicht nur von Sozialdemokraten als abstrus empfundenen Thesen uneingeschränkt äußern – nach einem Ausschluß nur eben nicht als Parteimitglied der SPD. Fried verkannte, daß Parteien nicht verpflichtet sind, jeden beliebigen Querschläger in ihren Reihen zu dulden: Sie können darüber entscheiden, ob ein Mitglied mit seinen Äußerungen zur Partei paßt oder nicht. Auch die Parteien sind in der Verfassung erwähnt und haben einen Anspruch darauf, ein stimmiges politisches Bild in der Öffentlichkeit abzugeben. Wer Auffassungen vertritt, die nicht zu der Partei passen, in der er sich befindet, kann er sich ohne jede Einschränkung seiner Meinungsfreiheit eine neue politische Heimat suchen.

Wenn Sarrazins Thesen mit dem Programm der SPD nicht vereinbar wären, hätte die Partei das Recht und die Legitimation, ihn aus der Partei zu werfen. Doch warum hat sie es nicht getan?

Sarrazin zeigte sich überzeugt, daß die SPD nach dieser Entscheidung für Wähler wählbar bleibe, die bei einem Rauswurf Sarrazins ihr Kreuz woanders gemacht hätten. Dies sei ihm von Bürgern bereits signalisiert worden.[95]

Der Grüne-Bundestagsabgeordnete Memet Kilic mutmaßte, daß hier auch ein Motiv für den Nicht-Rauswurf Sarrazins liegen könne: Angesichts des Erstarkens rechtspopulistischer Parteien in europäischen Nachbarländern habe die SPD kalte Füße bekommen.[96] Sarrazin käme somit die Funktion zu, Wähler bei der Stange der SPD zu halten, die sich ansonsten gegebenenfalls für rechtspopulistische Politikangebote entschieden hätten.

---

[95] vgl. Fried, Nico: *Der Streit nach der Schlichtung.* Süddeutsche Zeitung, 26.04.2011, S. 6

[96] vgl. Braun, Stefan: *Und am Ende bleibt er drin.* Süddeutsche Zeitung, 23.04.2011, S. 7

Es ist anzunehmen, daß es für die Entscheidung, das Ausschluß-verfahren nicht weiterzuverfolgen, mehrere Gründe gegeben hatte. Vielleicht wollte die Parteispitze das quälende Verfahren, daß sich bei einem entsprechenden Widerspruchs- und Klageverhalten Sarrazins noch über längere Zeit hingezogen hätte, abkürzen. Dies mag mit Kilics Beobachtungen zusammenhängen und aber auch damit, daß die Parteispitze diesen Schauplatz der Auseinandersetzung aus weiteren Gründen schließen wollte.

Sarrazins Agenda 2020

Durch die ausführlichen öffentlichen Diskussionen um die Biologismen und Sarrazins Einstellung zu muslimischen Einwanderern gerieten die sozialpolitischen Aussagen im Buche Sarrazins aus dem Blick. Stand der sozialdemokratischen Programmatik war die Agenda 2010 mit den sogenannten Hartz-Reformen, in deren Rahmen der Druck auf die Arbeitslosen durch die Androhung von Leistungskürzung bei tatsächlicher oder vermeintlicher Verweigerung von Kooperation erhöht wurde.

In Fragen der Sozialpolitik verfolgt Thilo Sarrazin in seinem Buch einen strikten neoliberalen Kurs. Mit Blick auf die Empfänger von Hartz-IV-Leistungen ließ Sarrazin wissen, daß der im Regelsatz vorgesehene Betrag für Lebensmittel allemal ausreiche, um sich ausgewogen und gesund zu ernähren.[97] Seine Schlußfolgerung lautet, daß Transferempfänger, die sich und ihre Kinder nicht ausgewogen ernährten, kein Armuts- sondern ein Verhaltensproblem hätten.[98] Zugrunde legte Sarrazin dabei den Anteil am Regelsatz, der im Rahmen des Gesetzes für Nahrungsmittel und Getränke eingeplant war.

Gleichwohl vernachlässigte Sarrazin, daß gerade in Familien nicht nur Lebensmittel einzukaufen waren. Denn bei Familien wurde für die Kinder im Hartz-IV-Bezug angenommen, daß sie wie kleine Erwachsene seien. Obwohl sich die Kinder noch im Wachstum befinden und daher öfter als Erwachsene neue Kleidung und Schuhe brauchen, war der Regelsatz für sie geringer. Weil nahezu alles im Regelsatz pauschaliert wurde, waren die Sonderzuweisungen für sonstige Anschaffungen praktisch abgeschafft. Mit dem Regelsatz mußten und müssen somit auch außerplanmäßige Ausgaben geleistet werden.

Brauchten die Kinder also neue Kleidung und Schuhe, weil sie aus

---

[97] vgl. Sarrazin, Thilo: *Deutschland schafft sich ab.* S. 116
[98] vgl. ebd. S. 119

der und den alten herausgewachsen waren, mußte diese Ausgabe mit dem bestehenden Regelsatz geleistet werden, weil der Gesetzgeber davon ausging, daß sozusagen aufs Jahr gesehen der monatliche Regelsatz alle Bedarfe abdeckte.

Gleichwohl hatte Sarrazin hier bereits das wesentliche Grundmuster seiner Vorstellung von Armut und Sozialpolitik klargestellt: Strukturen gab es nicht, sondern Armut und Geldmangel waren ein Problem des Verhaltens der Betroffenen. Dieses Grundmuster zog sich nunmehr durch die Kapitel seines Buches zu den Themen Arbeit, Armut und Bildung. Sein Anliegen war nicht, Benachteiligungen zu beseitigen, sondern das (falsche) Verhalten der Betroffenen zu ändern.

Wenn Kinder hungrig in die Schule kämen, läge dies nicht an der Armut der Familie sondern daran, daß die Eltern zu faul seien, morgens aufzustehen und den Kindern ein Frühstück zu machen, wie auch der Kauf von Zigaretten und Alkohol statt Obst und Gemüse mit Folge von Fettleibigkeit aufgrund mangelnder Bewegung zwar nicht ausschließlich aber doch in erster Linie ein Problem von Unterschichten seien.[99] Wiederum sei nicht Armut sondern falsches Verhalten verantwortlich für die Mißstände.

Diese Ernährungsprobleme seien nicht durch Suppenküchen zu lösen, die es den willensschwachen Unterschichtsmitgliedern ersparten, selbst zu kochen. Das Geld solle besser in Kochkurse für die betroffenen Gruppierungen investiert werden.[100]

Seine Vorschläge zur Behebung dieser von ihm diagnostizierten Probleme liefen auf einen Fortentwicklung der Agenda 2010 hinaus. Die Lösungsansätze, die Sarrazin vorzog, entsprachen einer Verschärfung dessen, was durch die rot-grüne Bundesregierung bereits bei Hartz IV ins Gesetz geschrieben wurde.

Im Gegensatz zur Programmlage der SPD, die bereits zu der Zeit bestand, in der sein Buch entstand und veröffentlicht wurde, lehnte Sarrazin Mindestlöhne ab, mit dem unter Neoliberalen weitverbreiteten Argument, daß sie den Berufseinstieg für Geringqualifizierte verhinderten.[101]

Sarrazin bevorzugte Modelle, die Druck auf Arbeitslose ausüben und ihnen für tatsächliches oder vermeintliches Fehlverhalten

---

[99] vgl. ebd. S. 120
[100] vgl. ebd.
[101] vgl. ebd. S. 181

die Zuwendungen kürzten. So zum Beispiel das Modell der »Aktivierenden Sozialhilfe« des Ifo-Instituts, das er in seinem Buch wohlwollend dahingehend beschrieb, daß Arbeitslosen der Regelsatz gestrichen wird und nur noch die Unterkunft bezahlt werde. (Derartige Ansinnen wurden inzwischen vom Bundesverfassungsgericht als verfassungswidrig verworfen.) Als Arbeitsanreiz sollen dann die Anrechnungsmöglichkeiten verbessert werden und für jene, die keine Beschäftigung am Arbeitsmarkt finden, verbindliche Beschäftigungsangebote im kommunalen Bereich geschaffen werden.[102] Dies liefe auf einen Arbeitszwang hinaus, der verfassungsrechtlich problematisch ist. Überdies stellte sich bei einem solchen Modell ohnehin die Frage, woher denn die Kommunen die Arbeitsplätze nehmen sollten, ohne reguläres Personal dafür zu entlassen. Dennoch schrieb Sarrazin über das Ifo-Modell: »[...] aber es [das Modell, R.B.] ist in seiner konsequenten Radikalität von einer Frische, die sympathisch berührt«.[103]

Auch das amerikanische Workfare-Modell fand seinen Zuspruch. Hier würden für die Transferleistungen konsequent Gegenleistungen eingefordert, die auch nicht produktiv sein müßten, also auch schlichte Beschäftigungstherapie. Wer seinen Pflichten nicht nachkomme oder unpünktlich sei, dem werde die Grundsicherung gekürzt oder gestrichen.[104]

In der öffentlichen Diskussion waren solche Modelle seit der Einführung von Hartz IV, das ja auch auf der Bestrafung von Arbeitslosen für tatsächliches oder vermeintliches Fehlverhalten durch Leistungskürzung beruhten, offenbar salonfähiger geworden.

Sarrazin möchte dieses Modell der Leistungskürzung allerdings auf die Disziplinierung von Arbeitslosen begrenzt wissen: »Zweimal Hausaufgaben nicht gemacht, Kindergeld um 50 Prozent gekürzt [...] Was meinen sie, was auf einmal die Hausaufgaben gemacht werden.«[105]

Würde diese Idee Sarrazins umgesetzt, müßten die Lehrer verpflichtet werden, ihre Schüler bei den Sozialbehörden zu denunzieren. Ein vertrauensvolles Lehrer-Schüler-Verhältnis ließe sich

---

[102] vgl. ebd. S. 178f
[103] ebd. S. 179
[104] vgl. ebd. S. 183
[105] *Sarrazins Sprüche*. Süddeutsche.de am 10.03.2010
http://www.sueddeutsche.de/politik/thilo-sarrazin-ein-mann-und-seine-sprueche-1.592750-2 (zuletzt aufgerufen: 25.08.2024)

so wohl kaum aufbauen.

Finanzieller Druck auf Empfänger staatlicher Leistungen sollte in diesem Fall dazu genutzt werden, »richtiges« Verhalten zu erzwingen. Über den »Veggie-Day« (Vegetarier-Tag) der Grünen hatten sich Medien und politische Gegner wochenlang einerseits lustig gemacht, andererseits von »Bevormundung« gesprochen. Das Argument der »Bevormundung« entfiel jedoch, wenn es um die Ausübung von Druck auf Schwächere geht. Sarrazins Vorschläge dienten einzig dazu, die Hilfeempfänger zu einem Verhalten zu drängen, welches von Sarrazin (und auch von anderen Neoliberalen) für richtig erachtet wurde. Überdies ging es darum, die Betroffenen auch in schlechtbezahlte Jobs zu zwingen, was im Ergebnis dazu führte, daß das gesamte Lohngefüge sich nach unten verschob, wie auch bereits in Folge der Hartz-IV-Reformen zu besichtigen war.

Ausgangspunkt für eine solche Strategie war die schon zuvor durch den politischen Diskurs verbreitete und die der Agenda 2010 zugrundeliegende Auffassung, daß Armut und Arbeitslosigkeit nicht strukturell bedingt sei, sondern in persönlichem Fehlverhalten oder Versagen begründet lag. Insofern stand das Buch »Deutschland schafft sich ab« zumindest in diesem Punkt mit sozialdemokratischer Politik der Ära Schröder/Steinmeier/Steinbrück in einem gewissen Maße im Einklang.

Auch bei der Integration von auf Transferleistungen angewiesenen Migranten – in Sarrazins Augen also muslimische Migranten, denn er verortete Probleme bei der Integration praktisch nur bei ihnen – setzte der frühere Berliner Finanzsenator auf finanziellen Druck: Das oben bereits beschriebene Workfare-Konzept sei auch auf muslimische Migranten anzuwenden. Das bedeutete: Die Betroffenen mußten sich zur zugeteilten gemeinnützigen Arbeit einfinden oder einen Sprachkurs machen, wenn sie des Deutschen nicht mächtig genug seien. Nichterscheinen oder Unpünktlichkeit führten zu Kürzungen der Transfers. Auch deren Kindern sollten die staatlichen Zuwendungen gekürzt werden, wenn diese im Kindergarten unentschuldigt fehlten. Sarrazin lehnte Befreiung von Unterrichtsfächern aus religiösen Gründen (Sport oder Biologie) ab. Der Zuzug von Ehegatten sollte nur möglich sein, wenn der in Deutschland lebende Teil der Familie drei Jahre ohne Unterstützung auskam.[106] Sarrazin verfolgte mit letzterem das Ziel,

---

[106] vgl. Sarrazin, Thilo: *Deutschland schafft sich ab.* S. 328

nur noch qualifizierte Zuwanderer nach Deutschland hereinzulassen.[107]

Was Sarrazin hier in vielen Bereichen forderte, war die konsequente Fortentwicklung der Agenda 2010. Denn der Geist, Transferempfänger durch die Drohung, ihnen auch noch das Existenzminimum wegzukürzen, beseelte auch die Agenda 2010 und hier insbesondere Hartz IV. Dabei zeigten zahlreiche Widersprüche, die bis vor die Gerichte gingen, daß die Sanktionen durch die Richter überwiegend revidiert wurden, weil diese überzogen waren oder gänzlich zu Unrecht ergingen.

Bis in die jüngste Vergangenheit, besonders nach der Einführung des Bürgergeldes durch die Ampelkoalition in den 2020er Jahren, zog sich die Diskussion um Sanktionen. Die Unionsparteien hielten das Bürgergeld für einen Fehler und versprachen für den Fall der Machtübernahme nach der Bundestagswahl 2025 die Rückkehr zu einem harten Sanktionssystem, also im Wesentlichen zu den Grundsätzen von Hartz IV. Im Fokus stand auch hier das sogenannte »Lohnabstandsgebot«, daß die Aufnahme schlecht bezahlter Arbeit unattraktiv machte, wenn die Sozialleistungen »zu hoch« seien. Die Vertreter dieser Auffassung betonten zwar immer wieder, daß Arbeit sich lohnen müßte, setzen sich jedoch nicht für die Erhöhung der Löhne oder des Mindestlohnes ein, sondern für die Kürzung von Sozialleistungen, damit sich die Arbeit »wieder lohne«.

Im Zusammenhang mit Arbeitslosigkeit war und ist viel die Rede davon, daß Arbeit ja nicht nur Broterwerb sei, sondern dem Betroffenen auch gesellschaftliche Anerkennung und Würde verleihe. Mit Würde hat es jedoch nichts zu tun, wenn Menschen gezwungen werden, jede auch noch so unqualifizierte Arbeit anzunehmen, weil ihnen anderenfalls die Transfers gekürzt werden, die ohnehin gerade so das Existenzminimum absichern. Und Anerkennung bedeutet überdies, die Menschen so zu bezahlen, daß sie von ihrer Arbeit leben können, ohne am Monatsende bei der Arbeitsagentur mit allen notwendigen Formularen und Nachweisen vorstellig werden zu müssen, um dort das Gehalt aufzustocken.

In gewisser Weise war es bedauerlich, daß in der öffentlichen Diskussion vor allem die Kapitel über die Biologismen und die Einwanderungspolitik im Vordergrund standen. Diese Themen

---

[107] vgl. ebd. S. 329

verdrängten eine eigentlich notwendige kritische Diskussion über den autoritären Umgang, den sich Sarrazin mit den Schwachen in dieser Gesellschaft wünschte. Möglicherweise blieb diese Diskussion auch deshalb aus, weil die SPD mit Hartz VI solche Ideen hoffähig gemacht hatte.

Sarrazins Islamstudien

Im Jahr 2018 erschien das mittlerweile fünfte Buch von Thilo Sarrazin mit dem Titel »Feindliche Übernahme. Wie der Islam den Fortschritt behindert und die Gesellschaft bedroht«. Bereits im Vorfeld dieser Veröffentlichung im FinanzBuch-Verlag hatte Sarrazin auf seine eigene Weise für das Buch geworben, als er sich mit seinem bisherigen Verlag Deutsche Verlagsanstalt (DVA), die zur Random House Gruppe gehört, überwarf. Der Verlag, der die bisherigen Bücher Sarrazins ohne mit der Wimper zu zucken veröffentlichte, wollte für Sarrazins neues Werk ein Gutachten erstellen lassen, weil es schwierig sei, Sarrazins Erkenntnisse über den Koran und den Islam zu überprüfen, die er in dem Buch ausführte.[108] Sarrazin lehnte dieses Ansinnen kategorisch ab. Es kam zum Streit über das Veröffentlichungsdatum und DVA kündigte den Vertrag, woraufhin Sarrazin den Verlag auf Schadensersatz von insgesamt 800 000 Euro verklagte, weil das Buch nun nicht mehr so ein Erfolg werden würde wie es der Fall gewesen wäre, wenn es bei der DVA erschienen wäre.[109] Diese 800 000 Euro wollte also mit Thilo Sarrazin der Mann haben, der öffentlichkeitswirksam und provokativ in der Diskussion um die Höhe niedriger Löhne behauptete, er würde für fünf Euro pro Stunde arbeiten, weil ein solcher Stundenlohn dazu führte, daß er 40 Euro pro Tag verdiene.[110] Am Ende einigte er sich mit seinem Verlag darauf, daß er die Vorschlußzahlungen in Höhe von 75 000 Euro behalten durfte und nur 25 000 Euro zurückzahlen mußte. Eine Entschädigung wurde ihm nicht zugesprochen. Die Zusammenarbeit zwischen Thilo Sarrazin und dem Verlag DVA war nach diesem öffentlichen Streit um das Buch beendet.[111]

---

[108] vgl. Schmidt, Marie: *Wie man einen Bestseller lanciert.* Süddeutsche Zeitung, 10.07.2018, S. 9
[109] vgl. ebd.
[110] vgl. *Sarrazin würde für fünf Euro pro Stunde arbeiten.* Tagesspiegel, 18.06.2008, https://www.tagesspiegel.de/berlin/sarrazin-wurde-fur-funf-euro-pro-stunde-arbeiten-1661104.html (zuletzt aufgerufen: 25.08.2024)
[111] vgl. LG München I: Einigung im Streit um »Feindliche Übernahme« – Keine Entschädigung für Sarrazin. beck-aktuell, 09.10.2019, https://rsw.beck.de/aktuell/daily/meldung/detail/lg-muenchen-i-einigung-in-

Inhaltlich ging es bei diesem Buch einmal mehr um den Islam. Sarrazin habe, um dieses Buch zu schreiben, den ganzen Koran gelesen und wollte nun anhand dessen belegen, daß der Islam eine Gefahr für die moderne Gesellschaft sei. Kein Wunder, daß die DVA hierüber zunächst gerne einen Gutachter gehört hatte, wobei es vielleicht sinnvoll gewesen wäre, einen solchen Schritt auch schon bei früheren Werken Sarrazins zu unternehmen.

In fünf Großkapiteln wollte Sarrazin darin anhand seiner Koran-Studien belegen, daß der Islam die Kultur veröde, die Moslems nur stark im Bevölkerungswachstum, ansonsten aber bei Wissenschaft und Technologie schwach seien.[112] Letztlich konnte hierin eine Fortführung seines Buches »Deutschland schafft sich ab« gesehen werden, in dem er sich auf den Islam konzentrierte und versuchte, anhand des Korans seine Thesen zu bekräftigen.

Deutschland, so stellte die Süddeutsche Zeitung fest, »braucht dieses Buch so nötig wie einen Ebola-Ausbruch«.[113] Sarrazin habe den Text zwar gelesen, jedoch auf eine Einordnung in Zeit und Ort der Entstehung des Korans verzichtet, denn es gehe Sarrazin nicht um die historische Einordnung sondern um Behauptungen wie jene, daß sich eine islamische Baukultur nicht entwickelt habe.[114] Wie auch schon bei »Deutschland schafft sich ab« mühte sich Sarrazin, Vorurteile und Klischees über den Islam mit ausgewählter Literatur zu belegen, also solcher, die weitgehend seinem Weltbild entsprechen, während er sich an seinen Gegnern abarbeitete.[115]

Der Parteiausschluß

Die Veröffentlichung dieses Buches führte dazu, daß in der SPD wieder die Forderung laut wurde, Sarrazin endlich aus der Partei zu werfen. Wenn auch angesichts der vergangenen Versuche in den Jahren 2009/10 und 2011 Zweifel aufkommen mochten, ob

---

streit-um-feindliche-uebernahme---keine-entschaedigung-fuer-sarrazin (zuletzt aufgerufen: 25.08.2024)

[112] vgl. Sauerbrey, Anna: *Thilo Sarrazin legt nach - verletzend, grenzrassistisch und manipulativ*. Tagesspiegel online vom 30.08.2018. https://www.tagesspiegel.de/poli tik/sarrazins-neues-buch-thilo-sarrazin-legt-nach-verletzend-grenz-rassistisch-und-manipulativ/22974564.html (zuletzt aufgerufen: 25.08.2024)

[113] Zekri, Sonja: *Eugenischer Weltbürgerkrieg*. Süddeutsche Zeitung, 30.08.2018, S. 9

[114] vgl. ebd.

[115] vgl. Sauerbrey, Anna: *Thilo Sarrazin legt nach - verletzend, grenzrassistisch und manipulativ*. Tagesspiegel online vom 30.08.2018. https://www.tagesspiegel.de/poli tik/sarrazins-neues-buch-thilo-sarrazin-legt-nach-verletzend-grenz-rassistisch-und-manipulativ/22974564.html (zuletzt aufgerufen: 25.08.2024)

das erneute Verfahren zum Ausschluß führen würde, gelang dieses Mal der Rauswurf Sarrazins. Die Schiedskommission der SPD erklärte, Sarrazin » vertrete in seinen Äußerungen und Büchern rassistische und islamfeindliche Thesen, die mit den SPD-Werten unvereinbar seien«.[116] In seinen Auffassungen spreche Sarrazin vor allem Menschen muslimischen Glaubens die gleiche Würde und Wertigkeit wie den anderer Menschen ab.[117] Sarrazin beklagte, daß Verfahren vor dem Schiedsgericht sei nicht fair und offen gewesen und kündigte eine Klage vor einem Zivilgericht an.[118] Zu hören war davon später nichts mehr.

Grundsätzlich waren diese Gründe bereits bei den ersten beiden Versuchen gegeben, Sarrazin aus der Partei zu werfen. Es lag auch an den Verantwortlichen in der Partei, daß dies nicht gelang. Auch wenn in Rechnung gestellt werden muß, daß Parteiausschlußverfahren sich oft über längere Zeiträume hinziehen und es den Betroffenen ermöglichen, sich in der Öffentlichkeit als von der Parteiführung verfolgte Märtyrer zu inszenieren, muß es jedoch Grenzen geben, die Parteien allein schon wegen der Glaubwürdigkeit ihres Programmes einhalten sollten.

Warum aber legte Sarrazin einen solchen Wert auf seine Mitgliedschaft in der SPD, wenn doch seine Auffassungen so weit von der Programmatik der Partei entfernt lagen? Hier tut sich ein Problem auf, daß viele Parteien mit ihren Querulanten haben. Denn tatsächlich garantiert eine solche innerparteiliche Auseinandersetzung insbesondere den Parteiquerulanten öffentliche Aufmerksamkeit. Diese war für Sarrazin besonders von Bedeutung, weil dies zugleich die hohen Verkaufszahlen für seine Bücher garantierten. Es war aus diesem Grund nicht damit zu rechnen, daß Sarrazin selbst die Konsequenz aus seinen »Erkenntnissen« ziehen und die SPD verlassen würde. Insofern war der Parteiausschluß aus der Perspektive der Partei die einzig richtige und konsequente Entscheidung.

---

[116] vgl. *Kein Genosse mehr.* Süddeutsche Zeitung, 01.08.2020, S. 7
[117] vgl. ebd.
[118] vgl. ebd.

Unterm Strich

In seinem fast schon wie ein Vermächtnis klingenden Buch »Unterm Strich« legte Peer Steinbrück nach seiner Zeit als Bundesfinanzminister in der großen Koalition seine Sicht der Dinge dar. Dieses Buch wurde hier bereits mehrfach zitiert und als Beleg für die Sichtweise der Agenda-Politiker in der SPD herangezogen.

Peer Steinbrück war 2013 Kanzlerkandidat der SPD und setzte sich als solcher für einen flächendeckenden Mindestlohn ein, für eine Mietpreisbremse, für eine stärkere Regulierung der Banken und für die Wiedereinführung der Vermögenssteuer. Überdies wollte er eine Erhöhung der Steuern für hohe Einkommen.

Der Wahlkampf der SPD im Jahr 2013 war sehr stark auf die Wiedergewinnung der Wähler gerichtet, die der Partei aus Enttäuschung über die Agenda 2010 den Rücken gekehrt hatten. Dennoch konnte die Partei kaum hinzugewinnen. Daß dies nicht gelang, dürfte seine Ursache auch darin gehabt haben, daß noch immer das Agenda-Personal den Ton in der SPD angab und der Partei somit schlicht nicht geglaubt wurde, daß sie nach der Wahl eine andere Politik machen würde als zu Zeiten von Gerhard Schröder. Auch die Einbindung Schröders in Steinbrücks Wahlkampf durfte dazu beigetragen haben.

In den Medien wurde immer wieder behauptet, daß der Kandidat einfach nicht zum Programm passe. Dies wurde von der SPD zurückgewiesen. Ein Blick in Steinbrücks Buch bestätigte diese These jedoch.

Steinbrück leugnete den Zusammenhang zwischen den Verlusten an Wählern und Mitgliedern der Partei mit der Agenda 2010. Bezüglich der Mitgliederverluste erklärte er schlicht, daß dies unzutreffend sei. Bezüglich der Wahlniederlagen meinte Steinbrück, daß der Verweis auf den Zusammenhang mit der Agenda 2010 eine Ausrede von Parteiaktivisten und Gewerkschaftern sei.[119] Nicht wegen der Agenda 2010 an sich litt die SPD im Gefolge von 2003 an Wahlniederlagen, so Steinbrück, sondern »weil sie [die SPD, R.B.] es versäumte, dieses Reformkonzept sich selbst zu erklären und offensiv nach außen hin zu vertreten«.[120] Die SPD habe »die Interpretationshoheit über die Agenda 2010 den Linken innerhalb der SPD, den Gewerkschaften und der Linkspartei

---

[119] vgl. Steinbrück, Peer: *Unterm Strich.* S. 442
[120] ebd.

überlassen«.[121]

Enttäuscht seien jene gewesen, die die SPD 1998 und 2002 gewählt hatten, weil sie von ihr Antworten auf die Globalisierung, den demographischen Wandel und die gesellschaftliche Entwicklung erwartet hätten, so Steinbrück weiter. »Diese Wähler sahen in der SPD nicht mehr die Partei der Modernisierung, sondern eine strukturkonservative Partei, die sich ihrer eigenen Regierungsfähigkeit nicht mehr sicher war – und die ihren eigenen, im öffentlichen Ansehen hoch gehandelten Kanzler zu demontieren begann.«[122]

Nicht selten wurde darauf verweisen, daß die Agenda den Menschen einfach nicht genug erklärt wurde. Hinter diesem Deutungsmuster steckte ein recht obrigkeitsstaatliches Denken: Wir hier oben kennen die Wahrheit und denen da unten müssen wir sie erklären.

Aber woher nahm Peer Steinbrück eigentlich die Weisheit, daß nicht die Agenda 2010 schuld sei am Niedergang der SPD sondern deren Kritiker? Wie kam er dazu, Parteilinken und Gewerkschaften einen Vorwurf zu machen und gleichzeitig zu behaupten, daß Schröder hohes öffentliches Ansehen genoß, wenngleich die SPD doch immer weiter abstieg? Bestand eine Logik darin, die richtige Politik zu machen und trotzdem abgestraft zu werden?

Vielleicht war Steinbrück auch nur der veröffentlichten Meinung aufgesessen, die gerne als »öffentliche Meinung« dargestellt wurde. Das Problem ist alt. In den Medien tauchen vor allem jene auf, die prominent sind, die zur Regierung oder zu den Verbandsfunktionären der Wirtschaft gehören. Rückblickend ließ sich sagen, daß die Agenda 2010 die besondere Unterstützung liberal-konservativer Medien hatte und auch die vom Arbeitgeberverband der Metall- und Elektroindustrie finanzierte Initiative Neue Soziale Marktwirtschaft diese unterstützte und – inzwischen mit Wolfgang Clement als Kurator – das zehnjährige »Jubiläum« der Agenda feierte.

Steinbrücks Behauptung, die Niederlage der SPD habe nichts mit der Agenda 2010 zu tun, war eine durchaus gewagte Behauptung. Mehr noch, eine Studie von Infratest dimap, mit der sich die Spitzen der SPD nach der Bundestagswahl 2013 zu befassen hatte, sagte aus, daß das bescheidene Wahlergebnis der SPD im Jahr

---

[121] ebd.
[122] ebd.

2013 darauf zurückzuführen war, daß die Wähler der SPD ihren Wandel in der Sozialpolitik nicht geglaubt hätten.[123] Also hatte die Entwicklung im Gegensatz zu Steinbrücks Wahrnehmung wohl doch etwas mit der Agenda 2010 zu tun.

Im Zeitraum von 1998 bis 2002, also der ersten rot-grünen Wahlperiode, verlor die SPD ca. 82 000 Mitglieder. In der Zeit zwischen 2002 und 2005, also der zweiten rot-grünen Wahlperiode und der Durchsetzung der Agenda 2010 verlor die SPD weitere ca. 104 000 Mitglieder und dies in einem gegenüber der ersten Wahlperiode kürzeren Zeitraum von drei Jahren.[124]

Nun bestritt Steinbrück den Verlust von Mitgliedern nicht, sondern bezweifelte nur ihre Ursache. Daß aber sich der Mitgliederschwund in Zeiten der Agenda 2010 beschleunigt hat, deutete darauf hin, daß die Agenda 2010 eben doch eine Rolle gespielt hatte. Auch erschien die Wahrnehmung unzutreffend, daß die Wähler, die SPD und Grüne im Jahr 1998 an die Macht gebracht hatten, sich solche Reformen gewünscht hätten. Wäre dies der Fall gewesen, hätten sie doch die Politik bestätigt, um die Regierung gegenüber ihren Kritikern zu stärken, statt sie zu schwächen. Überdies hatte die Partei den Bundestagswahlkampf 1998 nicht mit dem Versprechen einer Reform im Sinne der Agenda 2010 bestritten, sondern mit einem sozialpolitischen Kurs, der das genaue Gegenteil versprach. Hieraus resultierte eben gerade die Enttäuschung der Menschen über die neoliberale Wende der Agenda 2010.

Die Mehrheit der Bevölkerung wünschte sich einen starken Sozialstaat, und dies seit Jahrzehnten, denn sie wußten, daß sie von einem Systemwechsel, der von den solidarischen Sicherungssystemen wegführt, nicht profitieren würden.[125]

Doch mit diesen Menschen wollte Steinbrück nicht so recht etwas zu tun haben. Denn er monierte, daß die SPD vielfach als eine Partei der Verlierer und Zukurzgekommenen wahrgenommen würde, was keine attraktive Botschaft sei.[126] Zudem sei diese Zielgruppe seit der Agenda 2010 ohnehin für die SPD schwer zu errei-

---

[123] vgl. *SPD übt Selbstkritik.* Süddeutsche Zeitung, 15.10.2013, S. 6
[124] vgl. http://www.bpb.de/politik/grundfragen/parteien-in-deutschland/138672/mitgliederentwicklung-cdu-und-spd-ab-1990 (zuletzt aufgerufen: 25.08.2024)
[125] vgl. Müller, Albrecht: *Lohnt es sich, die SPD zu ruinieren?* Süddeutsche Zeitung, 18.06.2004, S. 2
[126] vgl. Steinbrück, Peer: *Unterm Strich.* S. 459

chen. Also, so empfahl Steinbrück, diese Wählerklientel der Linkspartei zu überlassen und sich zu öffnen »gegenüber den Facharbeitern der modernen Industrien, den Wissensarbeitern, Mittelständlern, disponierenden Eliten, zivilgesellschaftlichen Organisationen, berufstätigen Frauen, gegenüber dem aufgeklärten Bürgertum, dem der dumpfbackige und konservative Teil der CDU zu viel und der eindimensionale Liberalismus der FDP zu wenig ist«.[127]

Auch wenn Steinbrück immer wieder betonte, die Schwachen der Gesellschaft nicht aus den Augen verlieren zu wollen, hielt er doch an der Strategie der Agenda 2010 des sogenannten »Förderns und Forderns« fest. Daß ihm die Schwachen der Gesellschaft nicht so sehr am Herzen lagen, hatte Steinbrück bereits an anderer Stelle deutlich gemacht als er schrieb: »Soziale Gerechtigkeit muss künftig heißen, eine Politik für jene zu machen, die etwas für die Zukunft unseres Landes tun: die lernen und sich qualifizieren, die arbeiten, die Kinder bekommen und erziehen, die etwas unternehmen und Arbeitsplätze schaffen, kurzum, die Leistung für sich und unsere Gesellschaft erbringen. Um die – und nur um sie – muss sich Politik kümmern.«[128]

Im gleichen Beitrag verkündete Steinbrück, daß der Staat stärker in Bildung und Familie investieren müsse. Für Gesundheit, Alter und Pflege müßten die Menschen allerdings stärker selbst vorsorgen. Dabei sprach sich Steinbrück für die Abkopplung der Sozialversicherungen von den Arbeitskosten (Lohnzusatzkosten) aus. Eine Grundsicherung sollte durch Steuern finanziert werden und die Menschen hätten darüber hinaus privat vorzusorgen.[129] Könnten es übrigens nicht auch solche Positionen sein, die Steinbrück zu einem gerngesehenen Gastredner auf Veranstaltungen der Finanzbranche werden ließen?

Insgesamt sah Steinbrück bei allen programmatischen Vorschlägen, die er machte, wenig Spielraum für die Politik. Die Zeit der Ideologien sei vorbei, meinte Steinbrück, und darüber sei er froh.[130] Zwar machte die Entideologisierung den Parteien zu schaffen, weil die Menschen nicht nur Krisenmanagement von der Politik, sondern auch Angebote erwarteten, die »ihren emo-

[127] Steinbrück, Peer: *Unterm Strich.* S. 460f.
[128] Steinbrück, Peer: *Etwas mehr Dynamik, bitte!* Zeit Online. http://www.zeit.de/200 3/47/Steinbr_9fck/komplettansicht (zuletzt aufgerufen: 25.08.2024)
[129] vgl. ebd.
[130] vgl. Steinbrück, Peer: *Unterm Strich.* S. 383f

tionalen Bedarf an Hoffnungen« berücksichtigten.[131] Globale Probleme machten die Parteien immer einheitlicher und beraubten sie der Möglichkeit, die Lebens- und Arbeitsverhältnisse der Menschen zum Besseren zu wenden.[132] Nur die Linkspartei bilde eine Ausnahme: »Sie ist über ihre Wurzeln als klassische sozialistische Einheitspartei ideologisch so weit aufgeladen und zugleich von außen- und wirtschaftspolitischen Realitäten so weit entfernt, dass sie von einer Revision ihres Programms zerrissen würde.«[133]

Diese Anmerkung über die Linkspartei sagte viel über Steinbrücks Sicht der Dinge aus. Er betrachtete die »wirtschaftspolitischen Realitäten« als nicht gestaltbar. Seiner Meinung nach müßten sich die Parteien den wie auch immer definierten Realitäten anpassen und auf die Gestaltung derselben verzichten. Visionen und Utopien stand Steinbrück mit ablehnendem Mißtrauen gegenüber und zog statt dessen einen »politischen Pragmatismus zu politischen Zwecken«[134] vor.

Vermutlich würde Angela Merkel ihren Politikansatz genauso beschreiben. Beide unterlagen dabei jedoch wohl eher einer Selbsttäuschung oder wollten ihre Umwelt in die Irre führen. Denn beide standen auf einem festen ideologischen Fundament, von dem aus sie ihre Weltsicht in Politik übersetzten. Dabei diente die Selbstbeschreibung als »ideologiefreie Pragmatiker« vornehmlich dem Ziel, die eigene Politik als problemorientierte Maßnahmen, zu denen es bei vernünftiger Betrachtung keine Alternative gebe, darzustellen. Sowohl Angela Merkel als auch Peer Steinbrück orientieren sich an den Politikentwürfen des Neoliberalismus, was in ihrer praktischen Politik und den geäußerten Auffassungen zum Ausdruck kam. Steinbrück zog, wie gezeigt, Konzepte der privaten Vorsorge vor. Angela Merkel hatte im Leipziger Programm der CDU versucht, diese Partei auf einen strengen neoliberalen Kurs zu bringen und war damit gescheitert. Gleichwohl setzte sie diese Politikziele fort, was unter anderem erkennbar war an der Orientierung an marktförmigen Lösungen bis hin zur Forderung, die Demokratie »marktkonform« zu gestalten.

Steinbrücks Ansatz war zwar nicht der der »marktkonformen Demokratie«, sondern er sah, deutlich subtiler, den Sachzwang,

---

[131] vgl. ebd. S. 384
[132] vgl. ebd. S. 385
[133] ebd. S. 386
[134] ebd. S. 384

dem sich die Politik nicht entziehen konnte und durfte. Er kritisierte die »Attitüde des Rechtshabens«[135] und forderte, daß sich die Parteien programmatisch öffneten und auch der bei der Personalauswahl nicht auf jene setzen dürften, die das Parteiprogramm am besten verkörpern. Statt dessen müsse die Reichweite des Kandidaten über die Parteigrenzen hinaus den Maßstab bilden.[136]

Nicht also Visionen und Utopien sollen die Politik der Parteien begründen, sondern sie sollten sich an einer gegebenen und kaum zu beeinflussenden Realität abarbeiten. Dabei diente die Globalisierung als Sinnbild für diese Sachzwänge, denen sich die Politik zu unterwerfen habe: »Aber sie [die Globalisierung, R.B.] ist und bleibt ein Faktum, das angenommen werden muss, weil sie irreversibel ist.«[137] Sie erzwinge also praktisch die Reformen (der Agenda 2010), die dann in einem übergeordneten Interesse des Landes umgesetzt werden müßten. Würde eine Partei für solche notwendigen Reformen mit Wahlniederlagen bestraft, traue sie sich so schnell nicht mehr, den Reformmotor wieder anzuwerfen, glaubte Steinbrück.[138]

Das reaktive Politikverständnis Steinbrücks wird an diesen Passagen sichtbar. Die »Globalisierung« steht als Faktum unveränderlich fest, worauf die Politik dann mit der Durchsetzung von Reformen, die durch diese unverrückbare »Globalisierung« erforderlich würden, reagieren *muß*. Also: ohne Alternative.

Tatsächlich aber ist die »Globalisierung« von Menschen gemacht, (wirtschafts-)politisch gewollt und entsprechend gestaltet. Freihandelszonen und die Beseitigung von Im- und Exporthindernissen sind kein Naturgesetz, auch wenn die Anhänger des Neoliberalismus dies so darstellen. Die Globalisierung könnte bei entsprechendem politischem Willen umgestaltet oder gar auch rückgängig gemacht werden wie jede andere politische Entscheidung auch. Nur fehlt der entsprechende politische Wille hierzu.

Welche Sachzwänge der Globalisierung mögen wohl die Regierung Schröder erwogen haben, den Niedriglohnsektor zu erweitern und den Arbeitsmarkt so weit zu deregulieren, daß immer mehr Menschen in unsicheren Beschäftigungsverhältnissen ste-

---

[135] Steinbrück, Peer: *Unterm Strich.* S. 388
[136] vgl. ebd. S. 389
[137] ebd. S. 404
[138] vgl. ebd.

hen? Wie wollen Steinbrück und das SPD-Agenda-Lager den Menschen erklären, daß es notwendig sei, daß Zeitarbeiter für die gleiche Arbeit wie der von Stammbeschäftigen ein Drittel oder gar die Hälfte weniger verdienen? Zur Rechtfertigung solcher Maßnahmen wird auf die Wettbewerbsfähigkeit des Landes mit konkurrierenden Ländern verwiesen. Dieser führt im Ergebnis zu einer Senkung von Sozial- und Lebensstandards der Bevölkerung.

Entgegen der hier dargestellten Auffassung Steinbrücks muß Politik jedoch nicht reagieren, sondern gestalten. Hierzu sei die Auseinandersetzung zwischen verschiedenen Positionen notwendig. Diese forderte Steinbrück zwar auch, und zwar ganz besonders in den Parteien, die sich seiner Meinung nach in überkommenen Ritualen ergingen und nur solchen Menschen den internen Aufstieg gewährten, die parteikonforme Phrasen am besten herunterleiern könnten.[139] Die Parteien müßten Traditionsmeinungen zurückdrängen, schrieb Steinbrück.[140] Dies floß ein in den pragmatischen Rationalismus, für den Steinbrück sich aussprach.

War von all dem etwas im Bundestagswahlkampf 2013 zu hören, in dem Steinbrück für die SPD als Kanzlerkandidat antrat? Das Programm der SPD war 2013 eher auf eine Teilkorrektur der Agenda 2010 gerichtet. Was also Kurt Beck zum Verhängnis wurde, nämlich den Menschen keine schmerzhaften Zumutungen in Aussicht zu stellen, wurde ausgerechnet mit einem Kanzlerkandidaten Peer Steinbrück zum Programm. Kein Wunder, daß die Wähler der SPD die Wende in der Sozialpolitik nicht glaubten. Nicht, weil sie alle Steinbrücks Buch gelesen hatten, sondern weil er viele der dort niedergeschriebenen Auffassungen und Einstellungen auch früher schon öffentlich vertreten hatte.

Die Diskussion um Steinbrück und seine Positionen könnte den Eindruck erwecken, als sei sie rückwärtsgewandt, weil Steinbrück 2013 als Kandidat scheiterte und seine erneute Kandidatur wohl nicht zur Debatte stand. Sie ist deshalb nicht rückwärtsgewandt, weil neben Steinbrück noch weitere Vertreter der schröder'schen Agenda-Politik in den Spitzenfunktionen der SPD sitzen und dort bislang auch noch die Mehrheit haben. Sie dürften zumindest ähnlich denken, was die vermeintliche Notwendigkeit von Zumutungen für die insbesondere unteren Schichten der Bevölkerung angeht.

---

[139] vgl. ebd. S. 331ff
[140] vgl. ebd. S. 388

Die Zweifel der Wähler an der sozialpolitischen Wende der SPD mögen somit gerechtfertigt sein. Sie sind auch eine Lehre aus der Vergangenheit, in der die SPD im Wahlkampf 2002 versprach, Arbeitslosengeld und Sozialhilfe nicht auf dem niedrigeren Niveau der letzteren zusammenzulegen und es nach der Wahl dennoch tat.

Das Versprechen, endlich auch einmal an jene zu denken, die die Partei in der Hoffnung auf mehr soziale Gerechtigkeit schon seit Jahrzehnten gewählt hatten und ihr während der Regierungszeit Schröders den Rücken kehrten, könnte taktisch motiviert gewesen sein. So könnten jene geargwöhnt haben, die Steinbrück im ominösen Wartesaal abholen wollte. Sie könnten sich erinnert haben an die gebrochen sozialen Versprechen der SPD in der Schröder-Zeit und der Überlegung nachgegangen sein, daß Steinbrück für seine »Reformpolitik« erst mal eine Mehrheit haben wollte. Mit Blick auf die Vergangenheit der sogenannten »Modernisierer« wäre eine solche Überlegung nicht von der Hand zu weisen. Sollte der Parteivorstand der SPD so gedacht haben, war das Kalkül nicht aufgegangen. Entgegen der immer wieder gerne geäußerten Annahme vergessen die Wähler eben doch nicht so schnell.

Wenn hingegen der sozialpolitische Wandel der SPD ernst gemeint war, so hatten ihn die Wähler schlicht nicht geglaubt. Und sie mochten sich dadurch bestätigt fühlen, daß auch nach dem erneuten Wahldebakel von 2013 in der SPD die neue Parteiführung die alte war.

Die Bundestagswahl 2013: Kein Licht am Ende des Tunnels

Das Ergebnis der Bundestagswahl 2013 fiel für die SPD nicht erfreulicher aus als jenes von 2009, zumindest bei realistischer Betrachtung. Die CDU/CSU erreichte erstmals seit geraumer Zeit wieder ein Ergebnis von über 40%. Zugleich verlor sie ihren Koalitionspartner FDP und es fehlte durch den Umstand, daß über 15% der Wählerstimmen an der Sperrklausel scheiterten, nur wenige Sitze zur absoluten Mehrheit der Mandate.

Tabelle 3: Bundestagswahlergebnisse 2013 und 2009[141]

	CDU/CSU	SPD	Linke.	GRÜ	FDP	AfD
2013	41.5	25.7	8.6	8.4	4.8	4.7
2009	33.8	23.0	11.9	10.7	14.6	-

Möglicherweise hatte das Ergebnis der CSU bei der Landtagswahl, die eine Woche vor der Bundestagswahl stattfand, bei Angela Merkel zu der Hoffnung geführt, daß sie wie auch Horst Seehofer bei einem Scheitern der FDP an der Sperrklausel alleine würde regieren können. Sollte sie darauf spekuliert haben, als sie explizit eine Zweitstimmenkampagne für die FDP verweigerte, ging dieses Kalkül nicht auf. Dies mochte auch an mangelnder Erfahrung mit dem neuen Wahlrecht gelegen haben, denn während des Bundestagswahlkampfes war zu beobachten, daß gerade in der letzten Woche einige Akteure sehr in den Pfaden des alten Wahlrechts gedacht hatten. Ausgleichslose Überhangmandate, wie sie zuvor noch möglich waren, hätten Angela Merkel möglicherweise die absolute Mehrheit der Mandate sichern können. Dies jedoch zu dem Preis, daß das Ausscheiden von Abgeordneten aus dem Bundestag, die aus Bundesländern kämen, in denen es zu Überhangmandaten gekommen war, zu einem Abbau der Mehrheit geführt hätten. Dies war schon immer ein riskantes Spiel, dem die Reform des Wahlrechts den Boden entzog.

Zurück zum Wahlergebnis. Die SPD konnte einen leichten prozentualen Zuwachs verzeichnen und schaffte auch in absoluten Zahlen den Sprung über die 10 000 000, den sie 2009 noch verfehlt

---

[141] vgl. https://www.bundeswahlleiter.de/ (zuletzt aufgerufen: 25.08.2024)

hatte (9 990 488 Zweitstimmen in 2009 gegenüber 11 252 215 im Jahr 2013). Die Sozialdemokraten konnten also rund 1.3 Mio. Stimmen hinzugewinnen. Dem stand gegenüber, daß die CDU/CSU rund 3.5 Mio. Stimmen hinzugewonnen hatte. Dies wirkte sich prozentual so aus wie oben in der Tabelle gezeigt. Die Wahlbeteiligung lag 2013 nur um 0.7 Prozentpunkte höher als im Jahr 2009, also 70.8% bei der Wahl 2009 und 71.5 % im September 2013. Auch hierin lag ein Grund, aus dem die Zuwächse für die CDU dermaßen stark prozentual durchschlugen.

Der FDP wurden die Entstehung und das Erstarken der Alternative für Deutschland (AfD) zum Verhängnis. Um 0.2 Prozentpunkte an der Sperrklausel vorbei rauschten die Liberalen auch deshalb, weil die AfD Teile ihrer Klientel abschöpften, die mit der sogenannten »Euro-Rettungspolitik« nicht einverstanden waren. Diese hatte im Verlauf der Wahlperiode zu erheblichen Auseinandersetzungen innerhalb der Partei geführt sowie zu einem Mitgliederbegehren, das von der Parteispitze vorzeitig abgebrochen wurde, um den Bestand der Koalition nicht zu gefährden. Die Unzufriedenheit mit dem Kurs der Eurorettung dürfte viele Wähler der FDP in die Arme der zu der Zeit noch stark wirtschaftsliberal ausgerichteten AfD getrieben haben.

Inzwischen hat die interne Auseinandersetzung in der AfD dazu geführt, daß der rechtspopulistische Flügel um Frauke Petry über den wirtschaftsliberalen Flügel um Bernd Lucke gesiegt hat. Letzterer trat mit seinen Unterstützern aus der AfD aus und gründete eine neue Partei mit Namen ALFA, was für Allianz für Fortschritt und Aufbruch stand. Hier war zu erwarten, daß die ALFA eher eine liberale Splittergruppe bleiben würde. Denn die AfD war mit ihrer Nähe zu den »besorgten Spaziergängern« aus Dresden gerade in der Flüchtlingsdebatte in den Medien deutlich präsenter und versuchte hier, Teile des rechten Randes abzuschöpfen, während der ALFA ein zündendes Thema fehlte, mit dem sie in der öffentlichen Debatte sichtbar werden könnte. Die Partei änderte inzwischen mehrfach ihren Namen und verblieb in der Bedeutungslosigkeit.

Die Hinwendung der AfD zum Rechtspopulismus gab dann auch der FDP Raum, bei den Landtagswahlen im März 2016 ihre Wahlergebnisse zu verbessern und in die Landtage von Baden-Württemberg und Rheinland-Pfalz wieder einzuziehen. In Sachsen-Anhalt scheiterte die FDP mit 4.9% nur knapp. Die AfD inszenierte sich als Alternative zu den »etablierten Parteien« und deren Flüchtlingspolitik und erzielte damit bei den Landtagswahlen im

März 2016 beachtliche Erfolge. In den Folgejahren konnte die AfD ihre Erfolgsreihe besonders in den neuen Bundesländern fortsetzen und war in nahezu allen Landtagen vertreten außer in Schleswig-Holstein, wo die AfD im Jahr 2022 mit 4.4 Prozent aus dem Landtag herausgewählt wurde, und Bremen, wo die AfD wegen interner Streitereien und der Einreichung von zwei konkurrierenden Kandidatenlisten zur Bürgerschaftswahl 2023 nicht zugelassen wurde.

Im Jahr 2013 war dies jedoch alles noch weit entfernt und die AfD scheiterte an der Sperklausel, während die SPD durch die leichte Verbesserung ihres Ergebnisses von 2009 die Andeutung eines Aufwindes verspürte, der jedoch nicht über das bescheidene Ergebnis von 25.7 Prozent hinwegtäuschen konnte. Natürlich hing das Ergebnis der SPD bei der Bundestagwahl 2013 auch mit dem Kanzlerkandidaten zusammen. Auf ihn und auf seinen Wahlkampf soll im Folgenden ein Blick geworfen werden.

Steinbrücks Hoffnung

Zur Untermauerung der Hoffnung, daß es bei der Bundestagswahl 2013 für rot-grün reichen könnte, verkündete Peer Steinbrück, daß es zehn Millionen Wähler gegeben habe, die SPD gewählt hatten, und die die SPD nun nicht mehr wählten. Diese ca. zehn Millionen Wähler säßen in einem Wartesaal und warteten darauf, von Steinbrück und der SPD abgeholt zu werden. Gelänge es, diese zehn Mio. Menschen wieder dazu zu bringen, ihr Kreuz bei der SPD zu machen, so die Vorstellung Steinbrücks, sei die Bundestagswahl für Rot-Grün zu gewinnen.

Die Vorstellung, daß in irgendeinem Wartesaal ca. zehn Mio. Wähler auf Steinbrück warteten, war ausgesprochen naiv. In diesen Jahren zwischen 1998 und 2013 lagen die Agenda 2010 und das starrsinnige Festhalten der SPD an diesem Politikprogramm. 10 Jahre nach der Bundestagswahl feierte sich die SPD für die Durchsetzung der Agenda 2010. In seiner ersten Rede als Kanzlerkandidat verkündete Steinbrück, die SPD werde sich die Rendite der Agenda 2010 nicht nehmen lassen. Bemerkenswert war die Verwendung dieses Begriffs aus der Finanzwelt durchaus, zumal zu seiner Wahlniederlage als Kanzlerkandidat beitragen haben durfte, daß er als Nebentätigkeit zu seinem Mandat als Bundestagsabgeordneter Vorträge gehalten hatte, deren Bezahlung zu einer kritischen Debatte über ihn als Kanzlerkandidaten geführt hatte.

Weil nun die SPD die Möglichkeit hatte, Koalitionspartner der Unionsparteien zu werden, die, wie beschrieben, die absolute Mehrheit der Mandate nur knapp verfehlten, blieb einmal mehr das Nachdenken über die Gründe des vergleichsweise schlechten Abschneidens bei der Bundestagswahl aus.

Statt dessen ergötzen sich die Verantwortlichen an diesen 2.7 Prozentpunkten Zuwachs gegenüber der Bundestagswahl von 2009, welche die SPD auf geradezu sensationelle 25.7% gehoben hatte! Vielleicht lag hierin auch eine gewisse Gewöhnung an zweistellige Wahlergebnisse, die von einer zwei angeführt werden. Zumindest hatten von den zehn Millionen Wähler, die Steinbrück im Wartesaal abholen wollte, gerade mal ca. 1.3 Millionen den Weg zur SPD gefunden. Dies mochte damit zusammenhängen, daß viele von ihnen der SPD ihr soziales Programm nicht geglaubt hatten, nachdem Peer Steinbrück so oft die Nähe zum Agenda-Kanzler Gerhard Schröder gesucht und mit diesem unter anderem gemeinsame Wahlkampftermine in Detmold und Hannover bestritten hatte.[142] Daß das Wahlprogramm nicht so recht zum Kandidaten (oder umgekehrt) passen wollte, dürfte zudem einigen Wählern aufgefallen sein und sie von der Stimmabgabe zugunsten der SPD abgehalten haben.

Zudem hatte Peer Steinbrück auch einen denkbar schlechten Start, was vor allem mit seinen Vortragstätigkeiten als Bundestagsabgeordneter vor Unternehmen der Finanzindustrie zusammenhing. Als er zum Kandidaten ausgerufen wurde, hatte er in den Jahren zuvor öfter vor Finanzdienstleistern als vor dem Plenum des Deutschen Bundestages gesprochen.

Kurz nach seiner Ausrufung zum Kandidaten wurde bekannt, daß er für diese Vorträge vor Finanzdienstleistern hohe Honorare eingestrichen hatte. Neben seinen Buchveröffentlichungen waren es diese Vorträge, die ihn zu einem reichen Mann gemacht hatten. Honorare im Durchschnitt von € 1 000 mit Spitzenhonoraren von € 25 000[143] waren schwer nachzuvollziehen für eine einzige Rede. Das gleiche Problem verfolgte auch Walter Riester, der nach seinem Ausscheiden aus dem Amt insbesondere vor der Versicherungsbranche sprach und dafür regelmäßig Honorare der Stufe drei beim Bundestag angab. Zu der Zeit waren die Nebeneinkünfte der Abgeordnete in drei Stufen anzugeben, wovon die höchste

[142] vgl. Dorries, Bernd: *Schröders Heimspiel.* Süddeutsche Zeitung, 22.08.2013, S. 5
[143] vgl. Höll, Susanne: *Steinbrück kassierte für Vorträge 1.25 Millionen Euro.* Süddeutsche Zeitung, 30.10.2012, S. 1

Stufe drei für den Betrag von € 7 000 und mehr stand. An einem Abend verdiente Riester so viel und mehr wie in einem Monat als Bundestagsabgeordneter.

Dies traf auch auf Peer Steinbrück zu, von dem Sozialdemokraten später behaupten sollten, er habe den Banken die Leviten gelesen. Steinbrück selbst betonte, daß er gegenüber den Banken stets das gesagt habe, was er für richtig halte, auch wenn es dort nicht gerne gehört würde. Aber zahlten ihm die Banken dafür tatsächlich vier und fünfstellige Honorare?

Der Parteivorsitzende Sigmar Gabriel hingegen versuchte die Wogen innerhalb der Partei mit dem Hinweis zu glätten, daß »sich die SPD-Mitglieder darüber freuen [dürften], dass begüterte Männer wie Steinbrück Steuererhöhungen forderten und auch bereit seien, mehr Steuern zu zahlen«.[144] Innerhalb der SPD lösten die hohen Nebeneinkünfte weiterhin Befremden aus. Union und FDP thematisierten die Nebeneinkünfte Steinbrücks, was diesen veranlaßt hatte, Auskunft über seine Einnahmen durch seine Vorträge zu geben, ohne jedoch die Honorare für seine beiden Bücher hinzuzuzählen, die sich auf einige Hunderttausend Euro belaufen durften.[145]

Diverse weitere Pannen führten letztlich dazu, daß der ehemalige SPD-Vorsitzende Franz Müntefering kritisierte, daß es offensichtlich keinen Plan für Steinbrücks Kandidatur gegeben habe. Gleichzeitig forderte Müntefering, daß sich die Sozialdemokraten vorbehaltlos hinter die Agenda 2010 stellen sollten.[146] Solche Äußerungen konnten dazu beitragen, daß die Wähler den Sozialdemokraten ihr sozialpolitisches Programm und die darin angedeutete Politikwende nicht glauben mochten.

Diese Gefahr bestand bei Steinbrück, der bei seiner Ernennung noch einmal betonte, daß sich die SPD die Rendite der Agenda 2010 nicht streitig machen lasse, wohl eher nicht. Dafür flackerte in der Öffentlichkeit immer wieder die Diskussion auf, ob denn der Kandidat zum Programm passe. Jene, die dies fragten, hatten offenbar Steinbrücks Buch »Unterm Strich« gelesen und wußten, daß er persönlich gerade in Fragen von Sozialpolitik und Politikgestaltung andere Auffassungen vertrat als jene, die er im Wahl-

---

[144] ebd.
[145] vgl. ebd.
[146] vgl. »*Mir standen die Haare zu Berge*« Süddeutsche.de am 13.08.2013. http://sz.de/1.1745900 (zuletzt aufgerufen: 25.08.2024)

kampf formulierte. Dies trug mit zu dem Dilemma bei, in dem die SPD nach der Wahl steckte, und das sie in eine Sackgasse führte.

In der Sackgasse

Vor der Wahl hat die SPD auf Bundesebene eine Koalition mit der Linkspartei kategorisch ausgeschlossen. Kanzlerkandidat Peer Steinbrück zeigte sich im Vorfeld der Wahl überzeugt, daß es für Rot-Grün reichen würde, wenn nur die Wahlbeteiligung hoch genug wäre. Immer wieder zeigten sich Steinbrück und andere in der SPD überzeugt, daß die Wähler eigentlich nur vor der Wahl zwischen schwarz-gelb und rot-grün stünden.

Zwar zeigten die Meinungsumfragen für die Bundestagswahl, daß es knapp werden würde, und zwar nicht zwischen schwarz-gelb und rot-grün, sondern zwischen schwarz-gelb und rot-rot-grün. Im Grunde bauten die Sozialdemokraten öffentlich darauf, daß sie (und die Grünen) bis zur Wahl auch noch so viel Prozent hinzugewinnen würden, daß sie ohne die Linkspartei eine Mehrheit haben würden, was angesichts der Umfrageergebnisse auch direkt vor der Wahl als illusorisch gelten mußte. Dennoch beharrten Steinbrück und die Parteiführung darauf, daß bis zur Bundestagswahl eine Mehrheit von SPD und Grünen möglich wäre.

Ähnlich verlief der Wahlkampf in Hessen. Zwar schloß der Spitzenkandidat der SPD in Hessen, Thorsten Schäfer-Gümbel, eine Zusammenarbeit mit der Linkspartei nicht gleichermaßen kategorisch aus, wie dies auf Bundesebene geschah.

Die CDU, beziehungsweise Volker Bouffier, versuchte dann auch vor der Wahl – ganz in der Tradition der CDU, rot-rot-grüne Koalitionen zum Tabu zu erklären – dem hessischen SPD-Spitzenkandidaten Schäfer-Gümbel das Ehrenwort abzunehmen, daß die SPD nicht mit der Linkspartei zusammenzuarbeiten. Der SPD-Mann ging allerdings auf das durchsichtige Manöver Bouffiers nicht ein und ließ sich somit nicht für eine spätere Wortbruch-Kampagne der CDU festnageln. Statt dessen erklärte er, daß es für eine Zusammenarbeit mit der Linkspartei genau an den politischen Gemeinsamkeiten fehle wie mit der CDU.[147]

Nach den Wahlen fielen sowohl den Bundesgenossen wie auch deren Kollegen in Hessen diese »Ausschließeritis« auf die Füße. Sowohl in Hessen als auch im Bund reichte es für Rot-Grün nicht,

---

[147] vgl. *Bouffier verlangt Koalitions-Ehrenwort von Schäfer-Gümbel.* Süddeutsche.de am 13.09.2013 http://sz.de/1.1770722 (zuletzt aufgerufen: 25.08.2024)

wohl aber für Rot-Rot-Grün. Nun standen SPD und Grüne erneut vor dem Problem, daß sie genau diese Konstellation vor der Wahl ausgeschlossen hatten.

Zumindest auf Bundesebene gab es angesichts dieser Tatsachen leichte Signale bei den Grünen, daß man sich endlich von diesem Dogma verabschieden wollte. Auch in den Reihen der SPD wurden zwischenzeitlich Forderungen laut, diese politische Option zu einer Alternative zur großen Koalition endlich zu nutzen.

Der Ausschluß einer rot-rot-grünen Koalition war, wie schon mehrfach angedeutet, eine Sackgasse. Insbesondere die SPD hatte sich hier über die Jahre seit der deutschen Einheit durch die CDU eine wichtige Koalitionsoption verbieten lassen, die die Zahl der CDU-Regierungen deutlich reduziert hätte. Gleichwohl darf nicht aus den Augen verloren werden, daß sich die Agenda-Fraktion innerhalb der SPD dieses Tabu wohl gerne von der CDU haben aufoktroyieren lassen. Seit der Regierung Schröder bedeutete eine Koalition mit der Linkspartei, daß die Sozialdemokraten zuvor hätten Abschied nehmen müssen von der Agenda-2010-Politik. Das war mit der SPD-Führung nicht zu machen. Im Spannungsverhältnis zwischen dem Erhalt des Erbes der ersten rot-grünen Regierung auf Bundesebene in Deutschland und der sinkenden Zustimmung zur SPD aufgrund deren Politik entschieden sich die Sozialdemokraten über lange Jahre für den Erhalt der Agenda 2010 und somit für den Schutz des Erbes der Regierung Schröder. Dies mochte auch damit zusammenhängen, daß einige der Mitarchitekten der Agenda 2010 noch an leitenden Stellen der Partei saßen.

Schon in der Vergangenheit hatte sich die SPD auf diese Weise immer wieder Koalitionsmöglichkeiten verbaut, wie oben bereits beschrieben wurde. Daß sich jetzt der Hauch eines Wandels innerhalb der SPD abzeichnete, konnte daran liegen, daß die Sozialdemokraten die Perspektive, erneut Juniorpartner von Angela Merkel zu werden, als ausgesprochen unattraktiv bis hin zu einer Horrorvorstellung empfanden. Der Leidensdruck innerhalb der SPD bis hin zur Parteiführung erschien dermaßen hoch, daß die Chance bestand, den unsinnigen Abgrenzungskurs gegenüber der Linkspartei endlich aufzugeben und sich die Chancen für neue politische Wege zu eröffnen – zumindest für die Bundestagswahl 2017.

Denn ohne eine solche Möglichkeit würde die die SPD nicht aus der Sackgasse herauskommen, in der sie auch nach der Bundestagswahl 2013 wieder steckte. Sie mußte entweder unter Aufgabe wesentlicher Wahlversprechen eine Koalition mit der CDU/CSU eingehen oder aber, soweit die Grünen keine schwarz-grüne Koalition schlossen, eine Neuwahl akzeptieren, die die Position Merkels eher stärken als schwächen und die SPD erneut in die Opposition führen würde.

Aus dieser koalitionspolitischen Sackgasse führte nur ein Weg hinaus: Die Öffnung zu Koalitionen mit der Linkspartei. Dies sollten auch die Grünen erkennen, die nach der Bundestagswahl sofort die bisherige Parteiführung abgeräumt und die Wahlkampfstrategie eiligst als Irrtum und/oder Fehler deklariert hatten. Dabei zeichnet sich ab, daß die sogenannten »Realos«, also die Konservativen unter den Grünen, an Bedeutung gewinnen würden. Dies alles geschah, ohne eine rot-rot-grüne Koalition ernstlich erwogen zu haben.

Aus den Reihen der Grünen kam jener Tage auch immer wieder die Forderung, daß auch mit der Linkspartei gesprochen werden sollte. Gleichwohl wurden bei solchen Anregungen die entsprechenden Forderungen nachgeschoben, die solche Gespräche schon im vorhinein zur Formsache erklärten und an der tatsächlichen Absicht, eine rot-rot-grüne Regierung zu bilden, zweifeln ließen.

Während der Sondierungsgespräche der Sozialdemokraten mit der CDU/CSU entstand inzwischen durchaus der Eindruck, daß zumindest für die SPD-Führung eine große Koalition einen guten Teil ihres Schreckens verloren hatte. Führende Sozialdemokraten zeigten sich gar bereit, die eine oder andere politische Forderung zugunsten der Koalition mit CDU/CSU fallenzulassen.

Meinungsumfragen zufolge wünschten sich die Deutschen ohnehin eine große Koalition, was deren Befürworter innerhalb der SPD Rückenwind gab.

Grundsätzlich ist der Wert solcher Umfragen jedoch zu hinterfragen, denn es war nicht auszuschließen, daß die Befragten durch die öffentlichen Diskussionen und die sich abzeichnenden Fakten für eine große Koalition votierten, weil diese unausweichlich schien. Dies bedeutete, daß letztlich die Entwicklung in dieser Frage durch die Befragten einfach nur nachgezeichnet wurde.

Aber unabhängig davon zeigten diese Umfragen ein sehr widersprüchliches Bild: Einerseits behaupteten die Umfragen, daß sich »die Deutschen« schon seit Monaten eine große Koalition wünschten. Gleichwohl ging aus diesen Umfragen hervor, daß sich »die Deutschen« für die Einführung eines flächendecken gesetzlichen Mindestlohns stimmten. Nach den Umfragen war eine breite Mehrheit dafür, daß dieser mindestens € 8.50 betragen sollte, beziehungsweise eher mehr. Der ARD-Deutschlandtrend vom 10.10.2013 wies aus, daß 35% der Befragten sich einen Mindestlohn von € 8.50 und 56% der Befragten einen Mindestlohn eingeführt sehen wollten, der über € 8.50 lag. Dennoch fänden 66% der Befragten eine große Koalition gut. Dabei wünschten sich 83% der Befragten als wichtigsten Punkt bei dieser Befragung, daß ein flächendeckender gesetzlicher Mindestlohn eingeführt werde.[148] Gefragt wurde an diesem Tag nur nach den Möglichkeiten der großen Koalition, schwarz-grün und Neuwahlen. Aus vergangenen Befragungen unter anderem zum DeutschlandTrend der ARD war jedoch bekannt, daß die Möglichkeit einer rot-rot-grünen Koalition nur von kleinen Minderheiten gewünscht würde.

Also: »die Deutschen« wünschten sich mit breiter Mehrheit einen flächendeckenden gesetzlichen Mindestlohn und stimmten gleichzeitig mit fast ebenso breiter Mehrheit für gerade das Koalitionsmodell, bei dem die Einführung eines solchen am wenigsten wahrscheinlich war. Steuererhöhungen für Menschen mit höherem Einkommen erwarteten überdies 65%, also fast ebenso viele wie jene, die für eine große Koalition waren.[149]

Soweit zu den Umfragen. Wird der Blick auf das Wahlergebnis selbst gerichtet, so zeigte sich, daß es im Bundestag eine Mehrheit für jene Parteien gab, die den flächendeckenden Mindestlohn im Wahlkampf gefordert hatten sowie Steuererhöhungen für Reiche und darüber hinaus – was bei der ARD-Umfrage offensichtlich nicht gefragt wurde – eine Mietpreisbremse. Zwar war die CDU/CSU bei der Bundestagswahl als Gewinner zu betrachten, gleichzeitig verdorrte der Kanzlerin Angela Merkel dieser Lorbeer in der Hand, weil sie vor Problemen stand, ihre Politik trotz des für sie erfreulichen Wahlergebnisses nicht ohne weiteres umsetzen zu können.

Eine große Koalition bildete für die SPD ein erhebliches Risiko: Schon kurz nach der Wahl wiesen Kommentatoren darauf hin, daß in einer großen Koalition die Verhältnisse bei den Inhalten

---

[148] vgl. DeutschlandTrend der ARD: http://www.tagesschau.de/inland/deutschlandtrend2054.html (zuletzt aufgerufen: 25.08.2024)
[149] vgl. ebd.

die Wahlergebnisse abbilden würden. Hier standen CDU und SPD ca. 41:25. Auf der anderen Seite konnte die SPD zwar mit dem Pfund wuchern, daß Merkel trotz des guten Wahlergebnisses nicht ohne Partner regieren konnte, aber bei einer weiteren strikten Ablehnung fehlte letztlich auch der SPD die glaubwürdige Alternative, mit der sie in Koalitionsverhandlungen drohen konnte. Dies glich den vermeintlichen Vorteil, daß Merkel auf einen Koalitionspartner angewiesen war, wieder aus. Gleiches traf für die Grünen zu.

Wie es auch gedreht und gewendet wurde: Die SPD steckte in einer Sackgasse, in die sie sich in den vergangenen Jahren selbst hineinmanövriert hatte. Das Festhalten an der Agenda 2010 und der Ausschluß einer realistischen Koalitionsoption zur Durchsetzung einer Politikalternative würde der SPD auch in Zukunft die Möglichkeit, sich eine eigenständige Regierungsperspektive zu erschließen, verbauen.

Gleichzeitig stand die SPD vor dem Problem, daß in den letzten Jahren nur Agenda-Personal den Aufstieg in der Partei geschafft hatte, und gleichzeitig jeder, der an der Agenda 2010 zweifelte, keine Chancen hatte, in die oberen Etagen vorzudringen, um sich dort für eine andere Politik einzusetzen. Somit fehlte es innerhalb der SPD an glaubwürdigem Personal, mit dem eine Politikalternative in der Bevölkerung zu vermitteln gewesen wäre. Dies hatten auch die Wahlkämpfe 2009 und mehr noch 2013 gezeigt.

Hierin lag letztlich auch das wesentliche Hindernis für die Partei, im Bundestagswahlkampf 2013 mit einem sozialpolitischen Programm, das die soziale Gerechtigkeit betonte, zum Zuge zu kommen: Die Wähler hatten der SPD ihren sozialpolitischen Wandel nicht geglaubt, wie eine in einer größeren Runde der SPD-Spitze diskutierte Studie von Infratest dimap zeigte.[150]

Zwei Ursachen dürften die mangelnde Glaubwürdigkeit des sozialpolitischen Programms der SPD verursacht haben: Auf der einen Seite bestimmte das personelle Bild der Partei in erster Linie Personal, das verantwortlich an der Agenda 2010 mitgewirkt hatte. Auf der anderen Seite hatte die SPD während des Wahlkampfes beharrlich eine Koalition mit der Linkspartei ausgeschlossen, mit der sie ihre sozialpolitischen Ziele gemeinsam mit den Grünen hätte durchsetzen können, wenn, was absehbar war, es für Rot-Grün nicht gereicht hätte – und letztlich hatte es nicht

---

[150] vgl. *SPD übt Selbstkritik.* Süddeutsche Zeitung, 15.10.2013, S. 6

gereicht.

Während des Wahlkampfes hatte die SPD den Mindestlohn zu
einem zentralen Thema gemacht. Die Entscheidung der Parteispitze, eine große Koalition mit der CDU/CSU einer rot-rot-grünen Koalition vorzuziehen, war ein großes politisches Risiko,
denn gerade in der Frage des Mindestlohns konnte sich die sozialdemokratische Glaubwürdigkeit entscheiden. Hier gelang es der
SPD, sich letztlich durchzusetzen, wenngleich auch einige sehr
ärgerliche Zugeständnisse beim Mindestlohn an die CDU/CSU
gemacht wurden. Gleichwohl aber mußte die SPD für die Durchsetzung des Mindestlohns und der Rente mit 63 – bei der auch
einige Zugeständnisse gemacht wurden -, den Preis zahlen, ihrerseits der Einführung einer PKW-Maut für Ausländer zuzustimmen. Hierin lag im Grunde auch ein saurer Apfel für die CDU,
denn noch im Wahlkampf hatte Angela Merkel öffentlich und
auch im Fernsehen zugesichert, daß es mit ihr eine PKW-Maut für
Ausländer nicht geben werde, zumal auch einige Beobachter
vermuteten, daß die PKW-Maut gegen EU-Recht verstoßen
könnte.

Doch die CSU bestand auf deren Einführung. Wie zu erwarten
war, wurde gegen die Maut vor dem Europäischen Gerichtshof
geklagt. Dieser erklärte die PKW-Maut für Ausländer als mit dem
Europarecht nicht vereinbar. Das Vorhaben, das wesentlich von
der CSU betrieben worden war, war somit gescheitert. In der
Folge kam das Projekt dem Bund dennoch teuer zu stehen, weil
Verkehrsminister Scheuer kurz vor dem Urteil Verpflichtungen
eingegangen war, die nun Schadenersatzforderungen in Höhe von
243 Millionen Euro nach sich zogen. Am Ende verzichtete der
Bund auf eine Klage gegen Scheuer, zumal auch das Prozeßrisiko
erheblich war.[151]

Als Schlußfolgerung aus dem Wahlergebnis beschloß die SPD auf
einem Parteitag, daß man sich künftig auch für andere Koalitionen offen zeigen wolle, auch mit der Linkspartei. Allerdings war
dieser Parteitagsbeschluß, genauer betrachtet, ein vergiftetes
Angebot an die Linkspartei, denn es wurde zugleich gefordert,
daß sich die Linkspartei den Bedingungen und der Programmatik
der SPD unterwerfen solle. Auf einer solchen Basis dürfte eine
Koalition eher unwahrscheinlich werden.

Zugleich müßten die Grünen, die inzwischen unverhohlen eine

---

[151] vgl. *Keine Klage gegen Scheuer*. Süddeutsche Zeitung, 29.12.2023, S. 5

Koalitionsoption mit der CDU suchten, den im Wahlkampf eingeschlagenen politischen Weg einer politischen Alternative weitergehen wollen. Danach sah es nach der Bundestagswahl 2013 nicht aus. Jene Teile der Grünen, die zuvor an die Parteispitze gewählt wurden, hielten den sozial- und steuerpolitischen Kurs der Grünen im Bundestagswahlkampf 2013 eher für einen Fehler, den sie nicht zu wiederholen wünschten. Zwar wollten sich auch die Grünen für rot-rot-grün öffnen, allerdings ließ das deutliche Schielen zur CDU hier keine frohen Hoffnungen aufkommen. Mit der Entscheidung, in die Opposition zu gehen, begann bei den Grünen ein Selbstfindungsprozeß, der in erster Linie den konservativen Flügel der Partei stärkte, was sich auch bei den Wahlen zum Vorstand und zur Fraktionsführung der Partei zeigte. In der Situation waren die Grünen zumindest programmatisch im Falle von Neuwahlen, die gegebenenfalls im Winter 2013/14 oder im Frühjahr 2014 stattgefunden hätten, wenn eine Regierungsbildung gescheitert wäre, für die Sozialdemokraten ein schwieriger Wunschpartner geworden.

Diese Erwägungen zeigen, daß es nicht im Sinne der Parteiführung der Sozialdemokraten sein konnte, im Umfeld der Verhandlungen zur großen Koalition Neuwahlen anzustreben. Entsprechend groß war der Druck auf die Basis, den Parteiführung und Medien ausübten. Eine verfassungsrechtliche Debatte krönte die Begleitmusik des Mitgliederentscheids um den Koalitionsvertrag und führte am Ende zu einer breiten Mehrheit für den Koalitionsvertrag mit CDU/CSU: Die Basis der SPD wußte, was von ihr erwartet wurde und schon vor der Verkündung des Ergebnisses des Mitgliederentscheids war an Andrea Nahles' Gesicht abzulesen, daß sie sich schon darauf freute, Ministerin zu werden, die Basis also der Koalitionsvereinbarung mit der CDU/CSU zugestimmt hatte.

Vieles von dem, was dann folgte, hätte sich die SPD ersparen können, wenn sie sich nicht selbst die Tür zu einer rot-rot-grünen Koalition zugeschlagen hätte. Vom Wahlprogramm der SPD wären deutlich mehr Projekte durchzusetzen gewesen, wenn sie eine Koalition mit Grünen und Linkspartei gewagt hätte. Das Verhalten der SPD-Führung ließ statt dessen vermuten, daß die sozialpolitische Wende in der SPD zumindest bei den oberen Etagen der Partei nur auf dem Papier stattgefunden hatte. Dies ließ sich auch an der Eile ablesen, mit der führende Sozialdemokraten nach der Wahl bereit waren, auf zentrale Forderungen bereits in Sondierungsgesprächen mit den Unionsparteien zu verzichten, wie zum

Beispiel der Einführung einer Vermögenssteuer.

In der Halbzeitbilanz der großen Koalition zeigte sich überdies, daß die Sozialdemokraten zunächst zentrale Forderungen durchsetzen konnten, gleichwohl aber im Anschluß an diese Erfolge die programmatischen Einflüsse der Sozialdemokraten in der Regierungszeit eher rückläufig waren.

Während der Auseinandersetzung um den Kurs der neuen griechischen Regierung um Alexis Tsipras überließen die Sozialdemokraten der CDU das politische Feld praktisch vollständig. Finanzminister Schäuble dränge zusammen mit der sogenannten »Troika« die griechische Regierung zu einem harten Sparkurs mit sozialen Kürzungen, um ein Herausfallen Griechenlands aus dem Euro zu verhindern und zugleich die Stabilität des Euros sicherzustellen. Trotz Protesten der Regierung Tsipras, die von der Bevölkerung auch deshalb gewählt wurde, weil diese einen solchen Kurs ablehnte, setzte sich die Troika und damit auch Wolfgang Schäuble durch. Am Ende mußte Griechenland den von der Troika aufgedrängten Sparkurs umsetzen.

Auch ansonsten war seit der Einführung des Mindestlohns und der Rente mit 63 Jahren die Handschrift der Sozialdemokratie in der Regierungspolitik der großen Koalition ausgesprochen blaß. Dies mochte auch damit zusammenhängen, daß die SPD noch auf der Suche nach einem Weg war, auf dem sie in den Wahlkampf zum Bundestag 2017 gehen wollte. Ausdruck der Orientierungslosigkeit auf dieser Suche war im Sommer 2015 der Vorschlag des Ministerpräsidenten von Schleswig-Holstein, Torsten Albig (SPD), die Sozialdemokraten mögen die Fortsetzung der großen Koalition unter Angela Merkel anstreben, weil sie keine Chance hätten, gegen sie zu gewinnen. Denn hierzu sei ein starker Kandidat nötig, wobei es dann allerdings fraglich sei, ob die Bezeichnung als »Kanzlerkandidat« noch zutreffe.[152]

In der Öffentlichkeit blieb der Eindruck hängen, daß Albig in Frage stellte, ob die SPD einen Kanzlerkandidaten überhaupt noch brauche. Die Kritik an den Äußerungen kam vornehmlich aus der SPD, die selbstverständlich auch angesichts ihres politischen Führungsanspruchs keinen Zweifel daran aufkommen lassen wollte, daß sie 2017 selbstverständlich die Kanzlerschaft anstrebe. Gleichwohl warf diese Äußerung Albigs ein Schlaglicht auf

---

[152] vgl. Hahn, Thomas: *Sommerliche Sturmflut*. Süddeutsche Zeitung, 25./26.07.2015, S. 6

den Zustand der SPD, die in Umfragen nach wie vor das Umfeld der 25% einfach nicht verlassen konnte. Auch dies durfte mit der mangelnden Profilierung der Sozialdemokraten gegen die CDU/CSU zusammengehangen haben. Weil sie einfach nicht als eine echte Alternative wahrgenommen wurde, stellte sich für die Wähler die Frage, warum diese Partei überhaupt zu wählen war.

Umfragen im Frühjahr 2016 zeigten, daß der Sinkflug der Sozialdemokraten noch nicht beendet war. Wäre am kommenden Sonntag Bundestagswahl, ließ die ARD in ihrer Prognose vom 7. April 2016 wissen, käme die SPD nur noch auf 21%[153]. Diese schlechte Prognose stieß nun doch innerhalb der Sozialdemokratie eine intensivere Debatte über die Frage an, worin die Ursachen für diese schlechten Werte liege, und welche möglichen Schlußfolgerungen daraus zu ziehen seien.

Doch zunächst soll es nun um den Eintritt der SPD in die große Koalition gehen und um ihre Leistungen innerhalb dieses Regierungsbündnisses.

---

[153] http://www.tagesschau.de/multimedia/bilder/crbilderstrecke-281.html (zuletzt aufgerufen: 29.10.2018)

Die dritte große Koalition

Die Parteibasis der SPD hatte sich entschieden und der Weg in die dritte große Koalition der Bundesrepublik – zugleich die zweite große Koalition mit einer Bundeskanzlerin Angela Merkel – war eröffnet. Die SPD sicherte sich die Ministerien für Wirtschaft (Sigmar Gabriel), Arbeit (Andrea Nahles), Auswärtiges (Frank Walter Steinmeier), Justiz (Heiko Maas), Familie (Manuela Schwesig) und Umwelt (Barbara Hendricks). In der Koalitionsvereinbarung wurden der Mindestlohn und die Rente mit 63 für jene, die 45 Jahre lang gearbeitet hatten, durchgesetzt.

Die CDU/CSU lehnte die Erhebung einer Vermögenssteuer ebenso kategorisch ab wie jede andere Steuererhöhung. In diesem Punkt setzte sich die CDU/CSU vollständig gegen die SPD durch.

Nicht nur verzichtete die SPD auf die Einführung einer Vermögenssteuer und eine höhere Besteuerung großer Einkommen, sie schluckte auch die von der CSU als Herzensanliegen betrachtete PKW-Maut für Ausländer. Noch im Wahlkampf hatte Angela Merkel erklärt, daß es mit ihr die PKW-Maut nicht geben würde. Wie sagte Angela Merkel doch im Bundestag einst mit Blick auf die rot-grüne Koalition immer so gerne? Versprochen – gebrochen. Dies fiel nun auf sie selbst zurück.

Überhaupt machte die Bilanz der CDU bei den Koalitionsverhandlungen einen zunächst bescheidenen Eindruck. In der Öffentlichkeit entstand das Bild, daß die Leistungen der CDU bei den Koalitionsverhandlungen in erster Linie darin lag, Dinge verhindert zu haben. Zur Halbzeitbilanz relativiert sich das Bild bezüglich der täglichen Praxis der Politik – hier insbesondere im Hinblick auf die Wirtschafts- und Bankenkrise in Griechenland. Von diesem Politikfeld hatte sich die SPD weitgehend aus der Politikgestaltung zurückgezogen und es Angela Merkel und Wolfgang Schäuble überlassen.

Im Stil blieb sich Angela Merkel auch mit dem neuen Koalitionspartner SPD weitgehend treu: Sie verzichtete auf wirklich große Entwürfe und setzte statt dessen auf die Durchsetzung einer neoliberalen Wirtschaftspolitik, die international auf Austerität (Haushaltsdisziplin), Schuldenbremsen und Freihandel gründete. Ihre politischen Ziele verfolgte Merkel nach wie vor eher im Stillen und vermied breit angelegte Diskussionen über ihre Wirtschaftspolitik. Denn im Wahlkampf 2005 hatte sie gelernt, daß sie mit einem strengen neoliberalen Kurs, zu dem sie sich damals offen bekannt hatte, keine Mehrheiten gewinnen konnte. In diesem Lichte sollte auch die Rolle der SPD in der großen Koalition gesehen und die Frage gestellt werden, ob sie hier in der Lage war, eigene Akzente zu setzen, oder ob sie sich mehr oder weniger dem Prinzip Merkel unterwarf – letzteres vielleicht in Teilen gar nicht so ungern, weil leitende Positionen in der SPD doch nach wie vor mit Konstrukteuren und Förderern der neoliberalen Agenda 2010 besetzt waren.

Arbeitsministerin Andrea Nahles

In gewisser Weise war die Personalentscheidung, Andrea Nahles zur Bundesministerin für Arbeit zu machen, eine Überraschung. In den 1980er Jahren hatte sich Rudolf Dreßler einen Ruf als Sozialexperte erarbeitet. Hätte es Ende der 1980er Jahre auf deutschen Straßen eine Umfrage gegeben, wer nach einem SPD-Wahlsieg Arbeits- und Sozialminister werden würde, hätte eine deutliche Mehrheit der politisch interessierten Befragten den Namen Rudolf Dreßler genannt, denn er war das Gesicht der sozialdemokratischen Sozialpolitik.

Vergleichbares war von Andrea Nahles nicht zu behaupten. Die Literatur- und Politikwissenschaftlerin war von 1995 bis 1999 Bundesvorsitzende der Jusos und saß 1998 - 2002 sowie seit 2005 im Deutschen Bundestag.[154]

Bezüglich ihrer Qualifikation als Bundesarbeitsministerin hatte sie jedoch nur eine zweijährige Tätigkeit als arbeits- und sozialpolitische Sprecherin der SPD-Fraktion vorzuweisen.[155] Dabei hatte sie sich in arbeits- und sozialpolitischen Fragen nicht in der Weise profiliert, wie es Rudolf Dreßler seinerzeit tat. Und auch in der Öffentlichkeit hätte wohl kaum jemand bei der Frage nach der Besetzung des Bundesarbeitsministeriums an Andrea Nahles gedacht, die zumindest laut ihrer Selbstdarstellung noch nicht einmal Mitglied der Arbeitsgemeinschaft für Arbeitnehmerfragen in der SPD war.

In ihrer Parteikarriere hob sie neben den bereits genannten Positionen hervor, daß sie Mitglied im Parteivorstand bis 2013 sowie Mitbegründerin und Vorsitzende des Forums Demokratische Linke 21 war.[156] Hieraus mag ihr Ruf resultieren, Parteilinke zu

---

[154] vgl. https://web.archive.org/web/20161220082945/http://andrea-nahles.de.w011b8a5.kasserver.com/?page_id=41 (zuletzt aufgerufen: 25.08.2024)
[155] vgl. ebd.
[156] vgl. http://andrea-nahles.de.w011b8a5.kasserver.com/?page_id=41#toggle-id-2

sein, der, wie oben bereits dargelegt, eher unbegründet war. In ihrer Zeit als Generalsekretärin der SPD (2009 bis 2013) unterstützte sie Sigmar Gabriel in dessen Bestreben, Koalitionen mit der Linkspartei zu vermeiden. Auch räumte sie ihre linken Positionen im Prozeß der Agenda 2010. In der Zwischenzeit hatte sie sich mit diesem neoliberalen Programm arrangiert. Anstöße, die Agenda 2010 zumindest in Teilen zurücknehmen zu wollen, waren von ihr nicht bekannt geworden. Statt dessen zeigte sie Bereitschaft, das Streikrecht zu beschränken und auch beim Mindestlohn Ausnahmen zuzulassen, die aus dem flächendeckenden gesetzlichen Mindestlohn in Teilbereichen einen Schweizer Käse machten.

Auch bei der Reform der Rente folgte sie den Grundlinien der Agenda 2010, nämlich der Stärkung der privaten Vorsorge. Zwar wurde grundsätzlich das Problem erkannt, daß Menschen mit geringen Löhnen keine private Vorsorge zur Rente betreiben konnten. Dies wurde allerdings auch von Arbeitsministerin Nahles nicht als ein generelles Problem niedriger Löhne angesehen. Als Ursache machte die Ministerin fehlende Anreize für diese Zielgruppe aus. Daß Menschen, die mit ihrem Lohn geradeso auskamen, nicht auch noch das »Kleingeld« übrig hatten, privat vorzusorgen, kam im Weltbild der ehemals angeblichen Parteilinken Andrea Nahles offensichtlich nicht vor. Statt dessen setzte sie auf weitere Anreize, um Menschen mit niedrigen Löhnen dazu zu bewegen, selbst privat vorzusorgen, statt die eigentliche Ursache für deren absehbare Rentenarmut zu benennen, nämlich die prekären Beschäftigungsverhältnisse mit niedrigen Löhnen sowie ganz allgemein die Absenkung des Rentenniveaus aufgrund der politischen Entscheidungen der vorangegangenen Jahre.

Zudem fiel sie auch mit einer Beteiligung an einer fragwürdigen Aktion der Bild-Zeitung auf: Als die Bild-Zeitung erkannte, daß es nicht mehr populär war, gegen Flüchtlinge zu schreiben, startete sie eine Kampagne zur Hilfe für Flüchtlinge, die vor allem dem eigenen Image diente.[157] Unter den Politikern, die sich zu Werbeträgern dieser Kampagne machen ließen, war auch Andrea Nahles. Ebenso unterstützte Sigmar Gabriel die Kampagne und trug deren Anstecker gar auf der Regierungsbank im Bundestag.[158] Das

---

(zuletzt aufgerufen: 29.10.2018)
[157] vgl. https://web.archive.org/web/20151029041819/http://www1.wdr.de/daser ste/monitor/videos/videobildkampagnewirhelfenfluechtlingshilfealsprinstrumen t100.html (zuletzt aufgerufen: 25.08.2024)
[158] vgl. ebd. Videosequenz bei 00:03:26 (Nahles), 00:04:31 (Gabriel im Bundestag).

mochte nicht weiter verwundern; hatte er doch kurz zuvor auch die neue Buchveröffentlichung der *Initiative Neue Soziale Marktwirtschaft* vorgestellt,[159] die von den Arbeitgebern der Metallindustrie dafür bezahlt wird, eine neoliberale Gehirnwäsche an der deutschen Bevölkerung vorzunehmen.

Andrea Nahles unterbreitete noch als Arbeitsministerin den Vorschlag, bei der Rente eine »doppelte Haltelinie« einzuziehen, nämlich nach unten beim Rentenniveau, das nicht unter 46% sinken sollte und nach oben beim Rentenbeitrag, der nicht über 22% bis 2030 und 25% bis 2045 steigen sollte.[160] 2018 sollte dieser Vorschlag Eingang in den Koalitionsvertrag der vierten großen Koalition finden.

Der Mindestlohn und die Rente mit 63 Jahren

Die wesentlichen Profilpunkte der SPD in der großen Koalition waren die Einführung eines flächendeckenden Mindestlohnes in Höhe von € 8.50 pro Stunde und die Rente mit 63 Jahren für jene, die zuvor 45 Jahre lang gearbeitet hatten. Gegner der Rente mit 63 Jahren sprachen hier gerne von »Frühverrentung«, was jedoch abwegig war angesichts des Umstandes, daß hier nur jene in den Genuß der Regelung kamen, die 45 Jahre lang gearbeitet hatten. Es handelte sich somit um Menschen, die bereits frühzeitig nach Verlassen der Haupt- oder Realschule sofort eine Lehre begonnen hatten und anschließend ins Arbeitsleben eingetreten waren. Genau dieser Gruppe von Personen wollten die Sozialdemokraten ermöglichen nach 45 Jahren Arbeit bereits im Alter von 63 Jahren abschlagsfrei in die Rente gehen zu können. Mit anderen Worten: Die Begünstigten dieser Regelungen hatten seit ihrem 18. Lebensjahr in einer sozialversicherungspflichtigen Beschäftigung gearbeitet. Das Motiv für die Kritik hieran dürfte vor allem in der Befürchtung neoliberaler Politiker, Journalisten und Wirtschaftsvertreter liegen, daß die Rente mit 63 Jahren ein Signal sein könnte, ihren Forderungen nach Erhöhung des Renteneintrittsalters nicht mehr zu folgen.

Denn nach der Annahme jener, die den Menschen zumuten wollen, immer länger zu arbeiten, sei dies eben notwendig, weil sonst immer weniger Beitragszahler auf immer mehr Rentner kämen. Daß zum einen die Beitragslücke schon deshalb kleiner ausfiel als

[159] vgl. Ehrich, Udo: *INSM & Co.* S. 43ff
[160] vgl. https://www.spdfraktion.de/presse/pressemitteilungen/ausschussanhoeru ng-bestaetigt-gesamtkonzept-andrea-nahles-rente (zuletzt aufgerufen: 25.08.2024)

behauptet, weil die Produktivität stieg, wurde in der Diskussion ebenso ausgeblendet, wie die Möglichkeit, auch höhere Einkommen vollständig in die Rente einzubeziehen und den Auszahlungsbetrag für diese zu deckeln, sowie weitere Einkommensarten (wie zum Beispiel Mieteinnahmen, Einnahmen aus Dividendenausschüttungen und so weiter) beitragspflichtig zu machen.

Gleichwohl wurde beim Entwurf des Gesetzes auf die Erwägungen jener Rücksicht genommen, die eine Rente mit 63 Jahren ablehnten. Von einer gewaltigen »Frühverrentungswelle«, die über Deutschland hinwegrollen und den Unternehmen massenhaft Fachkräfte entziehen würde, konnte keine Rede sein. Abgesehen davon, daß ältere Arbeitnehmer auf dem Arbeitsmarkt entgegen der gängigen Rhetorik noch immer kaum bessere Chancen hatten als noch vor 20 Jahren, kamen nur vergleichsweise wenige Arbeitnehmer in den Genuß der Rente mit 63 Jahren. Die Regelung sah zwar vor, daß Menschen, die 45 Jahre gearbeitet – das hieß, in die Sozialkassen eingezahlt – haben, mit 63 Jahren in Rente gehen konnten, aber nur, wenn sie den Geburtsjahrgängen 1951 und 1952 angehörten. Für alle später Geborenen erhöht sich das abschlagsfreie Renteneintrittsalter um je zwei Monate pro Lebensjahr, bis die 1964 Geborenen mit 65 Jahren abschlagsfrei in Rente gehen können.[161]

Die Kritiker setzten überdies durch, daß Arbeitslosigkeit in den letzten beiden Jahren vor dem Renteneintritt nicht als Beitragsjahre gewertet würde.[162] Was also als vollmundiges Versprechen gestartet war, Menschen, die ihr Leben lang gearbeitet hatten und am Ende ihres Arbeitslebens entsprechend erschöpft waren, einen vorzeitigen abschlagsfreien Renteneintritt mit 63 Jahren zu ermöglichen, wurde zu einem Privileg einer begrenzten Anzahl Betroffener. Ab dem Jahr 2029 würde als Privileg gelten, was noch vor wenigen Jahren jedermann möglich war, sich nämlich mit 65 Jahren abschlagsfrei in den Ruhestand gehen zu können.[163]

Zu den Kernthemen der SPD im Bundestagswahlkampf 2013 zählte auch die Einführung eines flächendeckenden gesetzlichen Mindestlohns in Höhe von € 8.50 pro Stunde. Auch hier liefen zahlreiche Interessengruppen Sturm, darunter die Zeitungsverlage, die ihre Zeitungsausträger weiterhin nach Stückzahl verteilter Zeitungen bezahlen wollten, was oft zu Löhnen unter € 8.50

---

[161] vgl. Butterwegge, Christoph: *Reichtumsförderung statt Armutsbekämpfung*. S. 15
[162] vgl. ebd. S. 16
[163] vgl. ebd. S. 15

pro Stunde führte. Gleichwohl stellte die SPD in den Koalitionsverhandlungen klar, daß die Einführung des Mindestlohns für sie ein Kernthema sei. Ohne die Einführung des Mindestlohnes hätte Gabriel wohl kaum den Koalitionsvertrag bei der Parteibasis durchsetzen können. Dies hatte dann auch die CDU – wenn auch nur zähneknirschend – verstanden und stimmte der Einführung zu. Über die Details konnte ja noch gesprochen werden und entsprechend fiel das Gesetz dann aus:

Der Mindestlohn wurde in zwei Stufen eingeführt. Die erste Stufe war die Inkraftsetzung des Mindestlohnes im Januar 2015. Ab hier galt der flächendeckende Mindestlohn mit der Einschränkung, daß bis Januar 2017 per Tarifvertrag vom Mindestlohn abgewichen werden konnte. Diese Regelung erinnerte an die oben dargestellte Öffnungsklausel bei der Zeitarbeit, wo ebenfalls in das Gesetz geschrieben wurde, daß grundsätzlich der gleiche Lohn für die Stammbelegschaft gezahlt werden müsse, es sei, es gebe tarifvertragliche Abweichungen. Ab Januar 2017 jedoch galt der Mindestlohn flächendeckend.

Jedoch gab es weitere Ausnahmen: Der Mindestlohn galt nicht für Menschen, die jünger als 18 Jahre waren. Zudem galt er für sogenannte »Langzeitarbeitslose« in den ersten sechs Monaten der Beschäftigung nicht. Weitere Einschränkungen bestanden bei Praktika und bei Saisonarbeit.

Daß Menschen unter 18 Jahren nicht in den Genuß des Mindestlohns kommen sollten begründete die Koalition damit, daß diese angehalten werden sollten, eine Ausbildung zu machen und nicht für den Mindestlohn bereits nach der Schule und ohne Ausbildung arbeiten zu gehen.[164] Tatsächlich könnte diese Ausnahme das Gegenteil bewirken, befürchtete der Kölner Armutsforscher Prof. Christoph Butterwegge: Weil die Jugendlichen nicht unter dem Schutz des Mindestlohns standen, konnte es für Unternehmer attraktiver sein, ältere, geschützte Arbeitnehmer zu entlassen und jüngere einzustellen, um ihnen anschließend gesetzeskonform einen Lohn unterhalb des Mindestlohns zu zahlen.[165] Ohnehin könnte hierin eine verfassungs- und europarechtswidrige Altersdiskriminierung liegen.[166]

---

[164] vgl. Deutscher Bundestag: Plenarprotokoll der 46. Sitzung der 18. Wahlperiode am 3. Juli 2014, S. 4092 (D).
[165] vgl. Butterwegge, Christoph: *Reichtumsförderung statt Armutsbekämpfung.* S. 23
[166] vgl. ebd.

Hinsichtlich der Langzeitarbeitslosen räumte Andrea Nahles ein, daß es ohnehin nur wenige Arbeitgeber gäbe, die Langzeitarbeitslosen eine Chance geben würden. Gleichwohl aber wurde der Behauptung gesetzgeberisch gefolgt, daß hier der Mindestlohn ein halbes Jahr lang nicht angewendet werden dürfe, um den Zugang der Langzeitarbeitslosen zum ersten Arbeitsmarkt nicht zu verbauen. Zugrunde lag das Vorurteil, daß die Qualifikationen der Langzeitarbeitslosen verkümmert seien, sie eingearbeitet und an das regelmäßige Arbeiten erst wieder gewöhnt werden müßten. Hier sei es Arbeitgebern wohl nicht zuzumuten, sogleich den vollen Lohn zu zahlen, den andere Arbeitnehmer für die gleiche Arbeit erhielten.

Diese Philosophie fand sich auch der Gesetzgebung zu Hartz IV, wo die Möglichkeit bestand, daß Arbeitslose über einen bestimmten Zeitraum unentgeltlich arbeiteten und in der Zeit noch Hartz IV beziehen konnten. Hier wurde zwar der Zeitraum auf einen Monat begrenzt, wobei es hier allerdings um einen vollständigen Lohnersatz ging. Der Arbeitgeber erhielt einen Monat lang die volle Arbeitsleistung ohne Entgelt zahlen zu müssen, wobei der »Langzeitarbeitslose« für die Arbeitsleistung den Regelsatz von Hartz IV erhielt, unabhängig, was für einen Arbeitnehmer auf diesem Arbeitsplatz sonst bezahlt wurde.

Zudem konnten sich hier die gleichen Effekte einstellen wie bei den durch den Mindestlohn nicht geschützten Jugendlichen. Nur daß die Langzeitarbeitslosen dann eben nach der Probezeit entlassen und durch einen anderen Langzeitarbeitslosen ersetzt würden.[167]

Die Ausnahme für die Zeitungsverlage wurde direkt in das Mindestlohngesetz geschrieben. § 24 Abs. 2 des Mindestlohngesetzes (MiLoG) legte fest, daß Zeitungszusteller ab dem 01.01.2015 einen Anspruch auf 75% und ab dem 01.01.2016 auf 85% des Mindestlohnes hatten (§ 24 Abs. 2 Satz 1 MiLoG). Vom 01.01.2017 bis 31.12.2017 betrug der Mindestlohn der Zeitungszusteller € 8.50. Sollte also die Mindestlohnkommission, die künftig über die Höhe des Mindestlohns beraten und beschließen sollte, eine Erhöhung des Mindestlohnes zum 1. Januar 2017 beschließen, bleiben die Zusteller gesetzlich davon ausgeschlossen. Denn gemäß § 9 Abs. 1 MiLoG würde die Mindestlohnkommission zum 30. Juni 2016 mit Wirkung für den 1. Januar 2017 zum ersten Mal über eine Erhö-

---

[167] vgl. ebd. S. 24

hung des Mindestlohnes beschließen. In § 9 Abs. 2 MiLoG hieß es bezüglich der Kriterien für den Mindestlohn:

»Die Mindestlohnkommission prüft im Rahmen einer Gesamtabwägung, welche Höhe des Mindestlohns geeignet ist, zu einem angemessenen Mindestschutz der Arbeitnehmerinnen und Arbeitnehmer beizutragen, faire und funktionierende Wettbewerbsbedingungen zu ermöglichen sowie Beschäftigung nicht zu gefährden. Die Mindestlohnkommission orientiert sich bei der Festsetzung des Mindestlohns nachlaufend an der Tarifentwicklung.«

Die Mindestlohnkommission setzt sich aus »einer oder einem Vorsitzenden, sechs weiteren stimmberechtigten ständigen Mitgliedern und zwei Mitgliedern aus Kreisen der Wissenschaft ohne Stimmrecht (beratende Mitglieder)«[168] zusammen. Je drei stimmberechtigte Mitglieder werden von den Gewerkschaften und den Arbeitgeberverbänden vorgeschlagen.[169] Der Vorsitzende oder die Vorsitzende soll »auf gemeinsamen Vorschlag der Spitzenorganisationen der Arbeitgeber und der Arbeitnehmer«[170] durch die Bundesregierung berufen werden. Falls sich die Verbände nicht auf einen gemeinsamen Vorschlag einigen können, sollen die Arbeitgeber und der Arbeitnehmer je einen Vorsitzenden vorschlagen und der Vorsitz nach jeder Beschlußfassung über den Mindestlohn wechseln.[171] Neben dem Vorsitzenden und den sechs stimmberechtigten Mitgliedern gehören zwei weitere beratende Mitglieder (also ohne Stimmrecht) aus den Kreisen der Wissenschaft der Kommission an.[172] Einer der beiden Wissenschaftler ist in der Regel arbeitgebernahe, der andere arbeitnehmernahe.

Die Mindestlohnkommission wird alle fünf Jahre neu berufen.[173]

Der Vorsitzende der Mindestlohnkommission soll grundsätzlich nicht stimmberechtigt sein. Sollte sich jedoch die Mindestlohnkommission nicht auf einen Beschluß zur Höhe des Mindestlohnes einigen können, kommt dem Vorsitzenden ein entscheidendes Stimmrecht am Ende eines Kompromißverfahrens zu. Dies

---

[168] § 4 Abs. 2 Satz 2 Mindestlohngesetz (MiLoG).
[169] vgl. § 5 Abs. 1 MiLoG.
[170] § 6 Abs. 1 MiLoG.
[171] vgl. § 6 MiLoG.
[172] vgl. § 4 Abs. 2 MiLoG.
[173] vgl. § 4 Abs. 2 MiLoG.

führte im Jahr 2023 dazu, daß sich die Arbeitgeberseite mit Unterstützung der von ihr vorgeschlagenen Vorsitzenden gegen die Arbeitnehmerseite durchsetzen konnte.

Die Kriterien der funktionierenden Wettbewerbsbedingungen und die Vorgabe, daß der Mindestlohn die Beschäftigung nicht gefährden dürfe, stellten wesentliche Bedingungen dar, die eine eher moderate Erhöhung des Mindestlohns begünstigten. Ohnehin klagten die Arbeitgeberverbände im Vorfeld der Einführung des Mindestlohnes, daß aus ihren Augen bereits 8.50 Euro zu hoch seien und Beschäftigung vernichten würden. Rückblickend läßt sich sagen, daß die von den Arbeitgebern und ihren Unterstützern in Medien und Wissenschaft sowie der arbeitgeberfinanzierten INSM an die Wand gemalten Horrorszenarien nicht eintraten. Die Aushandlungsprozesse führten in der Regel zu einer sehr moderaten Erhöhung des Mindestlohnes, die deren Bezieher nicht vor Einkommensarmut und späterer Altersarmut schützen.

Auch der Wunsch, einen »politischen« Mindestlohn zu vermeiden, wurde in der Konzeption umgesetzt. Die von der Mindestlohnkommission im Beschluß vorgeschlagene Anpassung kann durch eine Rechtsverordnung der Bundesregierung umgesetzt werden. Dabei hat sich eingespielt, daß diese in der Regel durch den Arbeitsminister erlassen wird. Beim Erlaß der Verordnung hat der Minister keinen Spielraum. Er kann die Anpassung des Mindestlohnes nur so umsetzen, wie die Kommission ihn vorgeschlagen hat, oder aber auf den Erlaß der Verordnung verzichten, wodurch es zu keiner Anpassung (also in der Regel keiner Erhöhung) des Mindestlohnes kommt.

Auch nach dem Erlaß des Gesetzes zum Mindestlohn und der Einrichtung der Mindestlohnkommission riß die Debatte über weitere Ausnahmen vom Mindestlohn nicht ab. So forderte der ehemalige Präsident des ifo-Instituts, Hans-Werner Sinn, den Mindestlohn für Flüchtlinge auszusetzen und bezeichnete diesen als ein »Integrationshemmnis erster Güte«.[174] Hier blieb die Politik jedoch standhaft und eröffnete der Wirtschaft nicht die Möglichkeit, Flüchtlinge auszubeuten und somit auch gegen die heimischen Arbeitnehmer auszuspielen. Eine solche Regelung wäre insbesondere aus Sicht der 2020er Jahre ein Konjunkturpro-

---

[174] vgl. Jahberg, Heike: »*Die Integration der Flüchtlinge wird teuer*«. Der Tagesspiegel vom 03.01.2016. http://www.tagesspiegel.de/wirtschaft/hans-werner-sinn-im-interview-die-integration-der-fluechtlinge-wird-teuer/12782248.html (zuletzt aufgerufen: 25.08.2024)

gramm für rechtspopulistische Parteien geworden.

Im Jahr 2017, also dem Jahr, in dem das Gesetz flächendeckende Gültigkeit erlangte und der Mindestlohn auch tariflich nicht mehr unterboten werden durfte, fanden die Wahlen zum 19. Deutschen Bundestag statt. Befürchtungen, der Mindestlohn könnte zum Wahlkampfthema werden, hatten sich nicht bewahrheitet. Vereinzelt wurde zwar noch Kritik geübt. Zugleich aber erwiesen sich die Befürchtungen der Kritiker, daß der Mindestlohn Millionen von Arbeitsplätzen im Niedriglohnsektor vernichten würde, als unbegründet. Somit entfiel letztlich auch deren wichtigstes Argument für eine weitere Modifikation des Mindestlohnes.

Spätere Auseinandersetzungen drehten sich allenthalben darum, ob der Mindestlohn einmalig (oder öfter?) durch den Gesetzgeber erhöht werden sollte, um die hiervon betroffenen Menschen aus der Armut zu führen und dafür zu sorgen, daß sie nicht auf ergänzende Sozialhilfe angewiesen wären und auch nicht der Altersarmut anheimfielen. Der Mindestlohn an sich blieb bei Politik, Gesellschaft und Verbänden unumstritten.

Die Mietpreisbremse

Um die Mietpreisbremse gab es ein Ringen in der großen Koalition, genauer: um das Ausmaß, in dem die Mietpreisbremse bremsen soll. Heraus kam ein Kompromiß, der die Mietpreisbremse mit einigen jedoch maßgeblichen Ausnahmen versah. Die Mietpreisbremse selbst sollte verhindern, daß bei Mieterwechseln der Mietzins auf über 10% über die ortsübliche Miete steigt.[175]

Für Neubauten, also Häuser, die nach dem 01.10.2014 zum ersten Mal vermietet wurden, galt die Mietpreisbremse nicht. Vermieter mußten die Miete nicht senken und durften eine eigentlich zu hohe Miete auch bei einem Wechsel des Mieters beibehalten.[176]

Diese Regelung war die Einladung an die Vermieter, die Mieten noch schnell zu erhöhen, auch über zehn Prozent über die ortsübliche Miete hinaus, weil sie diese nach Einführung der Mietpreisbremse diese Mieterhöhung im Falle einer Weitervermietung nicht zurücknehmen mußten.

Mit Einführung der Mietpreisbremse wurde auch das Bestellerprinzip für die Wohnungsmakler eingeführt, so daß Mieter nicht

---

[175] vgl. Rossmann, Robert: *Große Koalition beschließt die Mietpreisbremse.* Süddeutsche Zeitung, 24.09.2014, S. 1
[176] vgl. ebd.

mehr den Makler bezahlen müssen, der vom Vermieter bestellt wurde.[177]

Hier setzte die SPD zwar ein Wahlversprechen um, mußte jedoch einige Zugeständnisse an die CDU/CSU machen, die Beschränkungen für die Vermieter als Bremse für den privaten Wohnungsbau betrachtete. Der Aspekt der Mietobjektspekulation spielte für die Mietpreisbreme keine Rolle. Auch eine nachhaltige Stärkung des sozialen und kommunalen Mietwohnungsbaus wurde zwar immer wieder debattiert, jedoch nicht in die Wege geleitet.

Rückblickend war die Mietpreisbremse weitgehend wirkungslos. In einigen Sparten des Wohnungsmarktes vermochte sie möglicherweise den Anstieg der Mieten zu dämpfen. Jedoch war sie durch die Ausnahmen bei Neubau und Sanierung in ihrer Wirkung erheblich eingeschränkt. Auch Jahre später sollten sich an den Problemen auf dem Wohnungsmarkt nichts Maßgebliches geändert haben.

Die Haltung der SPD zu TTIP

Der Parteivorsitzende und Wirtschaftsminister Sigmar Gabriel setzte sich entschlossen für TTIP ein und bemüht sich, die Partei auf einen entsprechenden Kurs zu verpflichten.

Weil sozial-, arbeits- und verbraucherrechtliche Standard in der Europäischen Union und damit auch in Deutschland auf dem Spiel standen und die berechtigte Sorge bestand, daß diese dem Freihandel geopfert würden, hatte sich inzwischen in der Bevölkerung ein erhebliches Mißtrauen verbreitet. Dies betraf neben den Verhandlungen über das Abkommen unter Ausschluß der Öffentlichkeit insbesondere die privaten Schiedsgerichte, über die Unternehmen die Möglichkeit bekommen sollten, Staaten zu verklagen, wenn diese Gesetze machten, die den Profit der Unternehmen schmälern konnten. Zurecht kritisierten Nichtregierungsorganisationen und kritische Wissenschaftler, daß die Demokratie untergraben würde, wenn sich Wirtschaftsunternehmen herausnehmen könnten, aus gesetzlichen Regelungen, die von demokratisch gewählten Parlamenten verabschiedet worden waren, Schadensersatzforderungen abzuleiten. Betroffen davon konnten Maßnahmen zum Arbeitnehmerschutz oder zum Umweltschutz sein, wenn diese das Vertrauen der Unternehmen bei Investitionsentscheidungen verletzten konnten. Entschloß sich also eine

---

[177] vgl. ebd.

Regierung (möglicherweise nach einem Regierungswechsel) nach der entsprechenden Investitionsentscheidung, die Umweltstandards zu erhöhen oder den Arbeitnehmerschutz zu verbessern, konnten Unternehmen hierin einen Vertrauensschaden erblicken und Klage vor einem Schiedsgericht, also einem privaten Gericht gegen das Land erheben. Die Wirkung einer solchen Möglichkeit konnte insbesondere bei schwachen Demokratien sein, daß das Land von entsprechender Gesetzgebung aus Angst vor Klagen absah.

Neben der möglichen Einführung von Schiedsgerichten stand die Sorge vor der Aufgabe deutscher und europäischer Standards beim Verbraucherschutz und im Sozial- und Arbeitsrecht im Vordergrund der öffentlichen Diskussionen. Gabriel stimmte der Kritik hinsichtlich der Schiedsgerichte grundsätzlich zu und schlug vor, statt der privaten Schiedsgerichte ein Handelsgericht einzusetzen, welches mit professionellen Richtern besetzt sein sollte. Dieser ständige europäisch-amerikanische Handelsgerichtshof sollte öffentlich tagen und die Schiedsgericht ersetzen, die bislang den Verhandlungspartnern zur Streitschlichtung vorschwebten.[178] Überdies sollten ausländische Investoren nicht mehr Schutz erhalten als inländische. Zweifelsfrei wäre dies eine Verbesserung, löste jedoch nicht das grundsätzliche Problem. Denn am Ende des Tages würde internationalen Konzernen mit solchen Gerichten ermöglicht, Staaten zu verklagen, weil diese Gesetze beschlossen hatten, die sich aus Sicht der Unternehmensführer nachteilig auf ihre Geschäfte auswirkten. So könnte Druck auf Staaten und ein Dumping-Wettlauf im Bereich von Arbeits-, Sozial- und Umweltstandards in Gang kommen. Ohnehin wirkte die Möglichkeit einer Klage von Privatunternehmen gegen durch demokratische Gesetzgeber erlassene Regelungen befremdlich und problematisch für die Demokratie. Auch wenn die Arbeitgeberverbände und ihre Interessenvertreter nicht müde wurden zu behaupten, daß TTIP zu mehr Wohlstand führte und Arbeitsplätze schaffe, hielten dem Wissenschaftler entgegen, daß der Effekt allenfalls minimal wäre.

Gabriel hatte sich indes entschieden, für TTIP zu sein und die Partei mit auf diesen Weg genommen. Auf dem Parteitag im Dezember 2015 brachte er einen Antrag ein, der den Titel »Globalisierung gestalten - fairen Handel ermöglichen - demokratische

---

[178] vgl. Bauchmüller, Michael: *Raus aus dem Hinterzimmer*. Süddeutsche Zeitung, 02.05.2015, S. 6

Grundsätze gewährleisten« trug und am Ende auch von den Delegierten verabschiedet wurde. In diesem Antrag dominieren die Argumente der TTIP-Befürworter. So zum Beispiel jenes Argument, daß, wenn Europa mit den USA dieses Abkommen nicht abschließe, andere die (niedrigeren) Standards setzten, denen wir folgen müßten, oder eben das Standard-Argument, daß TTIP dazu beitrage, breiten Bevölkerungsschichten mehr Wohlstand zu bringen.[179]

Ein Jahr zuvor noch hatte der Parteikonvent der Sozialdemokraten ein Papier verabschiedet, das TTIP deutlich kritischer sah.[180] Um auch die Parteilinken von diesem Antrag zu überzeugen, trug der ebenfalls dem linken Flügel der SPD zugerechnete Ralf Stegner den Antrag, beziehungsweise dessen Begründung vor.[181] Der Antrag wurde vom Parteitag beschlossen und sah vor, daß über die Zustimmung der Sozialdemokraten zu den Verträgen TTIP und CETA ein Parteitag oder ein Parteikonvent der SPD entscheide, wenn diese in ihren endgültigen Fassungen vorlägen.[182] Fraglich waren hier jedoch insbesondere zwei Dinge: Konnten die Sozialdemokraten im Ablehnungsfalle tatsächlich die Ratifizierung der Verträge verhindern oder Nachverhandlungen erzwingen? Zum anderen bestand die Möglichkeit für die Fraktionsführung der Partei im Bundestag unter Berufung auf das freie Mandat die Beschlüsse der Parteigremien zu ignorieren und den Verträgen trotzdem zuzustimmen. Insofern konnte sich im Ergebnis diese Waffe der Partei als stumpf erweisen.

Klar war jedoch, daß die Parteibasis dem Freihandelsabkommen mit den USA deutlich kritischer gegenüber stand als die Parteiführung. Auch dies hatte sich auf dem Parteitag im Dezember 2015 gezeigt.

Kanzlerkandidat Gabriel?

Im Sommer 2016 sprach viel dafür und wenig dagegen, daß Sigmar Gabriel der Kanzlerkandidat der SPD für das Jahr 2017 werden würde. Dafür sprach, daß zu der Zeit niemand sonst innerhalb der Sozialdemokraten im Gespräch war. Peer Steinbrück und Frank-Walter Steinmeier waren als Kanzlerkandidaten verbrannt.

---

[179] vgl. Beschlußbuch des ordentlichen Parteitags der SPD, 10.-12.12.2015, S. 818f
[180] vgl. Denkler, Thorsten: *Irgendwo dazwischen.* Süddeutsche Zeitung, 12.12.2015, S. 2
[181] vgl. ebd.
[182] vgl. Beschlußbuch des ordentlichen Parteitags der SPD, 10.-12.12.2015, S. 821f

Prägten bei den letzten Wahlen frühzeitig Debatten um einen Kanzlerkandidaten der SPD die öffentlichen Diskussionen, herrschte an dieser Front etwas mehr als ein Jahr vor der Bundestagswahl 2017 nahezu bedrückende Stille.

Gleichwohl wäre der Parteivorsitzende gut eineinhalb Jahre vor der Wahl bereits ein angeschlagener Kanzlerkandidat. Bei der Wahl zum Parteivorsitzenden erhielt Gabriel auf dem Bundesparteitag ein ausgesprochen schlechtes Ergebnis: von 620 abgegebenen und davon 614 gültigen Stimmen entfielen auf Gabriel 456 Ja-Stimmen (74.3%).[183] Damit bekam er das schlechteste Ergebnis der Vorstandswahl im Dezember 2015.

Tabelle 4: Ergebnisse der Vorstandswahl auf dem SPD-Parteitag vom 10. bis 12. Dezember 2015.[184]

Kandidat	Ja	Nein	Ent.	Ja in %
Gabriel, Sigmar	456	139	19	74.3
Kraft, Hannelore	560	27	26	91.4
Özoguz, Aydan	504	59	40	83.6
Schäfer-Gümbel, Thorsten	530	38	34	88.0
Scholz, Olaf	479	75	43	80.2
Schwesig, Manuela	557	29	18	92.2
Stegner, Ralf	461	107	28	77.3
Barley, Katarina	559	21	21	93.0
Nietan, Dietmar	552	8	4	97.9

Ent. = Enthaltungen. Funktionen der Gewählten: Sigmar Gabriel als Vorsitzender, Hannelore Kraft, Aydan Özoguz, Thorsten Schäfer-Gümbel, Olaf Scholz Manuela Schwesig, Ralf Stegner als stellvertretende Vorsitzende, Katarina Barley als Generalsekretärin und Dietmar Nietan als Schatzmeister.

Aber dennoch gab es keine Wechselstimmung in der Partei. Möglicherweise wünschten sich einzelne Spitzengenossen gar, daß

---

[183] vgl. Protokoll des ordentlichen Bundesparteitages der SPD, 10.-12.12.2015, S. 291
[184] vgl. ebd.

Gabriel Kanzlerkandidat würde, um nach einer weiteren verheerenden Niederlage abgelöst werden zu können.[185] Aber war das wirklich eine Perspektive, die Wahl krachend zu verlieren um dann vier Jahre lang in der Opposition zu sitzen, während Angela Merkel mit ihrem Wunschpartner FDP weiterregierte?

Hier allerdings mußte sich Gabriel in der Tat vorhalten lassen, daß er bislang auch keine Perspektive entworfen hatte, sondern tendenziell eher auf vergangene Erfolge verwies wie die Durchsetzung von Mietpreisbremse und Frauenquote.[186] Mindestlohn und Rente mit 63 könnten auch noch hinzugefügt werden. Hierin bestand letztlich auch ein grundsätzliches Dilemma der SPD, weswegen es taktisch durchaus geschickt war von Angela Merkel und der CDU, der SPD ihre Wünsche gleich zu Beginn der Wahlperiode zu erfüllen. Die Erfolge der SPD lagen im Wahljahr 2017 länger zurück und überdies präsentierte die SPD gegenwärtig keine bahnbrechenden Zukunftsentwürfe, mit denen sie die Wahlen hätten gewinnen können. Das Thema Umverteilung, also Einführung der Vermögenssteuer, Reform der Erbschaftssteuer im Sinne einer Umverteilung von Vermögen von oben nach unten, hatte für den Parteichef keine Priorität. Im Gegenteil hatte Gabriel dieses Thema in die Tiefkühltruhe gelegt und hoffte, daß es dort vergessen würde.[187]

Im Mai 2016 ließ Sigmar Gabriel dann wissen, daß er den Kanzlerkandidaten erst im Mai 2017 nach der Landtagswahl in Nordrhein-Westfalen ausrufen lassen wollte. Der Bundestagswahlkampf solle »kurz und schmutzig« werden, weil die Partei sonst den Wählern auf die Nerven ginge.[188] Es sei mit »radikalen personellen Konsequenzen« zu rechnen, wenn die SPD die Landtagswahl in Nordrhein-Westfalen verlöre.[189]

Diese Strategie entsprach Gabriels Schwäche für schnelle und kurzfristige politische Überraschungscoups, wie er sie auch bei

---

[185] vgl. Hickmann, Christoph: *Schlachtplan.* Süddeutsche Zeitung, 11.04.2016, S. 3
[186] vgl. ebd.
[187] vgl. Denkler, Thorsten: *Ein Ruck muß durch die SPD gehen.* Süddeutsche Zeitung online am 11.04.2016. http://www.sueddeutsche.de/politik/partei-in-der-krise-ein-ruck-muss-durch-die-spd-gehen-1.2943939 (zuletzt aufgerufen: 25.08.2024).
[188] vgl. *Sigmar Gabriel will erst spät über SPD-Kanzlerkandidaten entscheiden lassen.* Süddeutsche Zeitung online am 08.05.2016. http://www.sueddeutsche.de/politik/bundestagswahl-sigmar-gabriel-will-erst-spaet-ueber-spd-kanzlerkandidaten-entscheiden-lassen-1.2984109 (zuletzt aufgerufen: 25.08.2024) und: *Wie ein Kropf.* Süddeutsche Zeitung, 09.05.2016, S. 7
[189] vgl. ebd.

den Wahlen zu den Bundespräsidenten gezeigt hatte. Sollten die Sozialdemokraten tatsächlich die Landtagswahl in Nordrhein-Westfalen im Mai verlieren und dies entsprechende personelle Konsequenzen nach sich ziehen, dürfte der Zeitraum bis September 2017 zu kurz sein, um noch eine neue effektive und vor allem erfolgreiche Wahlkampagne auf die Beine zu stellen.

Gleichwohl würde es für einen Wahlerfolg der SPD notwendig und wichtig sein, zentrale Themen und Akzente zu setzen, die Wähler veranlaßten, den Sozialdemokraten ihre Stimme zu geben. An dieser Frage konnte sich letztlich entscheiden, ob die SPD bei der Bundestagswahl über oder unter 20% liegen würde, oder ob sie es gar schaffte, wenigstens die 30% zu überwinden.

Welche Akzente konnte die SPD noch setzen?

Zum Schluß läßt sich die Frage nicht vermeiden, welche Akzente die SPD noch bis zur Bundestagswahl 2017 in der großen Koalition noch setzen konnte.

Mit ihren Projekten Mindestlohn, Rente mit 63 und der Mietpreisbremse hatte sie bereits zu Beginn der Wahlperiode für sie wesentliche und wichtige Wahlversprechen umgesetzt, die sie im Rahmen der Koalitionsverhandlungen mit der CDU/CSU durchsetzen konnte. Sogleich im Anschluß an diese Erfolge setzte dann die alltägliche Routinepolitik in der Koalition ein, in deren Rahmen bislang vor allem die CDU/CSU Akzente setzten und sich profilieren konnten. Dies galt insbesondere in der Flüchtlingspolitik, bei der sich CDU und CSU zwar kräftig stritten, gleichwohl aber Angela Merkel mit der Betonung einer »Willkommenskultur« Profil gewinnen konnte. Bei den internen Auseinandersetzung der CDU/CSU über die Flüchtlingspolitik deckten sie das wesentliche Spektrum von der »Willkommenskultur« bis hin zu »Das Boot ist voll« ab.

Für die SPD bot sich auch hier kaum Raum für eine eigenständige Politik mit eigenen Akzenten und Inhalten. Die SPD folgte grundsätzlich der Flüchtlingspolitik der Union und war sogar bereit war, den Familiennachzug von Flüchtlingen zu beschränken. Jedoch konnten die Sozialdemokraten gerade noch erreichen, daß nach zwei Jahren, also 2018 und somit nach der Bundestagswahl 2017, die gegenwärtige Rechtslage, also die Möglichkeit des Nachzugs der Familien auch bei nicht individuell verfolgten Flüchtlingen, automatisch wiederhergestellt werde.[190]

Des weiteren setzten die Sozialdemokraten durch, daß der Familiennachzug bei den geplanten Kontingenten von Flüchtlingen aus den Lagern in Jordanien, Libanon und Türkei nach Deutschland vorrangig ermöglicht würde.[191] Beide Punkte waren gegenüber dem Ziel der Unionsparteien, den Familiennachzug zu beschränken, bescheidene Erfolge. Zum einen war fraglich, ob sich das Flüchtlingsproblem in zwei Jahren in gleicher Weise stellte und ob es zu den Vereinbarungen über die Kontingente überhaupt noch kam. Die Erfahrung zeigte jedoch, daß nach der Bundestagswahl 2017 sich die Union auch an diese Zusage nicht gebunden fühlte und die SPD nicht über die Kraft verfügte, die Einlösung des Versprechens durchzusetzen. Der Familiennachzug, den die Union am liebsten weiterhin komplett ausgesetzt hätte, wurde auf 1000 Personen im Monat beschränkt, die ab August 2018 wieder nachziehen durften.

Auch in der Frage der »Griechenland-Rettung« hatte vor allem die CDU/CSU die Richtung bestimmt und sich in der Bevölkerung als Wahrer der Prinzipien der Haushaltsdisziplin auch gegenüber anderen Euro-Ländern profilieren können, während die SPD eher etwas verlegen danebenstand und die Entscheidungen, die im Kanzleramt und im Finanzministerium vorbereitet wurden, einfach und nahezu widerspruchslos mittrugen. Die CDU konnte auf diesem Feld das Bild einer SPD in der Öffentlichkeit erzeugen, die keine eigenen Schwerpunkte setzte und von den entschlossenen Handlungen Merkels und Schäubles überrollt wurde.

Knapp eineinhalb Jahre vor der Bundestagswahl entstand der Eindruck, daß die Sozialdemokraten ihre politischen Erfolge zu Beginn der Wahlperiode hatten und nunmehr den Unionsparteien das politische Feld überließen. Ein Thema, mit dem sich die SPD im Bundestagswahlkampf 2017 gegenüber der Union profilieren konnte, war im Sommer 2016 kaum in Sicht.

Wichtige sozialdemokratische Themen wie die Wiedereinführung der Vermögenssteuer waren auch innerhalb der SPD umstritten. Diese wurde auch vom Parteivorsitzenden Gabriel sowie dem niedersächsischen Ministerpräsidenten Stephan Weil abge-

---

[190] vgl. Fried, Nico: *Koalition einigt sich auf neues Asylpaket.* Süddeutsche Zeitung, 29.01.2016, S. 1
[191] vgl. ebd.

lehnt.[192] Es stellte sich also somit die dringliche Frage, mit welchem zündenden Thema ein möglicher Kanzlerkandidat Sigmar Gabriel in den Wahlkampf 2017 ziehen wollte.

Gabriels Coup: Bundespräsident Steinmeier

Sigmar Gabriel hatte in der Vergangenheit gezeigt, daß ihm die langfristigen Konzepte nicht so sehr lagen, wohl aber die tagespolitischen, kurzfristigen Erfolge. Das hatte er bereits bei der Nominierung Joachim Gaucks zum Bundespräsidenten gezeigt, mit der er nicht nur die Union in die Bredouille bringen sondern auch die Linkspartei vorführen wollte. Das taktische Kalkül, einen konservativen Kandidaten ins Rennen zu schicken, war, einen Keil in die Union zu treiben und zugleich ein Signal gegen eine rot-rot-grüne Koalition zu senden. Ob letzteres taktisch klug war, ließ sich auch im Rückblick mit guten Gründen bestreiten.

Nachdem Joachim Gauck klargestellt hatte, daß er für eine weitere Amtszeit nicht zur Verfügung stand, mußte also wieder ein Nachfolger gefunden werden. Bemerkenswert an diesem Vorgang war, wie wenig die Bundeskanzlerin Angela Merkel in der Lage war, einen eigenen Vorschlag zu unterbreiten, während Sigmar Gabriel frühzeitig den amtierenden Außenminister Frank-Walter Steinmeier ins Spiel brachte. Merkel lehnte dessen Nominierung zunächst ab, weil sie eigentlich einen eigenen Vorschlag machen wollte und in der Union dafür kritisiert worden wäre, wenn sie trotz der Stärke der Union gegenüber der SPD einen Sozialdemokraten als Bundespräsidentenkandidat unterstützt hätte.[193] Für seinen Vorstoß erntete Gabriel aber auch über die Parteigrenzen hinweg Kritik. Die CDU/CSU kritisierte, daß Gabriel sich nicht an die Absprache gehalten habe, einen gemeinsamen Kandidaten vorzuschlagen. Die Linkspartei erklärte, daß Steinmeier zu den Architekten der Agenda 2010 zähle und somit mitverantwortlich sei, daß die Spaltung der Gesellschaft zwischen Arm und Reich größer geworden sei.[194]

Die Suche nach dem eigenen Kandidaten geriet zu einer unvorteilhaften Geschichte für die Kanzlerin. Noch fünf Monat nach der

---

[192] vgl. NWZ online, 23.06.2017: *Weil lehnt Vermögenssteuer ab.* https://www.nwzonline.de/politik/weil-lehnt-vermoegenssteuer-ab_a_31,3,1291581467.html (zuletzt aufgerufen: 25.08.2024)

[193] vgl. Rossmann, Robert: *Gabriel schlägt Steinmeier vor.* Süddeutsche Zeitung, 24.10.2016, S. 5

[194] vgl. Rossmann, Robert: *Abfuhr für SPD-Chef Gabriel.* Süddeutsche Zeitung 25.10.2016, S. 5

Erklärung Gaucks, daß er nicht antreten wolle, hatte die Union noch keinen eigenen Kandidaten präsentieren können, zumal auch der über die Parteigrenzen hinweg angesehene Norbert Lammert erklärt hatte, daß er für das Amt nicht zur Verfügung stünde,[195] und somit keinen Beitrag leistete, der Bundeskanzlerin aus ihrer Not zu helfen.

Am Ende mußte Angela Merkel zähneknirschend auf den Vorschlag Gabriels, Steinmeier zum Bundespräsidenten zu machen, zurückgreifen. Innerhalb der CDU/CDU wurde Steinmeier zwar unterstützt, dessen Nominierung jedoch als Niederlage betrachtet, zumal die Union zahlreiche mögliche Kandidaten angesprochen hatte, von denen sich jedoch keiner zur Kandidatur bereit fand.[196] Auch hier feierte Sigmar Gabriel erneut einen kurzfristigen Tageserfolg, der den Sozialdemokraten in der Öffentlichkeit nicht half. Frank-Walter Steinmeier wurde am 12. Februar 2017 zum Nachfolger von Joachim Gauck gewählt. Jedoch hatten offenbar nicht alle Mitglieder der großen Koalition in der Bundesversammlung für Steinmeier gestimmt, denn er kam »nur« auf 931 Stimmen. Die Koalition verfügte zwar nur über 923 Stimmen in der Bundesversammlung, aber weil auch FDP und Grüne für Steinmeier stimmen wollten war anzunehmen, daß er nicht alle Stimmen von SPD und CDU/CSU erhalten hatte.[197] Dabei dürften wohl die meisten fehlenden Stimmen in der Union zu suchen sein, wo es durchaus erheblichen Unmut darüber gab, daß letztlich auch sie Steinmeier unterstützen mußte, weil sie keinen eigenen Kandidaten fand. Nachdem die Unionsparteien schon bei der letzten Wahl des Bundespräsidenten durch die FDP zur Unterstützung eines Kandidaten gedrängt worden waren, der eigentlich nicht der ihre war, dürfte diese erneute Niederlage Merkels für besonderen Unmut gesorgt haben.

Das Signal, welches Gabriel mit dieser Nominierung setzte, war erneut nicht eines für einen Politikwechsel in Partei und Politik, denn Frank-Walter Steinmeier gehörte zu den Architekten der Agenda 2010 und stand für alles andere als einen Politikwechsel im Rahmen einer rot-rot-grünen Koalition. Diese Personale sollte jedoch eine entscheidende Weiche in der späteren Auseinander-

[195] vgl. Rossmann, Robert: *Gabriel schlägt Steinmeier vor.* Süddeutsche Zeitung, 24.10.2016, S. 5
[196] vgl. Bielick, Jan: *Chefdiplomat soll Bundespräsident werden.* Süddeutsche Zeitung, 15.11.2016, S. 1
[197] vgl. Fried, Nico: *Steinmeier: »Lasst uns mutig sein«.* Süddeutsche Zeitung 13.02.2017, S. 1

setzung um die Fortsetzung der großen Koalition nach der Bundestagswahl 2017 spielen.

Gabriels letzte Überraschung: Der Kanzlerkandidat

Im Januar 2017 überraschte Sigmar Gabriel mit einer letzten Personalie – seiner letzten Personalie. Er verzichtete auf die Kanzlerkandidatur und erklärte überdies, auch als Parteivorsitzender nicht mehr zur Verfügung zu stehen und schlug für beide Posten den ehemaligen Präsidenten des Europäischen Parlaments, Martin Schultz vor.

Bei seiner ersten Wahl zum Parteivorsitzenden im Jahr 2009 hatte Gabriel noch 94 Prozent der Delegiertenstimmen bekommen, zuletzt waren es nur noch 74.3 Prozent. Von diesem Ergebnis leitete er wohl auch für sich selbst ab, daß er nicht mehr das nötige Vertrauen und den Rückhalt der Partei für eine Kanzlerkandidatur hatte. Während seiner Amtszeit überwarf er sich mit drei Generalsekretärinnen (Andrea Nahles, Yasmin Fahimi und Katarina Barley), was auch damit zusammenhing, daß er immer wieder die persönliche Profilierung über alles andere stellte.

Mit seiner Entscheidung für Martin Schulz überrumpelte Gabriel einmal mehr die Öffentlichkeit und den politischen Gegner, wie er es auch bei den Wahlen zum Bundespräsidenten mit seinen Kandidaten-Vorschlägen getan hatte. Möglicherweise setzte er darauf, daß dies auch bei einem Vorschlag für einen Kanzlerkandidaten funktionieren könne, wie es zuletzt auch bei Frank-Walter Steinmeier funktionierte.

Wieder einmal wich er mit einem überraschenden Vorschlag von seinen eigentlichen Plänen ab, über den Kanzlerkandidaten erst nach der Landtagswahl in Nordrhein-Westfalen entscheiden zu wollen. Hierin zeigte sich einmal mehr die Sprunghaftigkeit Gabriels bei politischen Strategien.

Mit Martin Schulz trat nun ein Politiker auf die bundesdeutsche Bühne, der bereits Erfahrungen im Europäischen Parlament gesammelt hatte. Er war nicht nur Parlamentspräsident sondern auch Kandidat der Sozialdemokraten in Europa für den Posten des Kommissionspräsidenten, zuvor langjähriger Bürgermeister in seinem Heimatort Würselen.

Daß er langjähriger Abgeordneter im Europäischen Parlament und vor allem auf der europäischen Bühne aktiv war, brachte ihm nun den Nachteil ein, daß er in der bundesdeutschen Politik und vor allem in der SPD keine Hausmacht und kaum Netzwerke hatte. Dennoch verbanden sich mit ihm die Hoffnungen auf einen Politikwechsel und einen neuen Politikstil. Diese trugen die SPD insbesondere nach seiner Nominierung als Kanzlerkandidat und Parteivorsitzender in zuvor ungewohnte Höhen bei den Umfragen.

Aus verschiedenen Gründen, die im zweiten Band dieser Reihe, »Vision oder Fission« zu betrachten sein werden, war jedoch dieser Höhenflug nicht nachhaltig. Einmal mehr gelang es der SPD, ihren eigenen Kandidaten zu demontieren.

Teil IV

Was daraus folgen mag...
Perspektiven für eine linke
Politik in Deutschland.

Eine linke Mehrheit

Nach der Bundestagswahl 2013 war die Koalitionsfindung für die Sozialdemokraten nicht leicht und die Medien sekundieren dabei: Keine Koalition mit der Linkspartei! Das wäre Wortbruch!

Die Kurzsichtigkeit, ein solches Wort überhaupt vor der Wahl zu geben, zeigte, daß die SPD aus der Vergangenheit nichts gelernt hatte und sich statt dessen weiterhin durch die Drohung der Union – unterstützt durch hieran interessierte Medien – mit einer »Rote-Socken-Kampagne« die Koalitionsoptionen einschränken ließ. Im Jahr 2013 war die Linkspartei längst zu einer linken sozialdemokratischen Partei geworden, die über viele Programmpunkte verfügte, die auch innerhalb von SPD und Grünen mehrheitsfähig waren.

SPD und Grüne setzen bei ihren Programmentwürfen überwiegend auf linke Themen. Wenn in Betracht gezogen wurde, woher sie politisch kamen und was sie im ersten Jahrzehnt des Jahrhunderts politisch zu verantworten hatten, war das Programm mit Mindestlohn, Mietpreisbremse, Wiedereinführung der Vermögenssteuer und einer stärkeren Besteuerung höherer Einkommen und Erben ein wesentlicher Fortschritt.

Nun reichte es nicht, in Wahlkämpfen solche Entwürfe zu präsentieren, um sie hinterher zur Disposition zu stellen, zum Beispiel in einer Koalition mit der CDU/CSU. Die Entscheidung der SPD-Verhandlungsführer, nach der Bundestagswahl 2013 doch in eine große Koalition mit der CDU/CSU einzutreten, bedeutete die Aufgabe zahlreicher Wahlversprechen, die gemeinsam mit Linkspartei und Grünen durchsetzbar gewesen wären und die mit der CDU/CSU nunmehr vom Tisch geräumt wurden. Schon bei den Sondierungsgesprächen zeigten sich die SPD »flexibel«, was insbesondere die Forderung nach Steuererhöhungen anging. Darauf legte Parteichef Gabriel nicht mehr so großen Wert. Und auch in der CDU/CSU wurde nun diskutiert, unter welchen Bedingungen der SPD in dieser oder jener Hinsicht entgegenzukommen sei.

Inzwischen wurde die große Koalition gebildet und die Koalitionspartner hatten jeder für sich das ihr eigene Herzensanliegen durchgesetzt, also die SPD unter anderem den Mindestlohn und die Rente mit 63 Jahren.

Seit Jahren ziehen sich Sondierungs- und sonstige Vorbereitungsgespräche für Koalitionen immer länger hin. Dafür wurden unter anderem die Veränderungen im bundesdeutschen Parteiensystem mit der Etablierung neuer Parteien verantwortlich gemacht. Die Koalitionsfindung sei schwieriger geworden, wurde behauptet. Dabei gab es durchaus viele Gelegenheiten, sich die Koalitionsfindung leichter zu machen. Es fehlte stets nur am politischen Willen von SPD und Grünen.

Bei der Bundestagswahl 2005 bestand bereits eine linke Mehrheit aus SPD, Grüne und Linkspartei. In Sachsen-Anhalt und Thüringen hätte es ebenfalls rot-rote statt schwarz-rote Koalitionen geben können, genau wie im Saarland statt einer »Schwampel«, also Schwarz-Gelb-Grün auch Rot-Rot-Grün möglich gewesen wäre. Ebenso hätte es 2010 in Nordrhein-Westfalen, wie beschrieben, bereits für Rot-Rot-Grün gereicht, und dies jeweils auch politisch, wenn die SPD denn ihre Wahlprogramme so gemeint hätte wie sie formuliert waren.

Auch nach der Bundestagswahl 2013 gab es eine linke Mehrheit. SPD, Grüne und Linkspartei hatten im Grundsatz die gleichen Ziele formuliert: Flächendeckender gesetzlicher Mindestlohn, Mietpreisbremse, höhere Besteuerung höherer Einkommen und Erben sowie die Wiedereinführung der Vermögenssteuer. Viele große Projekte, die es lohnte, anzugehen. Über die Details wäre eine Einigung sicher möglich gewesen, wie auch Gregor Gysi in den Wochen vor der Wahl nicht müde wurde zu betonen. Auch die streitigen Themen, die es letztlich auch zwischen SPD und Union gab, hätten auf die eine oder andere Art beigelegt werden können.

Statt dessen wurde bei den Grünen der Vorstand abgeräumt und die Konservativen um Cem Özdemir und Katrin Göring-Eckardt setzten sich bereits kurz nach der Bundestagswahl vom linken Wahlprogramm ab, letztere unmittelbar nach der Wahl in einem Interview im heutejournal.[1] Gleichwohl war sie auch Kandidatin und hatte die Inhalte des Programms im Wahlkampf vertreten, so daß sie danach nicht so tun sollte, als wäre sie nicht dabeigewesen, kommentierte Christoph Hickmann in der Süddeutschen Zeitung.[2]

Es wurde nicht erst einmal abgewartet, ob das Wahlprogramm

---

[1] vgl. http://www.zdf.de/ZDFmediathek/beitrag/video/1992748/#/beitrag/video/1992748/Goering-Eckardt-Weit-auseinander (zuletzt aufgerufen: 30.09.2013)
[2] Hickmann, Christoph: *Schuld sind die anderen.* Süddeutsche Zeitung, 30.09.2013, S. 4

vielleicht doch irgendwie umzusetzen war. Die Grünen ergingen sich statt dessen lieber in internen Auseinandersetzungen, wobei die sogenannten »Realos« ohnehin der Meinung waren, daß die Steuererhöhungen, für die sich die Grünen eingesetzt hatten, ein Fehler gewesen seien.[3]

Die Diskussionen bei SPD und Grünen verliefen mutlos. Es wurde beklagt, daß das Wahlergebnis so war wie es war. In der SPD fürchteten die Parteioberen eine weitere Koalition mit Merkel, weil ihnen der Absturz bei der Wahl 2009 vor Augen stand und die Protagonisten lieber glauben wollten, daß sie von Merkel kleinregiert wurden statt die eigene Politik mit der Agenda 2010 für das Desaster verantwortlich zu machen.

Statt also entschlossen ein linkes Bündnis, welches bei dieser Wahl wieder einmal die Mehrheit im Bundestag stellte, anzugehen und eine Alternative in vielen Fragen der Politik zu wagen, überlegten die Grünen mit einer gewissen Wehmut, wie schön es doch gewesen wäre, wenn es für Rot-Grün allein gereicht hätte – ein Gedanke, den wohl so mancher in der SPD geteilt hatte.

Natürlich wäre für SPD und Grüne ein politischer Richtungswechsel notwendig gewesen. In der SPD hätte es personelle Veränderungen geben müssen, damit der Politikwechsel zu einer echten Alternative möglich und auch glaubwürdig geworden wäre. Dies alles hätte sich politisch für die SPD und auch für die Grünen gelohnt. Statt die eigene Glaubwürdigkeit in Sachen sozialer Gerechtigkeit weiter zu untergraben, hätten Rot und Grün mit einer echten sozialpolitischen Wende das verlorene Vertrauen zurückgewinnen und die 10 Mio. Wähler, von denen Steinbrück so gerne sprach, bei der nächsten Bundestagswahl 2017 gemeinsam mit der Linkspartei aus dem ominösen Wartesaal abholen können.

Für ihre Vorhaben hätte die rot-rot-grüne Koalition nicht nur die Mehrheit im Bundestag auf ihrer Seite, sondern auch eine komfortable Mehrheit im Bundesrat, und dies erst recht, wenn Thorsten Schäfer-Gümbel seine politischen Verrenkungen aufgeben und auch in Hessen eine rot-rot-grüne Koalition gebildet hätte. Alle Vorhaben wären ohne Probleme durchzusetzen, selbst dann, wenn sie der Zustimmung im Bundesrat bedurft hätten.

Letztlich deuteten die Mehrheitsverhältnisse in Bundestag und Bundesrat darauf hin, daß sich die Menschen diesen Politikwech-

---

[3] vgl. Hickmann, Christoph: *Ab durch die Mitte.* Süddeutsche Zeitung, 30.09.2013, S. 5

sel wünschen und, Zuwachs bei der CDU hin oder her, letztlich auch einer linken Politik im Bundestag eine Mehrheit eingeräumt hatten. Diese Mehrheit zu nutzen wäre die Pflicht von SPD und Grünen, um letztlich auch das vorzubringen, was eine Demokratie ausmacht: Eine echte Alternative zur bisherigen Regierung.

Gleichwohl dürfte sich mit der Bestätigung Winfried Kretschmanns als erster Grüne-Ministerpräsident in Baden-Württemberg im März 2016 auch innerhalb der Grünen die konservative Fraktion bestätigt sehen. Gewönnen die »Realos« bei den Grünen weiter an Einfluß, rückten rot-rot-grüne Koalitionen in weite Ferne, wie sich später auch bei der Bundestagswahl 2021 zeigen sollte.

Thüringen 2014: Neue Hoffnung auf einen Politikwechsel?

Noch nach der Landtagswahl am 30. August 2009 scheiterte eine rot-rot-grüne Koalition in Thüringen an der SPD. Wie oben bereits skizziert forderten die Sozialdemokraten von der Linkspartei zunächst, daß der Ministerpräsident ein Sozialdemokrat sein sollte, obwohl die Linkspartei fast zehn Prozentpunkte mehr errungen hatte, als die SPD.[4] In Deutschland war es bis dahin gute Tradition, daß die stärkste Partei in der Koalition auch den Ministerpräsidenten stellte. Gleichwohl erklärte sich die Linkspartei mit der Forderung der SPD einverstanden, wollte aber eine gemeinsame Entscheidung über den Ministerpräsidenten herbeiführen, während Thüringens SPD-Chef Matschie auf ein Alleinvorschlagsrecht beharrte.[5] So begab sich SPD-Spitzenkandidat Christoph Matschie lieber als Juniorpartner in eine Koalition mit den Christdemokraten, die Christine Lieberknecht als Kandidatin für das Ministerpräsidentenamt nominiert hatten. Zu der Pastorentochter Lieberknecht hatte der Pastorensohn Matschie offenbar auch politisch das bessere Verhältnis als zum Gewerkschafter Bodo Ramelow von der Linkspartei. Diese Entscheidung wurde innerhalb der SPD Thüringens kritisiert, gleichwohl aber kam es zum schwarz-roten Bündnis mit Christine Lieberknecht als Ministerpräsident und Christoph Matschie als stellvertretenden Ministerpräsidenten.

Im Saarland erklärte der Grünen-Chef Hubert Ulrich, daß Oskar Lafontaine nicht zu trauen sei und deshalb eine Koalition unter

---

[4] vgl. Kohl, Christiane: *Thüringer SPD rebelliert gegen Schwarz-Rot*. Süddeutsche Zeitung, 02.10.2009, S. 1
[5] vgl. ebd.

Einbeziehung der Linken abzulehnen sei. Daß es nicht zu rot-rot-grün komme, so Ulrich, sei hauptsächlich Lafontaines Schuld.[6] Im März 2010 mußte Ulrich dann der Öffentlichkeit erklären, daß eine Spende des FDP-Kreisvorsitzenden Ostermann im Vorfeld der Landtagswahl im Saarland keinen Einfluß auf die Entscheidung der Grünen zugunsten einer sogenannten »Jamaika-Koalition« aus CDU, FDP und Grünen hatte.[7]

Nach vier Jahren Koalition mit der CDU in Thüringen war das Verhältnis zwischen den beiden Parteien zerrüttet. Grundsätzlich hätte die Koalition zwischen CDU und SPD nach der Wahl fortgesetzt werden können, aber innerhalb der SPD war der Wille dazu gering. Somit wuchs die Bereitschaft, nach der Landtagswahl 2014 eine rot-rot-grüne Koalition zu wagen. Die Aufgabe, diese zu organisieren, lag inzwischen nicht mehr in Matschies Händen. Der neue SPD-Chef von Thüringen, Andreas Bausewein, zeigte sich offen, nicht nur mit der Linkspartei in eine Koalition zu gehen, sondern auch einen Ministerpräsidenten der Linkspartei zu akzeptieren. Die Ära Matschie gehörte in der SPD Thüringens der Vergangenheit an.

Dabei ließ es sich die SPD nicht nehmen, auch bezüglich des Koalitionsvertrages mit Linkspartei und Grünen die Parteibasis entscheiden zu lassen. Solche Befragungen folgten gewiß nicht nur dem Wunsch, den Mitgliedern der Partei mehr Mitbestimmungsmöglichkeiten zu geben, sondern entlasteten auch die Parteiführung und die Parteitage von der politischen Verantwortung für diesen neuen Weg. Denn auf der einen Seite standen öffentlich umstrittene Entscheidungen auf einer sprichwörtlich breiteren Basis, wenn die Parteimitglieder entschieden, und vermittelten somit mehr Legitimation. Auf der anderen Seite ersparte es den Parteivorständen, schwierige oder umstrittene Entscheidungen selbst zu treffen, um für diese anschließend einstehen zu müssen.

Gleichwohl zeigte sich auf Bundesebene als auch auf der Ebene Thüringens, daß die Basis letztlich so entschied, wie es der jeweiligen Parteiführung eigentlich vorschwebte, wobei auf der Bundesebene bezüglich der Zustimmung der SPD-Parteibasis zu einer großen Koalition deutlich mehr Druck ausgeübt wurde. In Thüringen hingegen setzte sich die Parteibasis der SPD Thüringens

[6] vgl. Widmann, Marc: Saar-Grüne für Koalition mit CDU und FDP. Süddeutsche Zeitung, 12.10.2009, S. 1
[7] vgl. Ostermann spendet Grünen. Süddeutsche Zeitung, 03.03.2010, S. 6

mit ihrer Zustimmung zu einer rot-rot-grünen Koalition gegen eine Drohkulisse durch, die auch in von CDU-Mitgliedern organisierte Demonstrationen gegen einen Ministerpräsidenten von der Linkspartei aufgebaut wurde.

Überhaupt war dies ein einmaliger Vorgang in der bundesdeutschen Geschichte: die Anhänger der Wahlverlierer demonstrierten gegen eine demokratische Entscheidung der Mehrheit der Wähler und nahmen dabei die demokratische Revolution in der DDR von 1989 für sich in Anspruch. Besonders groteskes Detail dabei war, daß diese Demonstration von der Mittelstandsvereinigung der CDU und damit von einer Partei organisiert wurde,[8] die während der Zeit der DDR mitregierte – und von der bis 1989 nicht der geringste Impuls zur Wende in der Deutschen Demokratischen Republik ausging.[9] Und trotzdem demonstrierte 1990 und in den Folgejahren niemand gegen die Wahlen zahlreicher CDU-Kandidaten zu Ministerpräsidenten!

Auch Bundespräsident Gauck kritisierte die Wahl Ramelows zum Ministerpräsidenten von Thüringen und ließ wissen, daß ihm die Wahl viel abverlange, denn er vertraue nicht darauf, daß die Linkspartei sich tatsächlich von den Vorstellungen der SED verabschiedet habe.[10] Damit äußert sich der Bundespräsident parteipolitisch, was eigentlich nicht seines Amtes ist. Vor ihm hatte noch kein Bundespräsident dermaßen offen und verhohlen mit kleiner parteipolitischer Münze hantiert und seine persönlichen Befindlichkeiten staatspolitisch überhöht. Die Linkspartei im Jahr 2014 noch mit der SED gleichzusetzen ignorierte bewußt, daß diese Partei bereits seit Jahren in der bundesdeutschen Demokratie angekommen war und dies auch schon in zahlreichen Regierungsbeteiligungen bewiesen hatte.

In einem Kommentar zu diesem Vorgang verweist Heribert Prantl zu Recht darauf, daß das Bundesverfassungsgericht dem Verfassungsschutz untersagte, den Abgeordneten Ramelow zu beobachten. Der Verfassungsschutz dürfe linke Abgeordnete nicht als potentielle Antidemokraten bezeichnen, weil in der Partei unter-

[8] vgl. Kneise, Marco und John, Holger: »Ramelow geh' heim«: Tausende demonstrierten in Erfurt gegen Rot-Rot-Grün« in Thüringer Allgemeine online am 11.11.2014. http://www.thueringer-allgemeine.de/web/zgt/politik/detail/-/specific/Ramelow-geh-heim-Tausende-demonstrierten-in-Erfurt-gegen-Rot-Rot-Gruen-754985118 (zuletzt aufgerufen: 29.10.2018)
[9] vgl. Ditfurth, Christian von: Blockflöten. Wie die CDU ihre realsozialistische Vergangenheit verdrängt. S. 14f
[10] vgl. Die Vorbehalte des Präsidenten in Süddeutsche Zeitung, 03.11.2014, S. 6

schiedliche Strömungen um Einfluß rängen. Gauck solle, so Prantl in seinem Kommentar, nicht fortsetzen was das Verfassungsgericht dem Verfassungsschutz untersagt habe.[11]

Doch alle Anfeindungen und auch der Versuch, Druck auf die SPD auszuüben, dieses Bündnis nicht einzugehen, konnten nicht verhindern, daß mit Bodo Ramelow zum ersten Mal ein Politiker der Linkspartei zum Ministerpräsidenten in Deutschland gewählt wurde. Im zweiten Wahlgang konnte Ramelow alle Stimmen der rot-rot-grünen Koalition auf sich vereinen und war damit für fünf Jahre gewählt.

Schon in der Vergangenheit zeigte es sich, daß es mutige Pioniere brauchte, um politisch neue Wege zu gehen. So ließ der erste sozialdemokratische Ministerpräsident von Sachsen-Anhalt, Reinhard Höppner, sich von der Linkspartei, die damals noch den Namen Partei des demokratischen Sozialismus (PDS) trug, zwei Wahlperioden lang in einer Minderheitsregierung tolerieren und öffnete seinen Kollegen in der SPD der anderen neuen Bundesländer die Option, tatsächliche Koalitionen mit der Linkspartei einzugehen, wie dies anschließend in Mecklenburg-Vorpommern, Brandenburg und Berlin geschah. In anderen Bundesländern stand solchen Bündnissen der Umstand entgegen, daß während der Agenda 2010 der rot-grünen Regierung Schröder die Sozialdemokraten in den südlichen neuen Bundesländern zur dritten Kraft abstiegen und die gleichen Vorbehalte bis in die Bundesspitze vorherrschten, als Junior-Partner in eine rot-rote Koalition einzusteigen. Hier könnte sich der neue thüringische SPD-Chef Bausewein zum Vorreiter gemacht haben und letztlich der SPD neue Optionen in den neuen Bundesländern nicht nur rechnerisch sondern auch politisch eröffnet haben.

Auf der Bundesebene, wo noch immer die Fraktion der Agenda 2010 die bestimmende Kraft ist, wurden solche Pionierleistungen zurückhaltend zur Kenntnis genommen. Dies spiegelte sich auch in dem Grundsatzbeschluß der SPD zu Koalitionen mit der Linkspartei wider.

---

[11] vgl. Prantl, Heribert: *Der Gauck-Pegel.* Süddeutsche Zeitung, 03.11.2014, S. 4

Grundsatzbeschluß der SPD zu Rot-Rot.

Nach dem Wahldebakel vom September 2013 und der erneuten verpaßten Möglichkeit, eine rot-rot-grüne Mehrheit im Bundestag auch politisch zu nutzen, entschied sich die SPD in einem Leitantrag des Vorstandes, künftig keine Koalitionen mehr ausschließen zu wollen außer mit rechten und extremistischen Parteien.[12] Die Linkspartei wurde in dem Beschluß zwar nicht ausdrücklich erwähnt, dürfte aber der Bezugspunkt gewesen sein. Weitere Bedingungen müßten allerdings erfüllt sein, nämlich:

- »Es muss eine stabile und verlässliche parlamentarische Mehrheit vorhanden sein.
- Es muss einen verbindlichen und finanzierbaren Koalitionsvertrag geben, der mit sozialdemokratischen Wertvorstellungen vereinbar ist und eine höchstmögliche Realisierung unserer Leitziele ermöglicht.
- Es muss eine verantwortungsvolle Europa- und Außenpolitik im Rahmen unserer internationalen Verpflichtungen gewährleistet sein.«[13]

Eine »verantwortungsvolle Europa- und Außenpolitik« sah die SPD allerdings bei der Linkspartei nicht erfüllt.[14] Auch die Bedingung, daß es einen »finanzierbaren« Koalitionsvertrag geben müsse, ließ sich durchaus beliebig so interpretieren, daß eine Koalition mit der Linkspartei ausgeschlossen oder in Koalitionsverhandlungen verhindert werden konnte. Hier hatte sich die Parteiführung der SPD bereits in der Vergangenheit ausgesprochen phantasievoll gezeigt.

Hätte die SPD ihr Wahlprogramm wörtlich genommen und die Bedingung, daß eine »höchstmögliche Realisierung unserer Leitziele ermöglicht« werden sollte, hätte die SPD die Koalition nicht mit der CDU sondern mit Grünen und Linkspartei eingehen müssen, denn die Wahlprogramme der drei Parteien überschnitten

---

[12] vgl. Beschlüsse des ordentlichen Bundesparteitages der SPD, Leipzig 14. - 16. November 2013, S. 161.
[13] ebd.
[14] vgl. Süddeutsche Zeitung online, 12.11.2023: *SPD will sich für linkes Bündnis öffnen.* http://www.sueddeutsche.de/politik/sozialdemokraten-spd-will-sich-fuer-linkes-buendnis-oeffnen-1.1816573 (zuletzt aufgerufen: 25.08.2024)

sich deutlich stärker als das, was die SPD mit der CDU vereinbart hatte. Hier fehlten jedoch der Mut und der Wille. In dieses Erklärungsmuster paßte auch der mit Vorbehalten beladene Beschluß. Wenn es nicht angezeigt sein sollte, wollte sich die Parteiführung gegebenenfalls unter Verweis auf einen Parteitagesbeschluß auch 2017 vor einer Koalition mit Beteiligung der Linkspartei drücken können.

Hierauf verwiesen auch weitere programmatische Äußerungen, die in dem Beschluß zu finden waren. Ähnlich wie einst im Schröder-Blair-Papier wurde in diesem Beschluß die Worte »Modern« und »Reform« in all ihren Varianten verwendet. Die SPD sei *die* linke Reformpartei.[15] Viele allgemeine programmatische Leitziele wurden formuliert ohne zu sehr ins Detail zu gehen, wie zum Beispiel »Gute Arbeit zum Maßstab für alle Erwerbstätigen machen«.[16] Die Agenda 2010 oder eine Abkehr von selbiger kamen in diesem Antrag nicht vor. Warum die SPD »*die* linke Reformpartei« sei, wurde nicht näher erklärt. So reduzierte sich diese Phrase weitgehend auf eine Abgrenzung, beziehungsweise eine Ausgrenzung der Linkspartei, der hier offenbar abgesprochen werden sollte, eine linke Reformpartei zu sein.

Die Sozialdemokraten konstatierten in diesem Antrag, daß die Bürger mit dem Begriff »Reform« mehr Sorge als Hoffnung verbinden würden.[17] Daß die Sozialdemokraten selbst mit der Agenda 2010 zu diesem Gefühl beigetragen hatten, übersahen sie geflissentlich und erneuerten lediglich ihren Anspruch, Reformpartei zu sein.[18] Aber was für eine Reformpartei wollten sie sein? Die Reformpartei der Agenda 2010? Eine andere Reformpartei? Dies alles hätte sich aus der Politik ergeben müssen, die die SPD betrieb, und aus den Äußerungen ihrer führenden Mitglieder. Wie oben bereits gesehen, gab dies nicht viel Anlaß zu Hoffnung.

Auch Olaf Scholz und der Seeheimer Kreis beriefen sich im Bundestagswahlkampf 2024 auf dieses Papier, deren Anforderungen sie nicht erfüllt sahen.[19] Insbesondere die Haltung der Linkspartei zur NATO hielt sowohl für die SPD als auch für die Grünen dafür her, daß nicht eine Koalition mit der Linkspartei angestrebt

---

[15] vgl. Beschlüsse des ordentlichen Bundesparteitages der SPD, Leipzig 14. - 16. November 2013, S. 160.
[16] vgl. ebd. S. 161.
[17] vgl. ebd. S. 160
[18] vgl. ebd.
[19] vgl. Fried, Nico: *Scholz führt SPD in Bundestagswahl.* Süddeutsche Zeitung, 11.08.2020, S. 1

würde, sondern statt dessen die FDP als Koalitionspartner vorgezogen wurde. Wie sich anschließend in der Regierungspraxis der ersten »Ampel-Koalition« (rot-gelb-grün, also die Parteifarben von SPD, Grünen und FDP) zeigte, führten die in der Weltanschauung und den Grundannahmen zur Rolle von Staat und Gesellschaft vorhandenen Unterschiede dazu, daß sich diese Koalition in ständigen Streitigkeiten um den richtigen politischen Weg verrannte. Eine rot-rot-grüne Koalition hatte zu der Zeit inzwischen keine Mehrheit mehr.

Traurige Perspektiven?

So erfreulich die Entwicklung in Thüringen hin zu einer echten Alternative zum neoliberalen Einerlei war, so traurig waren die Perspektiven hierfür auf der Bundesebene. Denn in der SPD hatten nach wie vor noch die Anhänger der Agenda 2010 das Sagen und jene, denen der echte Wille fehlte, diesen Irrweg zu verlassen. In dem Grundsatzbeschluß der SPD zu künftigen Koalitionen zeigte sich zwar die Erkenntnis, daß das grundsätzliche Ausschließen aussichtsreicher Optionen in die Sackgasse führte. Gleichwohl kam es hier nun auf die Handhabung des Beschlusses an. Mit der Festlegung, eine Koalition mit der Linkspartei nur dann eingehen zu wollen, wenn die SPD in einer solchen die politische Richtung und die Inhalte vorgab, sollte eine solche Koalitionsoption wohl eher ausgeschlossen als angestrebt werden. Hielte sich die Linkspartei nicht an diese Vorgaben, die bestimmte Politikinhalte zu unumstößlichen Vorgaben für eine solche Koalition machten, war sie eben nicht regierungsfähig. Mit anderen Worten wollte die SPD den eigenen Unwillen, eine solche Alternative einzugehen, hinter einer behaupteten Verweigerungshaltung der Linkspartei verbergen. Wenn es die SPD ernst meinte mit einer neuen Politik, mußte sie die alte Politik in Form der Agenda 2010 über Bord werfen oder doch zumindest deren Modifikation akzeptieren. Zu erklären, man sei zu einer Koalition mit der Linkspartei bereit, wenn diese die bisherige Politik fortführe, war ein Etikettenschwindel, auf den die Wähler sicher nicht hereinfielen. Es war eine Falle, in die die Linkspartei nicht tappen sollte. Eine rot-rot-grüne Koalition könnte nur dann erfolgreich und glaubwürdig sein, wenn sie eine Politik jenseits von Neoliberalismus und Agenda 2010 betriebe. Diese Erkenntnis sollte auch in der Linkspartei vorherrschend sein.

Änderungen und Wandel können indes über die Bundesländer wie in Thüringen herbeigeführt werden. Hier hat bereits, wie oben dargestellt, ein Umdenken in der SPD stattgefunden von einer strikten Weigerung, einen Ministerpräsidenten der Linkspartei zu akzeptieren, hin zur Rolle als Juniorpartner in einer solchen Koalition. Überzogene Forderungen, wie sie noch Christoph Matschie 2009 an die Linkspartei stellten, waren 2014 nicht mehr zu hören. Dies machte Mut auch für die anderen neuen Länder, in denen die SPD bis auf weiteres wohl keine Aussicht hatten, den dritten Platz hinter CDU und Linkspartei bei den Landtagswahlen zu verlassen. Alternativen gehören zur Demokratie, und es wird die Demokratie stärken, wenn solche Alternativen, die rechnerisch möglich sind und politisch naheliegen auch umgesetzt werden. Dies sollte die Erkenntnis der SPD in den neuen Ländern aber auch in den alten Bundesländern sein, wo dies möglich ist.

Koalitionen erfordern stets Kompromisse. Die hat sich in der Vergangenheit immer wieder gezeigt. Wo sie möglich und die Parteien bereit waren, sie einzugehen, konnten Koalitionen entstehen. Selbst die großen Koalitionen haben sich in der Lage gezeigt, bestimmte Ziele, die denen, des Koalitionspartners diametral entgegenstanden, zurückzustellen und sich auf ein gemeinsames Regierungsprogramm zu einigen. Was die SPD in den letzten Jahren nicht nur aber immer wieder aufführte, nämlich Koalitionen mit der Linkspartei vor allem wegen nicht-inhaltlicher Gründe abzulehnen, führte die Sozialdemokraten in die Sackgasse der babylonischen Gefangenschaft der CDU. Dies war auch das Ziel der Unionsparteien, wenn sie die alte »Rote-Socken-Kampagne« immer wieder auspackte, um den Sozialdemokraten linke Koalitionen verbieten zu wollen. Je eher sich die Sozialdemokraten bereit zeigen, dieses Spiel nicht mehr mitzuspielen, desto schneller eröffnen sich ihnen neue Koalitionsmöglichkeiten, die die Partei auch in die Lage versetzt, sich programmatisch stärker von der Konkurrenz abzuheben.

Nachruf aus dem Jahr 2024

Die Jahre, die seit dem ersten Erscheinen dieses Buches im Jahr 2013 durchs Land gegangen sind, haben gezeigt, daß sich durchaus Veränderungen gezeigt hatten. Nicht nur hatte sich das Parteiensystem verändert, sondern auch innerhalb der SPD gab es Veränderungen und Entwicklungen, von denen einige hier aufgezeigt wurden.

Hinzuzufügen, ohne den folgenden Bänden dieser Reihe vorgreifen zu wollen, wären weitere Koalitionen der Sozialdemokraten mit der Linkspartei wie jene unter Einschluß der Grünen in Bremen, die so erfolgreich war, daß sie bereits einmal wiedergewählt wurde. In dem Jahr, also 2021, in dem Olaf Scholz die Sozialdemokraten in eine Ampel-Koalition gemeinsam mit Grünen und FDP führten, setzten die Sozialdemokraten in Mecklenburg-Vorpommern und Berlin ein gegensätzliches Signal und entschieden sich für eine rot-rote, beziehungsweise rot-rot-grüne Koalition. Manuela Schwesig verließ an diesem Wahlabend eine Koalition mit der CDU, um eine neue mit der Linkspartei zu gründen. In Berlin war der Wunsch der Sozialdemokraten, nicht ebenfalls wie im Bund eine Ampel zu bilden, sondern weiterhin mit der Linkspartei zu regieren, so groß, daß sich selbst die konservative Sozialdemokratin und Spitzenkandidaten für das Bürgermeisteramt, Franziska Giffey, nicht mit ihrem Wunsch, die FDP statt der Linken als Koalitionspartner einzubeziehen, durchsetzen konnte. Nach der Wiederholung der Wahl in Berlin wegen der zahlreichen Pannen im Jahr 2021 sah dies dann doch wieder anderes aus. Obwohl rot-rot-grün sowohl rechnerisch als auch politisch möglich gewesen wäre, setze Giffey auf ein Bündnis mit der CDU.

Letztlich zeigen diese Beispiele, wie sehr zerrissen doch die SPD ist. Auf der anderen Seite zeigte sich über die Jahre ein Lernprozeß, der die Partei befähigte, sich stückweise von der Politik der Agenda 2010 zu verabschieden. Zu befürchten steht jedoch, daß diese Entwicklung wenn nicht zu spät, aber doch spät kommt.

Angesichts der bei Drucklegung dieses Buches noch bevorstehenden Wahlen im September in den Bundesländern Brandenburg, Sachsen und Thüringen werden sich wohl an den Wahlabenden noch deutlich dramatischere Fragen stellen als jene, wie die Linkspartei denn wohl zur DDR stünde, wie dies in Nordrhein-Westfalen thematisiert und als Vorwand für das Scheitern dieser Alternative sorgte. Die Darstellung und die Diskussionen der Details dieses möglichen Blicks in den Abgrund, sollen jedoch den folgenden Büchern dieser Reihe überlassen bleiben.

Was ein Politikwechsel leisten muß

Es gibt genug Visionen und Pläne, die eine rot-rot-grüne Regierung verfolgen könnte. Neben den bereits genannten, also flächendeckender Mindestlohn, Mietpreisbremse, Einführung einer Vermögens- und Erhöhung der Erbschaftssteuer sowie eine höhere Besteuerung höherer Einkommen, gibt es weitere Politikbereiche, in denen eine sozialpolitische Neuausrichtung notwendig wäre. Hier wäre jedoch ein Abschied von SPD und Grünen von der Agenda 2010 und deren neoliberalen Grundlagen notwendig. SPD und Grüne müßten einsehen, daß sie mit ihrer Hinwendung zu neoliberalen Konzepten auf dem Holzweg waren und das, was sie seinerzeit entschieden hatten, der Korrektur bedarf.

Dies scheint insbesondere für die Sozialdemokratie ein großes Problem zu sein. Denn letztlich würden die Sozialdemokraten das wesentliche Projekt ihrer Regierungszeit in der Ära Schröder in Frage stellen, wenn sie einräumten, daß dies ein schwerer Fehler war. Aus der Regierungszeit Schröders würde im Rahmen eines solches Eingeständnisses nichts übrigbleiben, worauf die Sozialdemokratie verweisen könnte. Und letztlich verweisen auch zahlreiche Kommentatoren in den Medien darauf, daß die rot-grüne Regierung unter Gerhard Schröder »Deutschland mit der Agenda 2010 sehr geholfen« habe.

Aber hat die SPD dies tatsächlich? Angesichts der Folgen der Agenda 2010, nämlich eine weitere Öffnung der Schere zwischen Arm und Reich und der Grundsteinlegung für künftige Altersarmut durch die Riester-Rente läßt sich diese Aussage bezweifeln, sofern »Deutschland« nicht auf Wirtschaftsunternehmen, Reiche und Kapitaleigner beschränkt würde. Der ständige Verweis darauf, daß so viele Menschen Arbeit hätten wie schon lange nicht mehr übersieht, daß es oftmals prekäre Beschäftigungsverhältnisse sind, die keinen auskömmlichen Lebensunterhalt und keinen Schutz vor Altersarmut bieten.

Auch die von Angela Merkel gebetsmühlenartig wiederholte Behauptung, »Deutschland« gehe es gut, orientiert sich offenbar vor allem an den Welten der Unternehmenswirtschaft, Wohlhabenden und Kapitaleigner. Es gibt, wie zahlreiche Untersuchungen und Dokumentationen belegen, auch viele Menschen in Deutschland, denen es eben nicht gut geht. Ein sozialdemokratischer Parteivorstand hätte hier viele Ideen zu entwickeln, mit denen die Interessen breiter Bevölkerungsschichten wahrzunehmen wären und sich darauf zu besinnen, wer eigentlich die eigene

Wählerklientel ist, und welche Politik verfolgt werden müßte, um auch bei Wahlen wieder erfolgreich zu sein.

Notwendig wären insbesondere bei der Rentenversicherung die Rücknahme der Rentenkürzungen und die Abschaffung der Subventionierung der privaten Versicherungswirtschaft, also die Streichung der Riester-Rente. Schon damals hätte SPD und Grünen klar sein müssen, daß mit der Absenkung des Rentenniveaus die Wiederherstellung von Altersarmut einhergehen mußte. Sinkt das Rentenniveau, kann sich jeder geneigter Beobachter selbst ausrechnen, daß ein immer höheres Einkommen notwendig wird, wenn die Betroffenen anschließend von der Rente, die aus diesem Lohn resultiert, leben können sollen, ohne regelmäßig das Sozialamt besuchen zu müssen.

Dies müßte einhergehen mit der Stärkung der gesetzlichen Rente und der Erweiterung ihrer Basis in Form der Beitragsunterwerfung weiterer Einkommensquellen wie Mieten, Dividende und auch Erbschaften.

Die paritätische Finanzierung aller Versicherungszweige sowie die Ausweitung der Kreise der Versicherten sind notwendig. Bei der Rente ist eine Deckelung der Ansprüche wie in der Schweiz notwendig, so daß für alle Rentner eine menschenwürdige Rente zu beziehen ist. Insbesondere hier müßten Rot und Grün wohl über ihre Schatten springen und sich dem Konzept der Linkspartei anschließen, die sich in dieser Frage an der Schweiz orientiert.

Übrigens ist das Rentenkonzept in der Schweiz völlig unumstritten. Diese Art der Neid-Debatten von oben, bei denen den Besserverdienenden eingeredet wird, daß die sozial Schwächeren auf ihre Kosten lebten, wenn sie, also die Besserverdienenden mehr einzahlten und weniger herausbekämen, damit die sozial Schwachen auch eine vernünftige Renten haben, ist ein deutsches Spezifikum. In der Schweiz nehmen die Besserverdienenden dies in Kauf, weil sie den Wert des sozialen Friedens und des gehobenen Wohlstandes für alle zu schätzen wissen.

Viele weitere Mißstände in Deutschland könnten behoben werden, trauten sich SPD und Grüne, die Wettbewerbs- und Marktideologie zu überwinden. Immer mehr Bereiche des Lebens werden ökonomisiert, was die entsprechenden Folgen hat. Der Wettbewerb auch im sozialen Bereich sorgt dafür, daß die Leistungen auf der einen Seite immer teurer werden, und auf der anderen Seite dem System immer mehr Geld entzogen wird, weil die privaten Unternehmer Gewinne machen möchten, die auf

Kosten der Arbeitnehmer und Kunden, beziehungsweise Klienten gehen. Das Krankenhauswesen ist ein gutes Beispiel dafür, wie durch Kostensenkung, also Personalabbau, die Pflegerinnen und Pfleger immer mehr unter Streß stehen, weil hier auch letztlich die Privatisierungs- und Ökonomisierungsstrategie immer wildere Blüten treibt. Ärzte bekommen Zielvorgaben für Operationen, die Vorrang vor der medizinischen Notwendigkeit erhalten. Und das Pflegepersonal, das immer weiter ausgedünnt wird, gerät so unter Streß, daß letztlich die Hygiene darunter leidet, weil eben das Waschen und Desinfizieren der Hände Zeit braucht, die das Pflegepersonal nicht mehr hat. Dafür wird in Kauf genommen, daß diverse Krankheiten – auch MRSA – von Patient zu Patient getragen wird. Zusätzliche Belastungen wie die Corona-Pandemie in den Jahren nach 2020 zeigten in aller Deutlichkeit, wie sehr sich das Gesundheitssystem in Deutschland an der Grenze der Belastbarkeit befindet.

In nahezu allen Bereichen führt die neoliberale und betriebswirtschaftliche Denkweise zu einem Abbau von Arbeitsplätzen und zu einer immer höheren Belastung der Beschäftigten, so daß das Burnout-Syndrom den Status einer Volkskrankheit hat. Immer wieder werden Statistiken durch die Medien bewegt, die zeigen, daß die Zahl der psychischen Erkrankungen am Arbeitsplatz zunimmt.

Einen Beitrag dazu hat auch die Politik mit der Deregulierung des Arbeitsmarktes gleistet. Wer ständig unter Druck steht, wer ständig fürchten muß, entweder entlassen oder nicht übernommen zu werden, der verzichtet auf seine Schutzrechte oder traut sich nicht, diese durchzusetzen.

Während die Politik ständig darüber schwadroniert, daß Familie und Beruf dadurch besser ein Einklang gebracht werden müßten, daß es mehr Kindergärten und Ganztagsschulen gebe, wird das wesentliche Problem für Familien nicht behoben: Die Anforderung an Flexibilität der Arbeitnehmer und die unsicheren Beschäftigungsverhältnisse. Wer keine Sicherheit für die Zukunft hat, der bindet sich auch nicht langfristig und gründet auch keine Familie. Diese schlichte Wahrheit wird von Politik und Wirtschaft systematisch verdrängt, weil der neoliberale Glaube[20] die Ökonomisierung aller Lebensverhältnisse verabsolutiert.

---

[20] In seiner ersten Version des Buches »Neoliberalismus« untertitelte Norbert Nicoll treffend: »Hinter- und Abgründe einer Zivilreligion«, erschienen: Edition Octopus, 2009.

Wettbewerbsideologie überwinden

Ein linkes Projekt müßte also entgegen dem neoliberalen Zeitgeist die Wettbewerbs- und Privatisierungsideologie überwinden und die entsprechenden Entscheidungen der Vergangenheit korrigieren. Insbesondere im Bereich der Daseinsvorsorge müßte der Staat wieder eine stärkere Rolle erhalten. Die steigenden Strompreise und Mieten als Folge des Rückzugs des Staates aus diesen Bereichen zeigen das Scheitern der Wettbewerbsideologie sehr deutlich. Volksentscheide auf kommunaler Ebene haben diese Entwicklung an manchen Stellen zurückgedreht. In Berlin wurde die privatisierte Wasserversorgung wieder kommunalisiert. Überdies sprach sich eine Mehrheit in einem Volksentscheid für die Enteignung großer Wohnungsbauunternehmen aus, um steigenden Mieten entgegenzuwirken.

Die Öffnung des Pflegesektors für private Dienste, die kaum einer öffentlichen Kontrolle unterstehen, wäre ebenfalls zurückzunehmen. Die Öffnung in diesem Bereich treibt geringe Löhne und fragwürdige Dienste voran.

Ebenfalls müßten die Wettbewerbs- und Ökonomisierungstendenzen im Gesundheitsbereich zurückgenommen werden. Hier müßte sich dann auch der Teil der Ärzte auf ihre eigentlichen Aufgaben zurückbesinnen, denen zurzeit der Verkauf teils fragwürdiger IGe-Leistungen[21] wichtiger ist als der Dienst am Patienten.

Nicht bewährt hat sich der Wettbewerb, auch wenn es öffentlich gerne anders dargestellt wird, bei Bahn, Post und Telekommunikation. Im Vergleich zur Bundesbahn hat der Service bei der durch betriebswirtschaftlich orientierten Manager betriebenen Bahn immer weiter nachgelassen. Zwar steigen die Bahnpreise kontinuierlich an, die Netzabdeckung und die Leistungen aber gingen immer weiter zurück, während sich die Bahn immer stärker zu einem weltweiten Logistiker ausbaute. In den aktuellen Diskussionen um den Zustand der Bahn kommt dies zum Ausdruck. Umfangreiche Sanierungsmaßnahmen im Jahr 2024 zeigen, wie sehr die betriebswirtschaftliche Führung der Bahn durch privatwirtschaftlich denkende Manager zum Verfall des Bahnnetzes geführt hat. Hohe Kosten für die Steuerzahler und Probleme bei der Finanzierung wegen der Schuldenbremse prägten im Sommer 2024 die Diskussionen um den Zustand der Bahn.

---

[21] IGeL= Individuelle Gesundheits-Leistungen

Die Telekommunikation gilt als Erfolgsmodell der Privatisierung. Gleichzeitig finden sich die Tendenzen zur Monopolisierung in diesem Bereich kaum Beachtung. Wegen des technischen Fortschritts ist es zudem für die Kunden schwierig, die Preise zu vergleichen. Zudem förderte der technische Fortschritt in diesem Bereich mit Blick auf Handys und Smartphones eine Wegwerfmentalität, die kaum als ökologisch nachhaltig bezeichnet werden kann.

Ein entscheidender Nachteil zeigt sich jedoch in der Netzabdeckung, was auch auf Bahn und Post zutrifft: Viele kleine Orte sind vom schnellen Internet abgehängt. Während in einem Staatsunternehmen der Staat die Möglichkeit hätte, die flächendeckende Versorgung mit schnellem Internet zu gewährleisten, müssen nunmehr die Kommunalvertreter auf Knien vor den Managern der Telekom herumrutschen und darum bitten, die Kommune oder den Kreis doch bitte endlich an das schnelle Internet anzubinden und/oder gar Glasfaserkabel zu legen.

Bei der Post zeichnet sich inzwischen ebenfalls die Tendenz ab, daß abgelegenere Gebiete vom Netz mehr und mehr abgehängt werden. Absehbar ist bei einer völligen Freigabe des Wettbewerbs, daß es zu einer Unterversorgung entlegener Gebiete kommt. Entsprechende gesetzliche Regelungen wirken diesem bislang und auf absehbare Zeit entgegen.

Immer mehr unter Druck geraten auch die Mitarbeiter der Post, die immer mehr Postwurfsendungen neben der Briefpost transportieren müssen und lange Arbeitszeiten haben. Die gesetzliche Regelung, daß ihnen keine Pakete mehr zum Tragen zugemutet werden, die mehr als 20 kg wiegen, war überfällig.

Hier ist in der Tat Mut notwendig, um die Wettbewerbsideologie zu überwinden. Denn in den oberflächlichen Betrachtungen werden die gesellschaftlichen Kosten solcher Arrangements oftmals ausgeblendet und der Blick darauf gelenkt, daß es für den Einzelnen zunächst einmal günstiger sei. Hinzu kommt, daß die Europäische Union gerade in diesen Bereichen der Daseinsvorsorge und der Infrastrukturleistungen die Privatisierung vorantreibt. Hierauf verweisen auch gerne jene, die behaupten, daß eine Durchbrechung dieser Privatisierungsstrategie nicht möglich sei. Aber auch die Entscheidungen der europäischen Union werden von den nationalen Regierungen mitbestimmt. Daß Deutschland dabei zuweilen ein gewichtiges Wort mitredet, zeigt sich in der jüngsten Vermeidung scharfer CO_2-Höchstwerte für die Automobilindustrie durch die Regierung Merkel.

Eine solche alternative linke Politik bedürfte auch einer starken öffentlichen Gegenbewegung in den Medien oder eben die Formierung einer Gegenöffentlichkeit, die sich für mehr Regulierung und staatlichen Eingriffen einsetzt. Die Gründung des Instituts Solidarische Moderne durch Andrea Ypsilanti und anderen, das sich auf die Fahnen geschrieben hat, einen alternativen Politikentwurf zu erarbeiten und in der Öffentlichkeit zu popularisieren, ist ein erster richtiger Schritt in diese Richtung.[22]

Mut zur Korrektur von Marktergebnissen

Zu den wesentlichen Annahmen des Neoliberalismus zählt die Überzeugung, daß Marktergebnisse nicht korrigiert werden dürfen. Hier steckt auch das Verlangen dahinter, die Vermögensverteilung im Land nicht zu korrigieren, weil diese ein Ergebnis des Handelns auf den Märkten sei.

Ausgeblendet oder gar geleugnet werden Macht- und sonstige Strukturen, die den Einzelnen begünstigen oder benachteiligen. Die beliebte Formel, daß jeder seines Glückes Schmied sei, ist von der Realität vielfach widerlegt worden. Dies dürfte zumindest zum Erfahrungsschatz der überwiegenden Mehrheit der Bevölkerung gehören. Es gehört stets auch Glück und Fügung zum Erfolg sowie Gelegenheiten, die sich ergeben haben, und Zufälle.

Eigene Leistung entsteht nur selten aus eigener Kraft. Viele andere haben daran mitgewirkt. Die Eltern, die Lehrer, die Freunde, das weitere Umfeld, Einrichtungen, Medien und viele weitere Personen. Sie haben gemeinsam beigetragen zum Erfolg oder Mißerfolg, je nach dem, wie die Strukturen gegeben waren.

Dies zu leugnen kann allenfalls in der Absicht geschehen, die eigene Machtposition zu sichern und dies zugleich zu verschleiern.

Politik darf sich nicht anonymen Märkten unterwerfen. Die Marktideologie, die alle Lebensbereiche ökonomisieren möchte, muß überwunden werden. Denn sie beruht auf der Illusion, daß für alle Menschen ein gleicher Marktzugang möglich ist, und daß sich hieraus für jeden die Chance eröffnet, sein Glück selbst zu bestimmen.

---

[22] vgl. https://www.solidarische-moderne.de/de/topic/60.wissensproduktion.html (zuletzt aufgerufen: 25.08.2024)

Der homo oeconomicus, der in der neoliberalen Ideologie den vollständigen Überblick über alle Märkte hat, ist eine theoretische Fiktion. Ebenso ist es eine Fiktion, daß auf den Märkten alle Teilnehmer gleichberechtigt seien und auf Augenhöhe agierten. Ein Blick auf den sogenannten »Arbeitsmarkt« zeigt, daß dem nicht so ist. Die Eigner an Produktionsmitteln sind jenen, die ihre Arbeitskraft anbieten müssen, um vom Entgelt zu leben, strukturell überlegen, erst recht in Zeiten hoher Arbeitslosigkeit. Das Arbeitsrecht trägt dem Rechnung und schützt die schwächeren Arbeitnehmer.

Wer der Meinung ist, daß in Zeiten hoher Arbeitslosigkeit die Löhne so weit sinken müßten, daß Arbeitgeber wieder Interesse hätten, Arbeitnehmer einzustellen, denkt eindimensional und blendet die Realität aus. Er bleibt vor allem die Antwort schuldig, wovon ein Mensch leben soll, der für seine Arbeit unterhalb des Existenzminimums bezahlt werden soll.

Neoliberale haben hier eine einfache Ausflucht gefunden: Die Löhne sollen vom Staat aufgestockt werden, der gleichzeitig nicht mit Steuern in die Profite eingreifen soll, die Unternehmen durch diese Art der Ausbeutung ihrer Arbeitskräfte machen. So kann eine Gesellschaft nicht funktionieren.

Märkte sollen nur dort stattfinden, wo sie hingehören. Vor allem dürfen die Märkte nicht über der Politik und der Gesellschaft stehen, sondern müssen sich ihr unterordnen. Märkte sind ein Mittel und nicht der Zweck oder das Ziel. Deshalb müssen sie reguliert und ihre Ergebnisse im Sinne der Gesellschaft korrigiert werden. Märkte legitimieren sich nicht selbst, und deshalb sind auch ihre Ergebnisse nicht unantastbar. Legitimation zu Steuerung der Gesellschaft kann sich nur aus durch die Bürger frei gewählten Parlamente ergeben. Nur die demokratisch legitimierten Abgeordneten, und nicht etwa die Märkte, haben die Legitimation, über die Menschen und deren Zukunft zu bestimmen, denn »[d]er Markt ist kein Modellgeber der Demokratie«.[23]

Primat der Politik wiederherstellen

Dazu ist es notwendig, daß die Politik ihr Primat über die Wirtschaft und die Märkte wieder zur Geltung bringt. »Der neoliberal inspirierte Wettbewerbsstaat ist ein weitgehend entdemokrati-

---

[23] Korte, Karl-Rudolf: *Wählermärkte*. S. 9

sierter Staat.«[24] Die Mechanismen in einer Demokratie funktionieren fundamental anders als jene in der Wirtschaft, auch wenn dies selbst dem einen oder anderen Soziologen fremd erscheinen mag, der der Überzeugung ist, daß die Gesellschaft nach binären Codes funktioniert.

Mit der zunehmenden Privatisierung öffentlicher Aufgaben und Einrichtungen wird den Bürgern entzogen, worüber sie in demokratischen Wahlen abstimmen könnten.[25] Hierin sehen Neoliberale nicht nur kein Problem, sondern sie wollen genau dies. Sie wünschen sich Sicherungen gegen demokratische Mehrheitsentscheidungen, um zu vermeiden, daß Politik Marktergebnisse korrigiert.

Dabei hat die Finanzkrise zu einer gewissen Ernüchterung geführt, weil in ihrem Verlauf viele Kommunen viel Geld mit Anlagen und Finanzierungsmodellen verloren haben, die ihnen von verwegenen Beratern aufgeschwatzt wurden. Der Boom bei öffentlich-privaten Partnerschaften verschaffte einen zusätzlichen Verlust an Demokratie. Denn in der Zusammenarbeit mit Privatunternehmen waren die Verträge oftmals so geheim, daß sie nicht einmal den Abgeordneten der kommunalen Bürgerschaften vorgelegt wurden. Sie stimmten über Vereinbarungen ab, die sie nicht im Detail kannten, und über die auch mit Verweis auf Betriebsgeheimnisse die Öffentlichkeit nicht informiert wurden. Die Politik gab ihr Primat beim Pförtner der beteiligten Unternehmen ab. Mit der für eine Demokratie lebensnotwendigen Transparenz der Entscheidungen hat dies nichts mehr zu tun. Ebensowenig haben die Abgeordneten eine Chance, kompetent zu entscheiden, wenn sie die Verträge nicht oder nur weitgehend geschwärzt einsehen dürfen.

Der Glaube, daß die Dinge durch die Märkte besser und effizienter geregelt würden als durch die Demokratie, war weit verbreitet.[26] Gleichwohl handelt es sich um einen Irrglauben. Die Vergangenheit hat gezeigt, daß Eliten- oder Technokraten-Herrschaft mit ihren schneidigen Abkürzungen keine besseren politischen und gesellschaftlichen Ergebnisse gezeigt haben als die ach so langsame Demokratie.[27]

---

[24] Strasser, Johano: *Demokratie nutzt auch der Wirtschaft.* Süddeutsche Zeitung, 06.04.2005, S. 2
[25] vgl. ebd.
[26] vgl. ebd.
[27] vgl. ebd.

Deshalb muß sich die Demokratie ihr Primat zurückerobern. Vor allem dürfen die Parlamente nicht freiwillig auf ihre Gestaltungs- und Kontrollmöglichkeiten verzichten, wie es im Rahmen der sogenannten »Euro-Krise« teilweise geschah. Doch auch schon zuvor gab es Einrichtungen, die durch Parlamentsbeschluß errichtet und denen dann praktisch unkontrollierbare Handlungsfreiheit gegeben wurde. Gemeint ist die Treuhandanstalt zur Privatisierung des volkseigenen Eigentums der DDR. Auch dies hat gezeigt, daß sich die Politik keinen Gefallen tut, wenn sie ihre Angelegenheiten in die Hände privater Manager gibt. Die Rechnung des Fehlschlags wurde den Arbeitnehmern präsentiert, deren Unternehmen voreilig »abgewickelt« wurden, und den Steuerzahlern, die das Defizit des Unternehmens am Ende bezahlen mußten. Die Spaltung Deutschlands zwischen Ost und West, die durch dieses Vorgehen verstärkt und teilweise auch zementiert wurde, wirkt auch Jahrzehnte nach, wie in den 2020er Jahren unter anderem an den Wahlerfolgen rechtspopulistischer Parteien wie AfD und BSW vor allem in den neuen Bundesländern abzulesen ist.

Politik muß sich wieder das letzte Wort erkämpfen und darf sich nicht treiben lassen von interessenorientierten Ideologen und marktradikalen Privatisieren. Bei der Gelegenheit wäre zugleich mit der Legende aufzuräumen, daß durch den Staat geschaffene Arbeitsplätze in irgendeiner Form minderwertiger wären als solche, die in der freien Wirtschaft entstehen oder dort gar weniger gearbeitet würde. Ein funktionierendes Gemeinwesen ist allein mit einer funktionierenden und personell gut ausgestatteten Verwaltung möglich.

Wenn Demokratie einen Sinn haben soll, dann muß die Politik auch etwas haben, worüber sie entscheiden kann. Auf diesem Standpunkt steht übrigens auch das Bundesverfassungsgericht. Für ein Parlament, das keine Befugnisse hat, erübrigt sich auch die demokratische Wahl. Wenn die Wähler ein Parlament wählen, muß es auch weitgehende Befugnisse haben, so daß die Wähler mit ihrer Stimmabgabe über das, was im Land geschieht, mitentscheiden können.

In einer Demokratie entfaltet sich die Legitimation einzig über das in freien, geheimen, gleichen und direkten Wahlen zusammengesetzte Parlament. Es lohnt sich, dieses Prinzip nicht aufzugeben sondern zu stärken, denn nur die umfassenden Diskussionen und Aushandlungsprozesse der Demokratie können sicherstellen, daß die Entscheidungen von der Bevölkerung als legitim angesehen und mitgetragen werden.[28]

Und so gehört es auch zur Wiederherstellung des Primats der Politik, daß sich die verantwortlichen Politiker nicht auf vermeintliche Sachzwänge zurückziehen um ihre politischen Entscheidungen nicht rechtfertigen zu müssen. Regierende und Abgeordnete müssen sich auf ihre Aufgaben in der Gesellschaft besinnen, nämlich zu regieren und zu gestalten. Kein anderer Bereich der Gesellschaft ist hierzu stärker legitimiert als die gewählten Parlamente und die aus ihnen hervorgegangenen Regierungen.

Hierzu gehört auch der Wille zur Alternative und zum Wahlkampf um unterschiedliche Konzepte. Grundlage allen Handelns ist die Verfassung, die die Grundlinien der Entscheidungsmöglichkeiten sowie der Rechte des Einzelnen und der politischen Institutionen festlegt. Notwendig ist der politische Mut, sich von der Konkurrenz zu unterscheiden. Deshalb gehören auch politische Weichenstellungen wie die »Schuldenbremse« nicht in die Verfassung. Die Frage, ob Maßnahmen der Politik durch Schulden, Steuern oder Umschichtungen im Haushalt finanziert werden sollen, muß bei jeder Wahl neu entschieden werden können. Das allein ist das Wesen einer legitimen Politik in einer lebendigen Demokratie.

---

[28] vgl. Strasser, Johano: *Demokratie nutzt auch der Wirtschaft.* Süddeutsche Zeitung, 06.04.2005, S. 2

Programm für einen Politikwechsel

Welche Folgen hat das Geschriebene für einen echten Politikwechsel, der mehr als nur eine linke Handschrift tragen soll? In den diversen politischen Bereichen wären staatliche Lösungen vorzuziehen und neoliberale Entscheidungen zur Privatisierung rückgängig zu machen. Dies wäre zwar mit einer verfassungsändernden Mehrheit leichter, ist aber auch ohne möglich. Notwendig wäre Mut, Phantasie und die notwendige Entschlossenheit, auch gegen wirtschaftlich mächtige Widerstände Politik durchzusetzen. Zur Diskussion über ein Programm für einen Politikwechsel werden die folgenden Eckpunkte vorgeschlagen:

Sozialpolitik

In der Krankenversicherung sollte eine solidarische und gesetzliche Bürgerversicherung eingeführt werden, die anstelle des Systems aus gesetzlicher und privater Krankenversicherung tritt. Die Beiträge sollten nach der Leistungsfähigkeit der Versicherten gestaffelt sein, und es sollte einen zuzahlungsfreien Zugang der Menschen zu den medizinischen Leistungen geben. Leistungen, die nicht im Katalog der Bürgerversicherung stehen, dürften nur solche sein, die in den Bereich des privaten Wellness-Vergnügens fallen. Insbesondere ist der Mißstand zu beenden, daß viele Menschen sich eine vernünftige Zahnbehandlung aus finanziellen Gründen nicht leisten können. Hier sollten alle Leistungen wieder Kassenleistungen sein. Daß die Verzierung von Zähnen mit Diamanten oder ähnliche Exzentritäten davon ausgenommen sein sollten, bedarf wohl nicht der Erwähnung.

Zuzahlungen zu Medikamenten sollten abgeschafft werden. Denn durch solche Zuzahlungen erhöht sich praktisch der Kassenbeitrag gerade für die Schwächsten der Gesellschaft, nämlich für die Kranken. Die Grundidee hinter solchen Zuzahlungen liegt vor allem darin, ein Bewußtsein zu schaffen, daß die in Anspruch genommenen Leistungen auch Geld kosten. Patienten, so die Idee, sollen sich darüber im Klaren sein, daß sie die »Ressource« Medikamente nicht verschwenden sollen. Doch gerade im Gesundheitswesen ist die Idee fehl am Platze, denn die Regel ist, daß Patienten sich die Medikamenteneinnahme nicht aussuchen können. Nach dem gegenwärtigen System müssen auch chronisch Kranke mindestens 1% des Einkommens zuzahlen, was neben den Zusatzbeiträgen für Versicherte eine weitere Erhöhung des Beitrags gerade für Kranke bedeutet. Gerade chronisch Kranke wie Herzkranke, Asthmatiker, Rheumatiker, Diabetiker, MS- oder

Morbus Crohn Patienten sind auf die dauerhafte Einnahme der entsprechenden Medikamente angewiesen und können hier auch nicht ökonomisch rational mit Kostenbewußtsein handeln (und sich vielleicht nur die halbe Dosis Insulin spritzen).

Vernünftiger wäre an dieser Stelle, die Preise für Medikamente staatlich zu regulieren, statt es der Pharma-Industrie nach wie vor zu ermöglichen, Mondpreise für ihre Medikamente zu nehmen, die auch mit den Kosten der medizinischen Forschung nicht gerechtfertigt werden können.

In der Rentenversicherung könnte das Schweizer Modell eingeführt werden, das allen Menschen eine auskömmliche Rente garantiert und die Zuwendungen nach unten und oben deckelt, während Beiträge auch für hohe Einkommen zu zahlen sollten. Denn die Bekämpfung von Altersarmut sollte ein wichtiges soziales Ziel des Staates sein.

Die Pflegeversicherung könnte wie die Krankenversicherung als Bürgerversicherung ausgestaltet werden.

Bestimmte Leistungen, wie die Berufsunfähigkeits- und Sterbeversicherung, sollten wieder zum Bestandteil der entsprechenden gesetzlichen Versicherungszweige werden, aus denen sie zuvor ausgegliedert wurden. Nicht jeder kann sich eine private Berufsunfähigkeitsversicherung leisten.

Die Veränderungen der Agenda 2010 im System der sozialen Sicherung (Hartz-Gesetze) wären zurückzunehmen. Die Arbeitslosenversicherung und Arbeitslosenhilfe wären wiederherzustellen und eine Grundsicherung ohne Repressionen für die Betroffenen sicherzustellen. Daneben wäre ein Mindestlohn durchzusetzen, der konsequent vor Armut – auch vor Altersarmut – schützt.

Aufgabe eines Politikwechsels in der Sozialpolitik wird auch sein müssen, über die Abschaffung prekärer Beschäftigungsverhältnisse die Basis für Einnahmen in den Sozialversicherungen wieder zu erweitern. Geringfügige Beschäftigungsverhältnisse müssen so weit begrenzt werden, daß sie nicht mehr genutzt werden können, um reguläre Beschäftigungsverhältnisse zu ersetzen. Zulässig dürfen abweichende Beschäftigungsverhältnisse nur noch in den Bereichen sein, in denen sie unabweisbar notwendig sind. Die Grenzen für solche Bereiche sind hoch anzusetzen. Alle Formen von Scheinselbständigkeit, die in Wahrheit der Verschleierung von Normalarbeitsverhältnissen dienen, sind zu beseitigen.

Ein weiteres Problem, welches in der Öffentlichkeit verschämt verdrängt wird, und das deshalb hier auch angesprochen werden sollte, sind die Armenbegräbnisse. Früher wurde ein fester Betrag aus der Krankenversicherung für solche Beerdigungen gezahlt. Heute finden bei entsprechender finanzieller Notlage der Angehörigen unwürdige Prozeduren bei der Finanzierung der Beerdigungen statt, die dazu führen, daß die Toten spät und möglichst kostengünstig irgendwo verscharrt oder deren Asche verstreut wird. Hier ist Bayern ausnahmsweise vorbildlich, wo die Beerdigungen zeitnahe zum Tod vorfinanziert und anschließend geschaut wird, ob Angehörige oder das Sozialamt die Kosten tragen. Ein solches System wäre bundesweit wünschenswert, damit auch die Armen nach ihrem Tod eine würdige Beerdigung erhalten.

Infrastrukturpolitik

Die Privatisierungen im Bereich der Infrastrukturpolitik wären zurückzunehmen, also Post, Bahn, Telekommunikation und Energieversorgung zu verstaatlichen. Die Wasserversorgung muß in staatlicher Hand bleiben, beziehungsweise, soweit bereits privatisiert, wieder verstaatlicht werden.

Mit einer solchen Weichenstellung würden die genannten Bereiche wieder der Kontrolle der Wahlbürger unterworfen. Wenn diese Bereiche nicht mehr durch private Unternehmen sondern in staatlicher Regie geführt werden, entfällt zunächst das Bestreben, Gewinne einzufahren, von denen ausschließlich die privaten Kaptaleigener profitieren. Überdies wäre es in den genannten Bereichen wieder möglich, politische Entscheidungen zu treffen, die im Interesse der Allgemeinheit liegen, statt die Entscheidungen über die Ausgestaltung privaten wirtschaftlichen Interessen zu unterwerfen. Eine flächendeckende Versorgung zu bezahlbaren Preisen wäre somit sicherzustellen.

Im Bereich der Energieversorgung könnten alternative Modelle zur Energiewende leichter umgesetzt werden. Hier könnte der Staat die entsprechenden auch dezentralen Energieformen fördern ohne die Verbraucher immer stärker zu belasten, wie es gegenwärtig der Fall ist. Dieses Modell liefe auf die Verstaatlichung der Bereiche der großen Energieversorger hinaus, um eine dezentrale Versorgung der Bevölkerung auch mit privat oder kommunal betriebenen kleinräumigen Anlagen zu ermöglichen.

Bei Post, Bahn und Telekommunikation könnte eine flächendeckende Versorgung zu bezahlbaren Preisen und ohne Lohndumping bei den Arbeitnehmern erreicht werden. Dies wäre auch der Sicherheit und Zuverlässigkeit in diesen Bereichen zuträglich.

Infrastruktur in staatlicher Hand ist letztlich auch ein Gewinn für die privaten Unternehmen, weil die Funktion der Infrastruktur auf diese Weise besser und kostengünstiger sichergestellt wird als in marktförmigen Systemen, aus denen jeweils der Gewinn für die Kapitaleigner und gegebenenfalls Aktionäre abgeleitet wird. Auf diese Weise wird eine Versorgung auch der Bereiche im Land sichergestellt, die für sich private Unternehmer aus wirtschaftlichen Erwägungen nicht lohnen. Insbesondere wäre die »Arbeitsteilung« zu beenden, daß für private Unternehmen die lukrativen Massenmärkte für Profite sorgen, während in den kostenträchtigen ländlichen Gebieten der Staat die höheren Kosten und damit die Verluste für die Versorgung der Bevölkerung trägt.

Im Bereich des Wohnungsbaus wäre eine Abkehr, mindestens jedoch eine Deckelung und Befristung der Modernisierungsumlage nötig, die ein wesentlicher Preistreiber bei den Mieten ist. Die Ankündigung, die Umlage auf acht Euro pro Quadratmeter in bestimmten Regionen begrenzen zu wollen, geht hier nicht weit genug, zumal auch dadurch weiterhin die Kostenlast der Modernisierung allein bei den Mietern liegt, während den Vermietern nicht nur die Kosten komplett erstattet werden, sondern auch durch die mangelnde zeitliche Begrenzung der Umlage auch überkompensiert werden, von der Wertsteigerung der Immobilie, die ebenfalls dem Vermieter zugute kommt, ganz zu schweigen.

Neben einer erheblich Stärkung des sozialen Wohnungsbaus wäre somit auch eine Begrenzung der Modernisierungsumlage notwendig, die dafür sorgt, daß der Vermieter künftig allenfalls ein Drittel der Kosten erstattet bekommt, die er dann nur zeitlich befristet und in geringer Höhe umlegen darf. Dies wäre auch ein wirksames Mittel gegen die Immobilienfirmen, die die Umlage zur Entmietung ihrer Liegenschaften nutzen.

Auch im Bereich des Mietwohnungsbaus wäre dringend ein Umsteuern erforderlich. Die 2015 beschlossene Mietpreisbremse hat sich bereits wegen zahlreicher Ausnahmen als wirkungslos erwiesen. Ob die jetzt von der neuen Regierung geplante Nachjustierung viel bringen wird, ist ausgesprochen fraglich, denn die zentralen Probleme werden nicht oder nur unzureichend angegangen. Notwendig wäre eine Stärkung des sozialen Mietwohnungsbaus, die deutlich über das, was bisher vorgesehen ist, hinausgeht.

Steuerpolitik

Auch wenn es in Zeiten des Neoliberalismus ungeliebt ist: Ein Politikwechsel in der Steuerpolitik muß auch das Ziel der Umverteilung beinhalten. Hier müssen die Ergebnisse des Marktes korrigiert werden, ohne daß die Politik mit einem schlechten Gewissen in Sack und Asche geht.

Reichtum und hohe Einkommen sind im Ergebnis auch immer ein Produkt der gesamten Gesellschaft. Hieran wirken auch viele Menschen mit, die am Ende davon nicht profitieren, und dies gegenwärtig mehr als zu früheren Zeiten. Das Stichwort ist die Umverteilung von unten nach oben. Beispiele hierfür sind die Leiharbeiter, die im Rahmen der Agenda 2010 für die gleiche Arbeit erheblich weniger Lohn erhalten haben. Deren Ansprüche sind umverteilt worden zu den Kapitaleignern und Aktionären. Ein weiteres Beispiel ist der Niedriglohnsektor. Es ist an der Zeit, wieder von oben nach unten umzuverteilen. Dies umfaßt auch geerbtes Vermögen, das nicht konfiskatorisch, aber doch stärker als bisher besteuert werden sollte.

Von einer stärkeren Besteuerung der oberen Einkommen zugunsten der unteren Einkommen profitieren alle. Denn wenn die Kaufkraft der unteren Einkommen steigt, haben diese Haushalte wieder stärker die Möglichkeit zu konsumieren als dies gegenwärtig der Fall ist. Dies muß auch im Interesse der Wirtschaft liegen, und es wäre eine Möglichkeit, die starke Exportabhängigkeit Deutschland zu beenden oder zumindest zu reduzieren.

In diesen Bereich fällt auch die Stärkung der Finanzbehörden zur Durchsetzung der Besteuerung. Wenn Betriebsprüfungen immer seltener stattfinden, weil das Personal fehlt, fallen auch die Steuereinnahmen geringer aus. Zudem empfindet es die Bevölkerung als ungerecht, wenn vor allem den Arbeitnehmern die Steuern direkt abgezogen werden, Unternehmen und Selbständige sich aber auch dank mangelhaft ausgestatteter Steuerfahndungen der Zahlungspflicht entziehen können.

Notwendig wäre auch eine stärkere Regulierung des Bankensektors, damit die Geldinstitute gehindert werden, an den Spieltischen internationaler Casinos zu zocken und die Verluste von den Steuerzahlern begleichen zu lassen.

Nimmt der Staat wieder mehr Steuern ein, hat er überdies die Möglichkeit, mehr für die Infrastruktur und die Kultur im Land zu tun, also das Sterben von Bibliotheken, Theatern und Schwimmbädern zu beenden.

Auch im Bereich der Bildung könnte der Staat stärker handeln, wobei die Akteure jedoch nicht dem neoliberalen Bildungsfetischismus aufsitzen sollten. Zu Recht hebt Christoph Butterwegge hervor, daß Bildung alleine nicht reicht, weil am Ende die besser Gebildeten eben nur auf einem höheren Bildungsniveau um die zu wenigen Arbeitsplätze konkurrierten.[29] Dies zu vermeiden gelten die weiteren, in diesem Kapitel genannten Maßnahmen für einen Politikwechsel.

Schuldenbremse

Schon in den Koalitionsverhandlungen der Ampel-Koalition 2021, mehr noch allerdings nach dem Urteil des Bundesverfassungsgerichts vom Herbst 2023 zur Schuldenbremse kamen die Diskussionen um die entsprechenden Artikel in der Verfassung der Bundesrepublik wieder in die öffentliche Diskussion.

Die Schuldenbremse wurde 2009 von allen im Bundestag vertretenen Parteien mit Ausnahme der Linkspartei beschlossen. Sie löste die Investitionsregel ab, die zuvor die Schulden begrenzen sollte, und legte fest, daß der Staat grundsätzlich ohne Schulden auskommen sollte. Ausnahmen bestanden für Naturkatastrophen oder sonstige Notstände wie zum Beispiel die Corona-Pandemie.

Schon 2009 wurde die Schuldenbremse, die einem neoliberalen Zeitgeist entsprach, teilweise kritisiert. Die Linkspartei warnte vor deren Festschreibung in der Verfassung, blieb jedoch ungehört.

Inzwischen zeigt sich die Schuldenbremse mehr und mehr als Problem für die Zukunft des Landes. Begründen deren Befürworter diese nach wie vor mit der Behauptung, die Politik dürfe nachfolgenden Generationen keinen Schuldenberg hinterlassen, stehen dem die Kritiker entgegen, die betonen, daß den nachfolgenden Generationen auch nicht ein kaputtes Land hinterlassen werden dürfe. Denn in der Tat behindert die Schuldenbremse ausdrücklich auch Investitionen in die Infrastruktur, das Bildungswesen und in eine sozial ausgewogene Klimapolitik.

Es stellt sich damit durchaus die Frage, inwieweit es kommenden Generationen nützt, wenn zwar heute keine Schulden gemacht werden dürfen, gleichwohl aber die ausbleibenden Investitionen

---

[29] vgl. Butterwegge, Christoph: *Armut in einem reichen Land.* S. 278

durch die kommenden Generationen nachgeholt werden müssen – und dies möglicherweise zu erheblich höheren Kosten, weil der Investitionsbedarf durch die Schuldenbremse über die Jahre so stark gestiegen ist. Schon in der Gegenwart zeigt sich bei der Vielzahl maroder Brücken, die heute aufwendig saniert oder gar abgerissen und neugebaut werden müssen, wie kostspielig das Ausbleiben staatlicher Investitionen sein kann.

Innerhalb der SPD und auch bei den Grünen hat ein teilweises Umdenken eingesetzt. Beide Parteien fordern mittlerweile zumindest eine Modifikation der Schuldenbremse, die zumindest mehr Investitionen des Staates in die Zukunft des Landes ermöglichen soll, während CDU/CSU und FDP eine solche Modifikation kategorisch ablehnen. Umfragen zeigen, daß die Schuldenbremse noch eine Mehrheit in der Bevölkerung hat. Im Deutschlandtrend vom August 2024 waren 53 Prozent der Befragten (-1 Prozent im Vergleich zum Mai 2024) für die Beibehaltung der Schuldenbremse, während sich 41 Prozent (+1 Prozent) für eine Lockerung aussprachen.[30] Hier könnten Sozialdemokraten, Grüne und Linke noch erhebliche Überzeugungsarbeit leisten, um diese verfassungsrechtliche Festlegung der Politik auf eine neoliberale Austeritätspolitik aus der Verfassung zu entfernen. Dabei können sich die Gegner der Schuldenbremse auch zunehmend auf Ökonomen stützen, die ebenfalls mittlerweile mehr Nach- als Vorteile dieser verfassungsrechtlichen Regelung sehen.

Innenpolitik

Ein Politikwechsel muß auch in einer liberaleren Innenpolitik bestehen, und zwar liberal im eigentlichen Sinne. Der Neoliberalismus setzt nicht nur auf Entstaatlichung. Im Bereich der inneren Sicherheit und der Kontrolle der Bevölkerung setzt er im Gegenteil auf einen starken Staat. Eine Vorstellung davon bietet die Diskussion um den NSA-Skandal.

Das staatliche Gewaltmonopol muß auch beim Staat verbleiben. Die Erfüllung von Polizeiaufgaben durch private Sicherheitsdienste ist schon deshalb inakzeptabel, weil damit auch das Ausmaß der Sicherheit für die Bevölkerung von Wohlstand des Einzelnen abhängt. Auch die Gefängnisse müssen vom Staat betrieben werden. In diesem Bereich sind private Experimente zu unterlassen.

---

[30] vgl. Deutschlandtrend der ARD vom 8. August 2024, https://www.tagesschau.de/inland/deutschlandtrend/deutschlandtrend-schuldenbremse-bsw-afd-100.html (zuletzt aufgerufen: 25.08.2024).

Was dabei herauskommt, wenn Private ein finanzielles Interesse daran haben, daß ein Teil der Bevölkerung »sitzt«, läßt sich in den USA studieren.

Wenn jedoch der Wohlstand der gesamten Bevölkerung angehoben wird und mehr Teilhabe und Teilnahme ermöglicht wird, erübrigt sich ein solcher Kontrollwahn. In diesem Sinne muß ein Politikwechsel dazu führen, daß der Staat seinen Bürgern auch wieder mehr vertraut.

In der Flüchtlingsfrage wäre darüber hinaus wünschenswert, daß die Politik Empathie, Hilfsbereitschaft und Unterstützung zum Maßstab ihres Handelns machte, statt auf Ausgrenzung, Kriminalisierung und Abschiebung zu setzen. Wäre die Politik gegenüber Flüchtlingen stärker von Mitleid mit den Betroffenen geprägt, würde dies auch im Ergebnis Parteien wie die AfD oder das BSW schwächen, die gerade davon profitiert, daß ihre ausländerfeindlichen Forderungen von der etablierten Politik aufgegriffen und teilweise auch umgesetzt werden. Die Menschen in Deutschland sind zur Hilfe für die Menschen in Not bereit, was sich auch an den zahlreichen ehrenamtlichen Helfern zeigt, deren Arbeit durch die gegenwärtige Politik behindert und konterkariert wird.

Hierzu gehört auch, daß die Seenotrettung nicht kriminalisiert wird, wie dies einige Parteien fordern, sondern daß sich der Staat selbst neben den privaten Hilfsorganisationen dieser Aufgabe annimmt. Zu glauben, daß Flüchtlinge von der riskanten Fahrt über das Mittelmeer abgeschreckt werden, wenn nur hinreichend viele von ihnen ertrinken, ist nicht nur ein Irrglaube, sondern zutiefst unmenschlich und ein Verstoß gegen grundlegende Menschenrechte.

Klimapolitik

Auch wenn es nach wie vor Menschen gibt, die den Klimawandel leugnen – und dabei teilweise gar noch einen wissenschaftlichen Anspruch erheben –, dürfte es eine unstreitige Tatsache sein, daß die Wetterphänomene der letzten Jahrzehnte auf einen solchen Klimawandel zurückzuführen sind. Daß dieser Klimawandel wenigstens teilweise menschengemacht ist, wird teilweise ebenfalls geleugnet wie zum Beispiel von der AfD.

In der seriösen Wissenschaft werden der Klimawandel und dessen Ursachen nicht geleugnet. Im Gegenteil fordern Wissenschaftler die Politik in unterschiedlicher Intensität zum Handeln gegen den Klimawandel auf. Dem haben sich mittlerweile auch gesellschaftliche Gruppen angeschlossen und berufen sich in ihrer Kritik und ihren Forderungen auf genau diese Erkenntnisse der Wissenschaft und auf die Wissenschaftler selbst.

Bei den sogenannten »Fridays For Future«-Demonstrationen ist zu einem gewissen Maße problematisch, daß Aktivisten und Demonstranten sich zwar über das Ziel einig sind nicht jedoch über den Weg dahin. Auch wenn die Frage, welcher Weg einzuschlagen sei, in erster Linie Sache der Politik ist, dürften die Forderungen der zivilgesellschaftlichen Gruppen wie »Fridays For Future« glaubwürdiger werden, wenn sie mit Konzepten zu einer sozial verträglichen Klimapolitik verbunden wären.

Mehr noch besteht genau dieses Problem bei der »Letzten Generation«, die einen noch etwas radikaleren Ansatz haben, als »Fridays For Future«. Vertreter der »Letzten Generation« sind der Überzeugung, daß sie, wie der Name schon sagte, die letzte Generation seien, die die Klimakatastrophe abwenden könnten. Ihre Protestformen wie das Festkleben auf wichtigen Straßen, um den Autoverkehr aufzuhalten und für ihre Sache zu demonstrieren, waren umstritten und trugen nicht zur Akzeptanz ihrer Ziele bei – eher im Gegenteil. Konservative Politiker reagierten hierauf ihrerseits maßlos und forderten die konsequente Bestrafung der »Klimakleber« und bezeichneten diese gar als »Klimaterroristen«. Auch hierin kommt eine zunehmende Polarisierung und Radikalisierung der gesellschaftlichen Diskurse zum Ausdruck.

Ein linker Entwurf zu einem stärkeren Schutz des Klimas wäre insbesondere für die schwächelnde SPD ein wichtiger Beitrag, wieder an politischem Boden zu gewinnen und neue Wählerschichten anzusprechen. Dabei sollte einem möglichen rot-rot-grünen Bündnis klar sein, daß eine solche Politik zur Bekämpfung des Klimawandels nicht einmal mehr zu Lasten jener gehen sollte, die kaum etwas besitzen.

Bereits bei der EEG-Umlage und bei der bereits erwähnten Modernsierungsumlage trugen vor allem – bei letzterem ausschließlich – die Mieter die Kosten der energetischen Sanierung und mußten (und müssen) selbst dann noch dafür zahlen, wenn der Vermieter seine Ausgaben längst wieder über die Umlage hereingeholt hat. Neben der oben bereits geforderten Korrektur dieses Mißstandes muß eine linke Klimapolitik dafür sorgen, daß nicht mittels marktförmiger Konzepte abermals die Möglichkeit für wenige besteht, mit den Maßnahmen einer solchen Politik reich zu werden und die Kosten auf die Verbraucher abzuwälzen.

Wer einseitig – und hierzu zählen leider auch teilweise die Grünen – darauf abstellt, umweltschädliche Produkte lediglich zu verteuern, erreicht wohl, daß Menschen mit geringem Einkommen sich diese Produkte nicht mehr leisten können, wird aber kaum eine breite Akzeptanz für eine solche Politik schaffen. Im Gegenteil könnte der Effekt einer solchen Politik darin liegen, daß die Betroffenen am Ende Parteien wählen, die gar nichts mit einer Politik zur Bekämpfung des Klimawandels im Sinn haben oder diesen sogar leugnen.

Politik sollte hier klare Regeln für die Unternehmen in einer Weise setzen, in der diese sich nicht um ihren Beitrag zum Klimaschutz drücken und ihn auch nicht auf die Verbraucher abwälzen können. Die Regelung, ab 2035 keine Verbrenner-Motoren mehr zuzulassen, wie sie die Europäische Union beschlossen hat (und die in Deutschland von zahlreichen Parteien über CDU/CSU, FW und AfD bis hin zum BSW bekämpft wird), dürfte dazu führen, daß sich die Automobilindustrie, wo dies nicht bereits geschehen ist, vom Verbrenner-Motor verabschiedet und endlich stärker in die Entwicklung massentauglicher und preiswerter E-Autos investiert. Andere Länder sind Europa in dieser Frage teilweise bereits voraus und drängen mit ihren Angeboten auf die internationalen Märkte. Will Europa hier nicht eines Tages abgehängt werden, sollte der Wandel möglichst schnell erfolgen.

Bedingungsloses Grundeinkommen

Bis in die jüngste Vergangenheit ist das Konzept eines bedingungslosen Grundeinkommens umstritten. Dabei gibt es nicht das eine Konzept, sondern es werden aus unterschiedlichen Gründen von unterschiedlichen Seiten verschiedene Konzepte verfolgt. Manch arbeitgebernaher Vertreter erhofft sich aus seiner Konzeptvariante, daß Arbeitgeber künftig weniger Lohn zahlen müssen und der Steuerzahler den insbesondere bei einfachen Tätigkeiten größeren Anteil des Lohnes übernimmt. Andere versprechen sich davon mehr Freiheit für die Menschen und auch und gerade im Niedriglohnbereich eine Stärkung der Arbeitnehmer, die nicht mehr existentiell auf schlecht bezahlte Job mit schlechten Arbeitsbedingungen angewiesen sein könnten.

Ohnehin könnte sich zukünftig die Frage stellen, in welche Richtung sich die Arbeitswelt entwickeln wird, wenn die Digitalisierungsbefürworter und Technikoptimisten sich durchsetzen und immer mehr Arbeit von Künstlicher Intelligenz und/oder Robotern übernommen wird. Wenn sich die Träume der autonom fahrenden LKW, die von Robotern be- und entladen werden, realisieren, wird es viele Menschen geben, die keine Arbeit haben, und die auch nicht ohne weiteres zu IT-Experten umgeschult werden können. Auch in anderen Bereichen wurde und wird zuweilen von der großen Verdrängung des Menschen durch Künstliche Intelligenz und Automatisierung geträumt, nicht nur in einfachen Tätigkeiten sondern durchaus auch in anspruchsvolleren Tätigkeiten wie Rechtsberatung. Hier könnten die Automatisierungsgewinne zugunsten jener abgeschöpft werden, deren Arbeitsplätze unwiederbringlich verlorengegangen sind aufgrund der Entwicklung auch keine neue Beschäftigung zu erwarten haben.

Letztlich zeigen die Debatten der Gegenwart um den Fachkräftemangel und das neue Gleichgewicht zwischen Arbeit und Leben, daß sich die Arbeitswelt im Wandel befindet. Darauf mit den Konzeptionen der Industriegesellschaft des 19. und 20. Jahrhunderts antworten zu wollen, wie es unter anderem Andrea Nahles vorschwebt, erscheint nicht sachgerecht. Die Zukunft könnte in der Befreiung der Menschen vom Arbeitszwang liegen und die starke Position der Arbeitgeber und ihrer Verbände entscheidend schwächen. Sie müßten den Arbeitnehmern schon etwas anbieten können, um sie zu überzeugen, bei ihnen tätig zu werden. Das mag insbesondere für Arbeitgeber, die es gewohnt waren, ihre Arbeitnehmer von oben herab zu behandeln und die in dem Glauben waren, sie könnten sie jederzeit austauschen, eine neue Erfahrung sein. Andere Arbeitgeber haben die Zeichen der Zeit längst erkannt und stellen sich auf eine neue Arbeitswelt ein.

Hier ist es auch an der Politik, die Zukunft mitzugestalten und endlich die Interessen der Arbeitnehmer stärker in den Blick zu nehmen. Das Bedingungslose Grundeinkommen eröffnet eine Möglichkeit, die bisherigen Zwänge der Lohnarbeit wenn nicht schon zu überwinden dann doch zu mildern. Daß, wie die Kritiker unken, dann niemand mehr arbeiten geht und die Gesellschaft ihre Bedürfnisse nicht mehr wird befrieden können, weil alle nur »in der Hängematte« liegen und »niemand mehr arbeitet«, ist nicht anzunehmen, denn der Lohn ist nicht die einzige Motivation des Menschen, arbeiten zu gehen. Werden die Rahmenbedingungen verbessert und der Lohn gesichert, wird sich diese Gesellschaft auch darauf verlassen können, daß keine Arbeit ungetan bleibt.

Kommt es zu der Entwicklung, daß letztlich auch die Künstliche Intelligenz und die Automatisierung viel mehr Arbeiten übernehmen wird, eröffnet dies die Produktivitätssteigerungen, die hinreichend Profit abwerfen können, der letztlich über die Besteuerung zur Finanzierung des Bedingungslosen Grundeinkommens genutzt werden kann. Mit einer solchen Konzeption würde die Technik nicht zur schlichten Ersetzung des Menschen führen, sondern auch zu neuen Möglichkeiten für die Menschen, ihr Leben zu gestalten. Hierfür bräuchte es ein anderes Verständnis von Arbeit, Profit und auch der Machtstrukturen in den Unternehmen. Dies zu gestalten wäre eine Aufgabe auch linker Politik. Letztlich dürfte die Notwendigkeit solcher Überlegungen nicht mehr zu umgehen sein, denn wenn die Schere zwischen Arm und Reich sich immer weiter öffnet, gefährdet dies auch die Demokratie. Somit wäre die Sicherung des Einkommens der Menschen in dieser Gesellschaft auch ein notweniger Dienst an der Demokratie und würde die Teilhabe aller am Gemeinwesen als eine Bedingung für den persönlichen Einsatz für die Demokratie sichern können.

Außenpolitik

Nach außen sollte ein Politikwechsel dazu führen, daß es zu mehr Frieden und Verständigung kommt. Ein leuchtendes Vorbild in dieser Hinsicht ist Willy Brandt, der mit seiner Ostpolitik den Prozeß eingeleitet hat, der zur Wiedervereinigung Deutschlands führte. Statt auf militärische Stärke zu Durchsetzung von Interessen sollte in der Außenpolitik auf Ausgleich und Dialog gesetzt werden.

Dabei muß sich allerdings die Linkspartei darüber im Klaren sein, daß ihre politischen Ziele, die sie bei der Bundestagswahl 2013 in diesem Politikfeld formulierte, als langfristige Ziele verstanden werden müssen. Das Handeln in den gegebenen außenpolitischen Einrichtungen kann kurzfristig sinnvoller sein als der Versuch, sich aus allen Einrichtungen der kollektiven Sicherheit verabschieden zu wollen, was letztlich ja auch nicht einmal von der Linkspartei gefordert wird.

Ein weiteres zentrales Feld der Außenpolitik der Zukunft werden vertragliche Vereinbarungen wie Freihandelsabkommen sein. Hier muß sich die Politik stärker darüber bewußt werden, daß solche Verträge nicht in einer Weise gestaltet werden dürfen, die den frei gewählten parlamentarischen Institutionen das letzte Wort nimmt oder aber sie erpreßbar macht. Die Möglichkeit, mit der Androhung hoher Schadensersatzforderungen der Unternehmenswirtschaft im Falle sie beschränkender Gesetzgebung darf in solchen Verträgen nicht geschaffen werden. Hier hilft es auch nicht, wenn öffentlich-rechtliche Handelsgerichte die Arbeit erledigen, die private Schiedsgerichte sonst erledigt hätten. Denn wenn Freihandelsverträge vorsehen, daß Staaten regreßpflichtig werden können, wenn sie Gesetze erlassen, die Unternehmensgewinne mindern, spielt es keine Rolle, ob private Schiedsgerichte oder öffentlich-rechtliche Handelsgerichte die Staaten verurteilen. Die einschüchternde Wirkung und die Angst vor möglichen hohen Strafzahlungen bleiben bestehen und werden Regierungen und Parlamente in ihrer Gesetzgebung beeinflussen.

Eine solche Drohkulisse widerspricht jedoch grundlegenden demokratischen Regeln. Die demokratisch gewählten Parlamente sind durch ihre Wahl durch die Bürger legitimiert, auch solche Gesetze zu erlassen, die die Verdienstmöglichkeiten von Unternehmen behindern. Diese Freiheit der Parlamente darf nicht durch vertragliche Regelungen beeinträchtigt werden.

Auch in den außenpolitischen Beziehungen darf somit die Wirtschaft nicht die Oberhand über die Politik erringen sondern muß ihr stets untergeordnete bleiben wie auch alle anderen Gruppen der Gesellschaft.

Weiterentwicklung

Mit den genannten Punkten soll die Diskussion um einen Politikwechsel angeregt werden. Ein vollumfängliches Programm für einen solchen Politikwechsel kann von einer einzelnen Person nicht erstellt werden. Insoweit sind diese Punkte ein Überblick über einzelne programmatische Vorschläge, die im politischen Raum stehen, und die hier freihändig zusammengefaßt wurden.

Einige der Forderungen auch von SPD und Grünen aus dem Bundestagswahlkampf 2013 flossen in diesen Programmvorschlag ein. Dabei gehen die hier aufgeführten Punkte sicherlich in einigem weit über das hinaus, was mit der gegenwärtigen Parteiführung der SPD möglich wäre.

Gleichwohl sollte sich die Sozialdemokratie besinnen und aus der Vergangenheit lernen. Für die Agenda 2010 bekam die SPD viel Beifall aus der Wirtschaft und liberalkonservativen Medien. Der Mut Schröders wurde gepriesen, diese notwendigen Reformen ohne Rücksicht auf die Partei und die Bevölkerung durchgeführt zu haben. Jawohl, erst das Land, dann die Partei! Diese »patriotische« Haltung galt gerade gegen Ende der Regierungszeit Schröders, als die Interessen der Wirtschaftsverbände an dem Vorantreiben neoliberaler Reformen mit der Medienkampagne »Du bist Deutschland« beworben wurde. Wirtschaftliche Einzelinteressen wurden plötzlich zu einem übergreifenden nationalen Interesse erhoben. Im Vorfeld der Fußballweltmeisterschaft wurde das Land in einen nationalen Taumel versetzt, der die Unterschichten vergessen lassen sollte, daß sie zugunsten der Umverteilung nach oben verzichten sollten.

2003 war wieder in den Medien zu lesen: Erst das Land, dann die Partei! Dieser Aufruf war an die SPD adressiert und sollte dort besser ein mulmiges statt patriotisches Gefühl auslösen. Wer das Interesse des Landes vorschiebt, führt nicht selten sein eigenes im Schilde, denn ein umfassendes, alle Menschen ergreifendes Landesinteresse, das über den inneren und äußeren Frieden hinausgeht, gibt es nicht.

Mit einer Politik, die die Klientel der CDU und der FDP bedient, wird die SPD nicht zu alter Stärke zurückfinden. Auch wenn die selbsternannten »Modernisierer« dies furchtbar unmodern finden: Der Einsatz für die Arbeitslosen und Benachteiligten, eine Politik für Arbeitnehmer – deren Interessen eben nicht die gleichen sind wie die ihrer Arbeitgeber – und der Schulterschluß mit den Gewerkschaften sind für die SPD grundlegend. Erst wenn die Partei wieder deutlicher unterscheidbar wird und in der Allianz mit Grünen und Linkspartei eine soziale Politik anstrebt, wird sie die entsprechenden Mehrheiten zur Gestaltung von Politik erreichen, und zwar jenseits einer Koalition mit CDU/CSU. Dies wäre auch wichtig für die Demokratie, die davon lebt, daß es echte Alternativen gibt und nicht nur Alternativen im Detail.

Die SPD muß sich entschlossener Koalitionsoptionen mit der Linkspartei öffnen. Seit dem Fall der Berliner Mauer ließen sich die Sozialdemokraten mit der Drohung einer »Rote-Socken-Kampagne« der Union vor dieser hertreiben und verschlossen sich aus Angst vor dieser Kampagne einer Koalitionsoption, die im Interesse der Partei lag. Denn die Schnittmengen zwischen Linken und Sozialdemokraten sind ohnehin über die Jahre immer größer geworden und eröffneten Chancen auf einen Politikwechsel. Hier wäre dringend mehr Selbstbewußtsein der Sozialdemokraten gegenüber der Union und auch Teilen der Medien notwendig, die die Angst vor einem »Linksruck« (oder »Linksrutsch«, wie der bayerische Ministerpräsident Markus Söder im Bundestagswahlkampf 2021 dramatisierend betonte) im Interesse einer konservativen Politik mitschürten.

Wenngleich die Frage der Medien in diesem Buch eher am Rand eine Rolle spielte, so muß auch in den Medien ein Wandel stattfinden. Dieser ist allerdings durchaus im Gange, wenn auch noch nicht in ausreichender Weise. Bedroht wird der Wandel durch eine weitere Konzentration von Konzernen bei den Medien. Ein Politikwechsel sollte auch hier dafür sorgen, daß besonders jene Medien unterstützt werden, die sich um den Meinungspluralismus verdient machen.

Bei einem Politikwechsel kann es nicht um eine Weiterentwicklung oder Modifikation der neoliberalen Idee gehen. Sie muß abgelöst werden, weil sie eben nicht im Interesse der Bevölkerung sondern nur in jenem der wirtschaftlich Mächtigen steht. Der Neoliberalismus setze nicht so sehr auf die freie Marktwirtschaft, befindet Colin Crouch, sondern beruhe auf dem Einfluß von Großkonzernen.[31] Dem ist ausdrücklich zuzustimmen.

Großkonzerne stellen aber nicht die Mehrheit der Bevölkerung, deren Interesse es ist, daß der Staat eine größere Rolle spielt und dafür sorgt, daß finanzstarke Interessen nicht den Rest der Bevölkerung in Geiselhaft nehmen. Dies zu verhindern und allen Menschen ein wahrhaft auskömmliches Leben zu ermöglichen, sollte Aufgabe von Politik sein. Politik muß verhindern, daß Menschen auf ihre Verwertbarkeit reduziert, als Kosten betrachtet und als reiner Wirtschaftsfaktor gehandelt werden. Politik muß den Märkten Grenzen setzen und dafür sorgen, daß die Wirtschaft dem Menschen dient und nicht umgekehrt. Dies wäre vorrangig Aufgabe einer linken (Sozial-)Politik.

Perspektiven für linke Bündnisse?

Seit Erscheinen der dritten Auflage dieses Buches im Jahr 2018 sind jetzt fast sechs Jahre vergangen und das Parteiensystem hat sich deutlich verändert. Mit der Gründung des Bündnissees Sahra Wagenknecht (BSW) hat sich das Parteiensystem weiter in Richtung Rechtspopulismus verschoben. Zugleich hatten der parteiinterne Streit in der Linkspartei und der Versuch Wagenknechts, diese in eine rechtspopulistische Protestpartei Ost zu verwandeln, also in eine Partei, die sie jetzt mit dem BSW geschaffen hat, sichtbare Spuren in der Linkspartei hinterlassen. Für die desolate Lage, in der sich die Linkspartei im Jahr 2024 befindet, ist in erster Linie das querulatorische Verhalten Wagenknechts verantwortlich, die einen klaren und geschlossenen Kurs der Partei entsprechend dem Willen der Parteimehrheit verhinderte.

---

[31] vgl. Crouch, Colin: *Das befremdliche Überleben des Neoliberalismus.* S. 12

Schon die Wahlergebnisse und Parteitagsbeschlüsse zeigten, daß Wagenknecht und ihre Anhänger innerhalb der Linkspartei stets in der Minderheit waren. Dennoch zwang diese Minderheit der Mehrheit in der Partei diese Diskussionen auf, die zum Bild der Zerstrittenheit und des unklaren Kurses führten.

Überdies erleichterten sie jenen in SPD und Grünen die Arbeit, die eine Koalition mit der Linkspartei ohnehin ablehnten, weil sie jeweils zu den konservativen Flügeln von Sozialdemokraten und Grünen gehörten.

Somit stellt sich die Frage, welche möglicherweise neuen Bündnisse nach den vielen verpaßten Gelegenheiten für eine rot-rotgrüne Koalition geschlossen werden könnten.

Die Gründung des BSW dürfte auf absehbare Zeit die Bildung eines linken Bündnisses erschweren. Denn selbst wenn von Teilen der Öffentlichkeit das BSW dem linken Spektrum zugeordnet wird – vor allem wegen der Vorgeschichte Wagenknechts als Vertreterin der Kommunistischen Plattform der Linkspartei –, ist diese Partei dem rechtspopulistischen Spektrum zuzuordnen, was allein bereits die Lektüre der Wahlprogramme dieser Partei nahelegt. In ihrer Selbstbeschreibung sieht das BSW als »linkskonservative« Partei, eine Wortschöpfung, die auf Sahra Wagenknecht zurückgeht.

Die linken Aspekte in den Wahlprogrammen des BSW erschöpfen sich auf eine Stärkung staatlicher Monopole bei der Daseinsvorsorge, also zum Beispiel in dem Ziel, daß Krankenhäuser, Wasserversorgung, Infrastruktur und weitere unverzichtbare Einrichtungen zur Versorgung der Bevölkerung in staatlicher Hand bleiben beziehungsweise wieder überführt werden sollen. Darüber hinaus vertritt das BSW, das sich auch in Konkurrenz zur AfD sieht, vor allem rechtspopulistische Positionen wie eine migrationsfeindliche Politik, die Ablehnung der Europäischen Union als eine Staatengemeinschaft sowie die Legendenbildung um Cancel Culture bis hin zur Forderung, in Untersuchungsausschüssen die Corona-Politik der Regierungen Merkel und Scholz zu delegitimieren. In den Vorstellungen des BSW soll der Sozialstaat nur für Deutsche dasein und Migranten soweit wie möglich von ihm ausgeschlossen werden.

Daß mit einer solchen Partei eine linke Politik möglich sei, ist ausgeschlossen. Zugleich erschwert die Existenz des BSW als AfDlight die Mehrheitsbildung jenseits rechtspopulistischer Parteien. Der Ausweg aus diesem Problem dürfte schwer zu finden sein.

Kurzfristige Konzepte können hier nicht vorgelegt werden.

Langfristig jedoch ist eine stärkere Profilierung von SPD und Linkspartei als Sozialparteien erforderlich. Hierbei könnten beide Parteien durchaus arbeitsteilig vorgehen, indem sie ihre Schwerpunkte abstimmen und bei Wahlen (endlich!) eine gemeinsame Regierung anstreben. Hierzu wären die Überwindung der Agenda-Politik sowie ein klares Bekenntnis zu linken Idealen dringend notwendig.

Auch an die Linkspartei sind entsprechende Forderungen zu stellen, wie die Konzentration auf sozialstaatliche Themen und Entwürfe für eine sozial verträgliche Klimapolitik. Um Alternativen zu den populistischen Parteien zu schaffen, wäre durch die Linkspartei außenpolitisch zumindest in Fragen der Mitgliedschaft Deutschlands in der NATO Zugeständnisse zu machen, um somit den Ausschluß von Koalitionen wegen dieses Themas entgegenzuwirken. Auch wären pazifistische Positionen weitgehend beizubehalten, zugleich aber in dem Sinne zu modifizieren, daß sie einer Regierungsbildung nicht entgegenstehen. Dies bedeutet keinen Verzicht auf die Friedenspolitik, die auch innerhalb der SPD geteilt wird, und die auch angesichts der Militarisierung in Politik und Gesellschaft ein deutlich vernehmbares Sprachrohr braucht.

Solche Entwicklungen sind jedoch langfristiger Natur. Kurzfristig kann allenthalben versucht werden, die unhaltbaren Versprechen und im Kern rassistischen und rechtspopulistischen Programme des BSW offenzulegen und diese Partei, wie auch die AfD, zu demaskieren, um deren Wahlerfolge zu relativieren. Notwendig wären auch Korrekturen in den Politikstilen der etablierten Parteien, die vor allem die Bedürfnisse der Menschen in Ostdeutschland verstärkt wahrnehmen und berücksichtigen müßten.

Der Prozeß der deutschen Einheit führte zu einer Dominanz westdeutscher Eliten auch in Ostdeutschland, die auch nach über dreißig Jahren deutscher Einheit fortdauert. Solche Phänomene ermöglichen es dem BSW und auch der AfD, die Spaltung zwischen Ost- und Westdeutschland aufrechtzuerhalten und zu vertiefen, was sich in den entsprechenden Wahlergebnissen niederschlägt.

Es ist insbesondere das Konzept Wagenknechts und ihrer BSW, diese Spaltung in Deutschland zu nutzen, um ihre programmatischen Angebote darauf auszurichten und sie zum Zwecke des Erhalts ihres Erfolges in den neuen Bundesländern zu vertiefen.

Auch in dieser Frage ist viel Zeit vergangen, die längst hätte genutzt werden sollen. Es ist mithin spät, jedoch vielleicht noch nicht zu spät, das Ruder herumzureißen und den Rechtspopulisten von AfD und BSW die Erfolge zu entreißen. Dabei hilft nicht, diese Parteien zu imitieren und deren Forderungen zu übernehmen, sondern es muß der anstrengendere Weg gegangen werden, diese Parteien zu enttarnen.

Angesichts der vorliegenden Erkenntnisse des Verfassungsschutzes darf auch die Einleitung eines Verbotsverfahrens kein Tabu sein, sondern sollte aktiv betrieben werden. Es mag für die Bundestagswahl 2025 zu spät kommen, wäre aber dennoch eine langfristige Investition in eine rechtspopulistenfreie Zukunft.

Dies alles stellt auch Anforderungen an Union und FDP, die Zusammenarbeiten oder auch klammheimlich erhoffte Unterstützung durch die AfD, wie zuletzt mehrfach in Thüringen geschehen, unterlassen müssen, im Interesse des gemeinsamen Ganzen. Wer die Regierungsfähigkeit in Bund und Ländern erhalten will, muß das Erstarken von AfD und BSW bekämpfen und sollte nicht auf indirekte Unterstützung durch diese Parteien setzen.

Zur Bekämpfung des Erstarkens dieser Parteien gehört eine neue Politik mit Blick auf Ostdeutschland. Teil davon muß das Eingeständnis sein, daß die Einigungspolitik von 1990 und danach weitgehend falsch war. Es war ein Fehler, den Ostdeutschen das westdeutsche Gesellschaftsmodell überzustülpen (auch wenn das anfangs viel Beifall in den neuen Bundesländern fand) und damit auch hohe Erwartungen zu erzeugen, die nicht zu erfüllen waren. Die Versprechen von »blühenden Landschaften« und »gleichen Lebensverhältnissen in fünf Jahren« mußten zu Enttäuschungen führen, die die Spaltung zwischen West- und Ostdeutschland bis heute begründen. Insbesondere die Mißachtung der Lebensleitung der Menschen in Ostdeutschland und die Gutsherrenart, die so mancher »Wessi« im Osten an den Tag legten, führten nicht zur Einigung sondern zur Entfremdung.

Es mag dreißig Jahre nach der deutschen Einheit spät sein, diese Fehler korrigieren zu wollen, aber es nicht zu tun, könnte zu einer Verstärkung der Spaltung und zu einem weiteren Erstarken der Rechtspopulisten in den neuen Ländern führen. Im Ergebnis läge hierin auch die reale Gefahr der Gefährdung der Demokratie in ganz Deutschland.

Diese Gefahr der Vertiefung der Spaltung zwischen Ost und West geht insbesondere vom BSW aus, deren Co-Vorsitzende Sahra

Wagenknecht nicht zögert, Ost und West gegeneinander auszuspielen und die Unzufriedenheit im Osten für ihre Wahlkampagnen zu nutzen. Weil sie ihre Strategie einer rechtspopulistischen Protestpartei Ost in der Linkspartei nicht durchsetzen konnte, gründete sie nunmehr das BSW um diese Strategien umzusetzen. Dabei bleibt offen, wofür sie eigentlich die gewonnene Macht nutzen möchte.

Eine solche Partei kann und darf kein Partner für einen linken Politikwechsel sein, zumal linke Programmatikversätze beim BSW ohnehin nur Feigenblätter für den eigentlichen rechtspopulistischen Kurs sind. Weil aber SPD, Grüne und Linke perspektivisch zunächst keine eigene Mehrheit haben werden, ist hier die zunächst die obengenannte langfristige Strategie neben kurzfristigen Aktionen einzuschlagen. Hierbei wird notwendig bleiben, alte Vorurteile und Vorbehalte zwischen den Parteien des linken Spektrums zu überwinden. Andere Wege zu linken Bündnissen, die Mehrheiten gewinnen können, sind kaum vorstellbar.

Politikwissenschaft

Seit je her haben sich Menschen mit der Frage beschäftigt, was eine Gesellschaft und/oder ein politisches Systems zusammenhält. Die Frage nach der Ausgestaltung von Gesellschaften stellten sich bereits Denker der Antike, noch weit bevor es eine formalisierte Gesellschaftswissenschaft in Form der Soziologie und der Politikwissenschaft gab.

Aufgabe und Zweck von Soziologie und Politikwissenschaft sollte sein, sich weiterhin über die Ziele und den Sinn von gesellschaftlichen und politischen Systemen Gedanken zu machen und hier auch den Mut zu besitzen, Alternativen zu diskutieren und in die öffentlichen politischen Debatten einzubringen. Darüber hinaus gehört zu den Gesellschaftswissenschaften die Erforschung und Beschreibung politischer System und deren Funktionieren und Mechanismen.

Begriffe wie »Sozialkapital« und »Humankapital« deuten darauf hin, wie weit die Ökonomisierung der Gesellschaft vorangeschritten ist. Mit dem Siegeszug des Neoliberalismus wurden Sichtweisen der Gesellschaften, die von ökonomischen Kategorien abweichen, an den Rand der öffentlichen Diskussionen gedrängt. Sozialwissenschaftler dürfen sich zuweilen den Vorwurf anhören, sie hätten »am Markt vorbei« studiert.

Dabei ist die Funktion von Sozialwissenschaften wie Soziologie und Politikwissenschaften gerade in Zeiten wie diesen wichtiger denn je. Aufgabe dieser Wissenschaften sollte sein, den Blick darauf zu lenken, daß eine Gesellschaft mehr beinhalten muß als die schlichte Ökonomie. Gesellschaftliche Bedürfnisse gehen über die ökonomische Verwertbarkeit aller innergesellschaftlichen Beziehungen hinaus. Eine verantwortungsbewußte Sozialwissenschaft sollte hierauf ständig hinweisen und sich darum bemühen, solche Zusammenhänge ständig wieder ins öffentliche Bewußtsein zu rücken.

Leider gibt es in Teilen der Sozialwissenschaften Tendenzen, die ökonomischen Grundregeln des Neoliberalismus in soziologische Theorien zu übertragen, wie zum Beispiel bei der soziologischen Systemtheorie, die mit ihrer Vorstellung binär codierter autopoietischer (selbsterhaltender) Systeme der Gesellschaft nicht nur die Vernaturwissenschaftlichung der Soziologie versucht, sondern auch den neoliberalen Steuerungspessimismus übernimmt.

Statt dessen sollte die zentrale gesellschaftliche Funktion der Sozialwissenschaften darin liegen, politisch-demokratische Ideen weiterzuentwickeln und in der Öffentlichkeit ein Bewußtsein zu schaffen, daß nicht die Ökonomie sondern die demokratisch fundierte Politik das zentrale Entscheidungszentrum einer Gesellschaft sein muß. Hier sind natürlich auch die Politiker gefragt, die ein entsprechendes (Selbst)Bewußtsein entwickeln müssen, statt zum Teil selbst ihre eigene Unzulänglichkeit gegenüber der Privatwirtschaft zu bejammern. Nicht die Ökonomie sondern die demokratische Politik sollte der Maßstab der Gesellschaft sein. Der Mensch an sich muß wieder das Subjekt sein, und zwar als mit der grundgesetzlich garantierten unveräußerlichen Menschenwürde und nicht etwa als »homo oeconomicus« und Konsument.

Wenn (sozialdemokratische) Politik sich wieder stärker wie zu Zeiten Willy Brandts an diesen Idealen ausrichten würde, hätte sie auch eine realistische Chance, innerhalb der Gesellschaft Mehrheiten zu gewinnen und eine Politik zu betreiben, die allen Menschen nützt und nicht etwa nur den Kapitaleignern.

Politikwissenschaft kann mit der Entwicklung entsprechender Konzepte einen wichtigen Beitrag leisten. Hierzu muß sie sich allerdings konsequent lossagen vom ökonomistischen Denken des Neoliberalismus und den Mut entwickeln, eigene soziale und sozialpolitische Konzepte zu entwickelt und in die öffentliche Diskussion einzubringen.

In der Wirtschaftswissenschaft ist es bereits zu bedenklichen ideologischen Monokulturen gekommen. Diese Entwicklung wird mittlerweile auch von Studenten kritisiert, die mehr lernen möchten als neoliberale Lehrsätze. Kommt es in der Politikwissenschaft zu einer vergleichbaren Entwicklung oder akzeptiert die Politikwissenschaft den Primat der Wirtschaft(swissenschaft), entwertet sie sich nicht nur, sondern macht sich komplett überflüssig. Deshalb ist es wichtig, eine starke Politikwissenschaft als Gesellschaftswissenschaft zu haben und zu fördern, die sich entschlossen gegen die Ökonomisierung aller Lebensbereiche wehrt. Politikwissenschaft muß ständig und nachhaltig darauf hinweisen, daß demokratische Politik und frei gewählte Parlamente in einer Gesellschaft die oberster Instanz sein und bleiben müssen, und daß sie nicht von Wirtschaftslobbyisten untergraben oder von der Wirtschaft an sich kolonialisiert werden dürfen.

Literatur

Butterwegge, Christoph: Armut in einem reichen Land. Bonn, 3. aktualisierte und erweiterte Auflage. Bonn, 2012.

Butterwegge, Christoph: Krise und Zukunft des Sozialstaats. 6., aktualisierte Auflage. Wiesbaden, 2018.

Butterwegge, Christoph: Reichtumsförderung statt Armutsbekämpfung. Eine sozial- und steuerpolitische Halbzeitbilanz der Großen Koalition. Wiesbaden, 2016.

Bundesverfassungsgericht, BVerfG, Beschluß der 2. Kammer des Zweiten Senats vom 06. Dezember 2013 - 2 BvQ 55/13 - Rn. (1-12), http://www.bverfg.de/e/qk20131206_2bvq005513.html (zuletzt aufgerufen: 29.10.2018)

Crouch, Collin: Das befremdliche Überleben des Neoliberalismus. Berlin, 2011.

Ditfurth, Christian von: Blockflöten. Wie die CDU ihre realsozialistische Vergangenheit verdrängt. Köln, 1991.

Egle, Christoph und Christian Henke: Später Sieg der Modernisierer über die Traditionalisten, in: Egle, Christoph, Tobias Ostheim und Reimut Zohlnhöfer: Das rot-grüne Projekt. Wiesbaden, 2003. S. 67 - 92.

Ehrich, Udo: INSM & Co. – Strategien und Methoden der Initiative Neue Soziale Marktwirtschaft, 5. Auflage, Norderstedt 2021.

Eith, Ulrich: *Parteien.* In: Wiedenfeld, Werner und Korte, Karl-Rudolf: Handbuch zur deutschen Einheit 1949 - 1989 - 1999. Bonn, aktualisierte und erweiterte Auflage 1999. S. 617 - 631

Korte, Karl-Rudolf: Wählermärkte. Wahlverhalten und Regierungspolitik in der Berliner Republik. Frankfurt am Main, 2024.

Rose, Edgar: Arbeitsrechtspolitik zwischen Re-Regulierung und Deregulierung, in: Gohr, Antonia und Martin Seeleib-Kaiser: Sozial- und Wirtschaftspolitik unter Rot-Grün. Wiesbaden, 2003. S. 103 - 124.

Roth, Dieter: Das rot-grüne Projekt an der Wahlurne: Eine Analyse der Bundestagswahl vom 22. September 2002, in: Egle, Christoph, Tobias Ostheim und Reimut Zohlnhöfer: Das rot-grüne Projekt. Wiesbaden, 2003. S. 29 - 52.

Sarrazin, Thilo: Deutschland schafft sich ab. Wie wir unser Land aufs Spiel setzen. München, 9. Auflage 2010.

Schmid, Josef: Arbeitsmarkt- und Beschäftigungspolitik - große Reform mit kleiner Wirkung? in: Egle, Christoph und Reimut Zohlnhöfer (Hrsg.): Ende des rot-grünen Projektes. Wiesbaden, 2007. S. 271 - 294.

Schmidt, Manfred G.: Rot-grüne Sozialpolitik (1998-2002) in: Egle, Christoph; Ostheim, Tobias und Zohlnhöfer, Reimut (Hrsg.): Das rot-grüne Projekt. Wiesbaden, 2003. S. 239 - 258

Siefken, Sven T.: Die Arbeit der so genannten Hartz-Kommission und ihre Rolle im politischen Prozess, in: Falk, Svenja, Dieter Rehfeld, Andrea Römmele und Martin Thunert (Hrsg.): Handbuch Politikberatung. Wiesbaden, 2006. S. 374 - 389.

Steinbrück, Peer: Unterm Strich. Hamburg, 2010.

Sturm, Daniel Friedrich: Wohin geht die SPD? München, 2009.

Wagner, Thomas und Zander, Michael: Sarrazin, die SPD und die Neue Rechte. Untersuchung eines Syndroms. Berlin, 2011.

Walter, Franz: Vorwärts oder Abwärts? Zur Transformation der Sozialdemokratie. 2. Auflage, Berlin, 2013.

Wehlau, Diana: Rentenpolitik unter Druck. Einflussnahme und Lobbying der Finanzbranche am Beispiel der Riester-Rente. In: Butterwegge, Christoph; Bosbach, Gerd und Birkwald, Matthias W. (Hrsg.): Armut im Alter. Probleme und Perspektiven der sozialen Sicherung. Frankfurt am Main. 2012. S. 204 - 224

Weingart, Peter: Ist Sarrazin Eugeniker? In: Haller, Michael und Niggeschmidt, Martin (Hrsg.): Der Mythos vom Niedergang der Intelligenz. Von Galton zu Sarrazin: Die Denkmuster und Denkfehler der Eugenik. Wiesbaden, 2012.

Parteitage der SPD:

SPD-Parteivorstand (Hrsg.): Beschlüsse des ordentlichen Bundesparteitages der SPD, Leipzig 14. - 16. November 2013. S. 161. https://www.spd.de/fileadmin/Dokumente/Beschluesse/Bundesparteitag/20140811_beschlussbuch_bpt2013.pdf (zuletzt aufgerufen: 25.08.2024)

Rede des Parteivorsitzenden Martin Schulz auf dem SPD-Parteitag. https://www.spd.de/fileadmin/Dokumente/Reden/20171207

_Rede_Schulz.pdf (zuletzt aufgerufen: 25.08.2024)

SPD-Parteivorstand (Hrsg.): Protokoll des ordentlichen Bundesparteitags der SPD, Berlin, 10. - 12. Dezember 2015. https://web.archive.org/web/20210926153429/https://www.spd.de/fileadmin/Dokumente/Bundesparteitag_2015/2015_Berlin_interaktiv.pdf (zuletzt aufgerufen: 25.08.2024)

SPD-Parteivorstand (Hrsg.): Beschlüsse des ordentlichen Bundesparteitags der SPD vom 10. bis 12. Dezember 2015 in Berlin. https://web.archive.org/web/20210926153445/https://www.spd.de/fileadmin/Dokumente/Bundesparteitag_2015/Beschlussbuch_SPD_BPT_2015_web.pdf (zuletzt aufgerufen: 25.08.2024)

Zeitungsartikel und Internetquellen sind mit den kompletten Literaturangaben in den Fußnoten nachgewiesen.

Der Autor

Richard Bercanay, geboren 1968 in Aachen, studierte Politikwissenschaften und Soziologie. Seit seiner Jugend schreibt er Krimis, deren Leserkreis sich zunächst auf seine Freunde erstreckte. 2010 veröffentlicht er mit »Spuren im Schnee« sein erstes Buch. Neben Krimis verfaßt er auch Science-Fiction-Romane, deren Veröffentlichung ebenso geplant ist wie die weiterer Krimis.

Bereits der Krimi »Der Minister und die Katze« lehnte sich an eine wahre Begebenheit im politischen Raum an. Mit »Sozialdemokratie im Abbruch« behandelt Richard Bercanay zum ersten Mal ein politisches Thema in Form eines Sachbuchs.

Bercanay's Blog: http://bercanay.wordpress.com/

Veröffentlichungen von Richard Bercanay:

Krimis:

Robert Cranes Spuren im Schnee

Der Minister und die Katze

Die Leiche mit dem Pistolenkasten

Doyles Radfahrer

Der Kurzkrimi »Das Haus des Onkel Ev« in der Anthologie »Jede Menge Erben«, herausgegeben von Siegfried Dierker

Sachbücher:

Vision oder Fission?

Neuanfang oder Kontinuität?